FOCUS FORUM: Die Erfolgsmacher

Die Erfolgsmacher – das sind zehn Trainer und Coaches, die derzeit zu den renommiertesten Referenten im deutschsprachigen Raum zählen: *Sabine Asgodom, Jörg Löhr, Monika Matschnig, Reinhold Messner, Marco von Münchhausen, Rolf H. Ruhleder, Hermann Scherer, Lothar J. Seiwert, Michael Spitzbart* und *Reinhard K. Sprenger*.

Präsentiert vom *Focus Magazin Verlag* und *Unternehmen Erfolg* vermitteln die hochkarätigen Autoren die Quintessenz ihres jeweiligen Spezialgebietes und zeigen ihren Lesern, welches die Spielregeln für persönlichen Erfolg sind.

Focus Magazin Verlag,
Unternehmen Erfolg (Hg.)

FOCUS FORUM: Die Erfolgsmacher

Von den Besten profitieren

Campus Verlag
Frankfurt/New York

Bibliografische Information der Deutschen Bibliothek.
Die Deutsche Bibliothek verzeichnet diese Publikation in der Deutschen Nationalbibliografie. Detaillierte bibliografische Daten sind im Internet über http://dnb.ddb.de abrufbar.
ISBN 3-593-37558-3

Umschlaggestaltung: Guido Klütsch, Köln
Umschlagmotiv: zefa visual media, Düsseldorf
Satz: Leingärtner, Nabburg
Druck und Bindung: Druckhaus Beltz, Hemsbach
Gedruckt auf säurefreiem und chlorfrei gebleichtem Papier.
Printed in Germany

Inhalt

Erfolgsfakten

»Es gibt Leistung ohne Erfolg, aber keinen Erfolg ohne Leistung«, erkannte François de La Rochefoucauld schon 1665 treffend in seinen Reflexionen. Was aber bedeutet Erfolg für uns heute? Warum sind manche Menschen erfolgreicher als andere? Welche Fähigkeiten helfen auf dem Weg zum persönlichen Lebenserfolg?

Oft behandelt das Nachrichtenmagazin FOCUS diese Fragen in seinen Artikeln und bietet seinen Lesern darauf kompetent recherchierte Antworten. Die Leserreaktionen zeigen: Das Interesse an solchen Themen ist groß. Es gehört zu den Maximen von FOCUS, »News to use« zu bieten, nutzwertorientierte Informationen zu vermitteln, die aktiv und tagtäglich umgesetzt werden können. Was lag daher näher, als durch spannende Vorträge zum Themenfeld »Persönlicher Erfolg« in unmittelbaren Kontakt mit den Lesern zu treten?

Für alle, die mehr Erfolg in Beruf- und Privatleben möchten, haben FOCUS und UNTERNEHMEN ERFOLG® im Frühjahr 2004 das FOCUS FORUM »Die Erfolgsmacher« gestartet. Gemeinsames Ziel: Engagierten Menschen Tipps und Strategien für ein erfolgreiches Berufs- und Privatleben zu vermitteln und ihnen so den Weg nach vorn zu zeigen. Zehn Experten, zehn Seminare, zehnmal »Von den Besten profitieren« – so lautet das Konzept der Veranstaltungsreihe, die wir zunächst in Berlin, Köln und München an den Start geschickt haben.

Das begeisterte Feedback der Teilnehmer ermunterte uns, begleitend zur Vortragsreihe dieses Buch herauszugeben, das die Fakten in Sachen Erfolg aufbereitet – kompakt, informativ und unterhaltsam.

»Ich will das – ich schaff das!« Die wissenschaftliche Forschung zur Selbstmotivation läuft auf Hochtouren. Gehirnforscher und Psychologen ergründen die komplizierten Mechanismen. Wie aber kommen die Forschungsergebnisse in unseren Alltag? Wie können wir die wissenschaftlichen Erkenntnisse für uns persönlich umsetzen? – die Antworten auf diese Fragen geben die Autoren dieses Buches:

- *Sabine Asgodom*, mehrfach ausgezeichnete Trainerin, Coach und Bestsellerautorin, beschreibt den Weg zu besserer Selbst-PR.
- *Jörg Löhr*, einer der führenden Erfolgs- und Persönlichkeitstrainer im europäischen Raum, erläutert, wie man seine Stärken erkennen und erfolgreich leben kann.
- *Monika Matschnig*, eine kompetente, begeisternde Psychologin, erläutert die Bedeutung von Körpersprache und Performance für den persönlichen Erfolg.
- *Reinhold Messner*, Bergsteigerlegende und Grenzgänger, berichtet über seine Erfahrungen in eisigen Höhen und extremen Bergsituationen.
- *Dr. Marco von Münchhausen*, Bestsellerautor und Trainer des Jahres 2002, verrät die Taktiken, mit denen jeder von uns seinen inneren Schweinehund vom ärgsten Feind zum besten Freund macht.
- *Rolf H. Ruhleder*, ein schonungsloser Rhetoriktrainer, zeigt, wie Redekunst und Verhandlungsgeschick Topmanagern und Politikern den Weg zum Erfolg ebnet.
- *Hermann Scherer*, renommierter Referent und Businessexperte, vermittelt die Vision von mutigem Management für die Märkte von morgen.
- *Prof. Dr. Lothar J. Seiwert*, Deutschlands tonangebender Zeitmanagement-Experte, demonstriert, wie wir kostbare Lebenszeit effektiver nutzen und in weniger Leistungsfallen stolpern.
- *Dr. med. Michael Spitzbart*, Gesundheits- und Anti-Aging-Fachmann, bringt das Leben mit seiner »Work Life Balance« ins notwendige Gleichgewicht.

- *Dr. Reinhard K. Sprenger*, Deutschlands meistgelesener Managementautor, stellt die wichtige Rolle von Vertrauen im Unternehmen, in der Führung und in der Kundenbindung heraus.

Freuen Sie sich auf zehn hochkompetente Beiträge mit Fakten rund um das Thema Erfolg. Sie werden Ihnen helfen, sich persönlich, beruflich und privat weiterzuentwickeln.

Für die immer engagierte Mitarbeit danken wir allen Autorinnen und Autoren besonders herzlich!

Christiane Lohrmann
Horst Jarkovsky
FOCUS Magazin Verlag

Monika Matschnig
Hermann Scherer
Unternehmen Erfolg®

Sabine Asgodom

ist Selbstvermarktungsexpertin. Sie hat als Autorin mit ihrem Bestseller *Eigenlob stimmt* den Begriff der Selbst-PR in Deutschland geprägt. 1999 gründete die ehemalige Journalistin ihr eigenes Unternehmen »Asgodom live« in München. Sie arbeitet als Trainerin, coacht Führungskräfte aus Politik, Wirtschaft und Showbusiness und tritt als Topednerin auf Veranstaltungen in Deutschland, der Schweiz und Österreich auf. Sabine Asgodom ist zudem seit drei Jahren Dozentin für Selbst-PR an der Berufsakademie Heidenheim. Die *Financial Times Deutschland* zählt sie als »Trainerin der Manager« zu den 101 wichtigsten Frauen der deutschen Wirtschaft.

Weitere Informationen:
www.asgodom.de

Sabine Asgodom

Werden Sie LebensunternehmerIn!

Selbstverantwortung und Selbst-PR als Erfolgsrezept (auch) in Krisenzeiten

Sie sind gut! Aber wissen das auch alle, die es wissen sollten? Oder haben Sie manchmal das Gefühl, dass Kolleginnen und Kollegen, Vorgesetzte oder Kunden Sie und Ihre ganz persönlichen Fähigkeiten »übersehen«? Es liegt allein an Ihnen. Niemand anderes als Sie ist letztlich dafür verantwortlich, ob Sie im Licht oder im Schatten stehen. Damit Sie Ihre wahren Stärken und Ihre unbestreitbaren Kompetenzen voll zur Geltung bringen können, verrät Ihnen Sabine Asgodom die sieben magischen Strategien der Selbstdarstellung. In nur 30 Minuten erfahren Sie das Wichtigste über erfolgreiche PR in eigener Sache. Auf dem Weg zur verdienten Anerkennung Ihrer Persönlichkeit und Ihrer Leistungen gibt es leider kaum bequeme Abkürzungen. Dafür können Sie überall und jederzeit losgehen. Und der Erfolg winkt nicht erst am Ende der Reise, sondern schon unterwegs.

Leistung muss sich wieder lohnen. Sagt nicht nur die FDP. Gutes Geld für gute Arbeit. Sagt nicht nur der DGB. »Dem Tüchtigen ist diese Welt nicht stumm.« Sagte Goethe. Schön wär's. Doch leider arbeiten viele Menschen hart, ohne dafür die verdiente Anerkennung zu bekommen. Firmen, die noch vor zwei Jahren Hymnen auf den

Wert ihrer Mitarbeiter gesungen haben, entsorgen heute ihr »Humankapital« bei der Bundesagentur für Arbeit. »Stütze« kassieren längst nicht mehr nur die schlecht ausgebildeten, weniger produktiven oder leistungsunwilligen Arbeitnehmer. Heute stehen auch viele hoch qualifizierte, motivierte und gestern noch sehr erfolgreiche Menschen auf der Straße.

Die Krise nagt bei vielen am Ego, egal ob sie ihr Quartalsziel verfehlen, ihre Abteilung umstrukturiert wird, ein wichtiger Kunde seine Rechnungen nicht mehr bezahlt oder sie sich beruflich völlig neu orientieren müssen. Die erste befreiende Botschaft sollte deshalb lauten: Sie sind nicht schuld! Die Quartalsziele waren nämlich von vornherein unrealistisch. Die Abteilung wird nicht umstrukturiert, damit man *Sie* endlich los wird. Ihre Werbeagentur musste nicht deshalb 20 Designer feuern, weil *Sie* letztes Jahr eine Reinzeichnung verbockt haben. Und nicht *Sie* haben Ihren wichtigsten Kunden in die Insolvenz getrieben.

Ich halte nichts davon, die Augen vor gesellschaftlichen Missständen zu verschließen und notwendiges politisches Engagement auszublenden. Aber auf »tiefgreifende Reformen«, eine gerechtere Gesellschaft oder das Ende aller Globalisierungszumutungen zu warten kann dauern. Haben Sie so viel Zeit? Und haben Sie wirklich Lust darauf zu warten, dass »die Politik«, die »konjunkturelle Gesamtlage« oder »die Gesellschaft« sich ändern? Denken Sie an das chinesische Schriftzeichen für »Krise«, das aus dem Zeichen für »Gefahr«, aber auch dem für »Chance« besteht. Nutzen Sie schwierige Zeiten für einen Neuanfang! Gerade in wirtschaftlich weniger rosigen Zeiten wird Ihnen nichts anderes übrig bleiben, als Ihr Schicksal in die eigene Hand zu nehmen. Mehr denn je gehört dabei das vernehmliche Klappern zum Handwerk. Wenn Bescheidenheit das Gegenteil von plumpem oder eitlem Auftrumpfen ist, dann mag sie ja eine Zier sein. Aber *falsche* Bescheidenheit ist eine Erfolgsbremse erster Güte und erwiesenermaßen der Karrierekiller Nummer eins.

Schritt 1: Enttarnen Sie Ihre geheimen Brems- und Antriebskräfte

Die Basis für ein gefestigtes Selbstwertgefühl wird bei uns allen in der Kindheit gelegt – oder eben auch nicht. Jeder trägt tief in seinem Innern geheime Bremser und Antreiber mit sich herum, die andere ihm in die Seele gepflanzt haben. Ich hatte noch Lehrer, die ihre Schüler mit »originellen« Sprüchen wie diesem niedermachten: »Du bist so dämlich, wenn man dich Milch holen schickt, dann zerbrichst du den Groschen.« Oder: »Beim Verteilen der Intelligenz hat der liebe Gott dich wohl übersehen.« Auch Eltern teilen gerne aus dem Füllhorn negativer Verstärkungen aus: »Wenn du so weitermachst, dann wird nie was aus dir.« Oder: »Rede nur, wenn du gefragt wirst.« Am Kleidungsstil, am Musikgeschmack, am Freund oder der Freundin, an allem wird herumgemäkelt. Die schulischen Leistungen hätten natürlich immer *noch* besser sein können. Ihre Berufs- oder Studienwahl war vermutlich auch nicht recht. Vielleicht haben Sie als Kind auch nur die ach so harmonische Familienweihnacht gesprengt, indem Sie versehentlich Vatis schöne Nordmanntanne in Brand gesteckt haben. Das wird Ihnen bis heute am 24. Dezember feixend aufs Brot geschmiert. Oder dieses Missgeschick bei der Schulaufführung, Gott, war das peinlich! Auch solche »kleinen« Reinfälle und Kränkungen können Sie, wenn Sie sie innerlich nur richtig hegen und pflegen, bis auf den heutigen Tag daran hindern, selbstbewusst aufzutreten.

Als wäre das nicht genug, kratzen auch noch Mitschüler und Freunde an unserem Ego. Waren Sie vielleicht der Typ, der beim Fußball immer zuletzt gewählt wurde? Oder das Mädchen mit Brille, Blockflöte und Eins in Bio, das die *Bravo* nicht lesen durfte und von der angesagten Mädchenclique gemieden wurde wie die Masern? Kennen auch Sie die ewige Nummer eins aller frühen narzisstischen Kränkungen aus eigener Erfahrung: »Du, ich find' Dich echt total nett, aber mit Dir gehen?«

» Enttarnen Sie die geheimen Saboteure, die andere in Ihr Lebensunternehmen eingeschleust haben. «

Solche Botschaften wirken weiter. »Was kann ich schon?« »Ich bin doch nichts Besonderes.« »Bestimmt ziehen die Kollegen hinter meinem Rücken schon wieder über mich her.« Mit der Kindheit und der Erziehung ist es freilich wie mit »der Gesellschaft«. Beide haben gewiss ihren Anteil daran, dass die Dinge so sind, wie sie sind. Aber wenn Sie sich ewig mit den Lasten entschuldigen, die andere Ihnen aufgebürdet haben, dann werden Sie sie niemals abwerfen können. Der »mündige Bürger« zeichnet sich ja gerade dadurch aus, dass er auf politische und gesellschaftliche Verhältnisse Einfluss nimmt – und sie dadurch auch verändern kann. Genauso ist es das Kennzeichen des Erwachsenwerdens, dass Sie sich irgendwann von Ihrer hinderlichen Mitgift trennen und Ihre heimlichen negativen Glaubensbekenntnisse widerrufen. Enttarnen Sie die geheimen Saboteure, die andere in Ihr Lebensunternehmen eingeschleust haben. Nur wenn Sie diese hemmenden Botschaften Ihrer Vergangenheit erkennen, dann können Sie sich von ihnen frei machen. Niemand wird Sie dafür »bestrafen«, dass Sie sich nicht Ihr ganzes Leben lang nach den Erwartungen richten, die andere Ihnen gegenüber hegen. Ihr Leben braucht ein eigenes Motto und eigene Ziele. Nur dann können Sie selbstbestimmt leben und arbeiten. Spaß dabei haben. Und laut und deutlich sagen, wer Sie sind, was Sie wollen und was Sie alles können. Machen Sie sich frei von den ewigen inneren und äußeren Bedenkenträgern. Sie sind sicher nicht perfekt. Aber das ist niemand. Es reicht völlig, dass Sie gut sind. Genau das müssen Sie andere aber auch wissen lassen.

Sie zählen gar nicht zu jenen Mühseligen und Beladenen, die ihr Licht schon immer unter den Scheffel gestellt haben? Gut. Gerade in der »Generation Golf« leiden viele überhaupt nicht an Minderwertigkeitskomplexen. Ihre zarten Kinderseelen wurden weniger gekränkt als die irgendeiner Generation zuvor. Stattdessen lauter verwöhnte Einzelkinder, von denen Vati und Mutti schon bei der Geburt fanden, sie seien die Größten. Mit fünf Jahren wurden sie von Benjamin Blümchen in den Schlaf gewiegt und mit zwölf vor *Wetten dass* in Planschi gebadet. Seit sie denken können, sind die Aktien immer nur gestiegen. Die gewitzten, intelligenten, charmanten Sonnenscheinchen von damals lernen jetzt nur mühsam, dass es nicht immer alles umsonst gibt. Dass Frechheit keineswegs immer siegt. Und dass egomanische Rücksichtslosigkeit selten wirklich zum Ziel führt.

» Nehmen Sie sich wichtig, aber nehmen Sie sich nicht *zu* wichtig. «

Wenn Sie also zu den Vorreitern der Lacoste-Mode zählten, bereits mit 14 beim Surfen eine gute Figur gemacht haben und schon beim Abitur wussten, dass Ihr Weg Sie über Harvard geradewegs in den Siemens-Vorstand führen werde, dann droht nicht so sehr Kleinmut als vielmehr Hochmut zu Ihrer inneren Bremse zu werden. Vorsicht: Ihre »Saboteure« kommen in solchen Fällen gerne in der Tarnung bezahlter Claqueure daher. »Bei deinen Qualifikationen …« »Für diesen Job bist du doch viel zu gut.« »Dafür sind andere verantwortlich.« »Man hat's echt nur mit Idioten zu tun!« In diesem Fall lautet mein Tipp: Nehmen Sie sich wichtig, aber nehmen Sie sich nicht *zu* wichtig. Setzen Sie sich auf jeder verfügbaren Bühne in Szene. Aber vergessen Sie nicht, dass die wenigsten Stücke für eine Person geschrieben sind. Damit *Sie* beim Publikum ankommen, müssen auch *andere* eine Chance haben, in ihrer eigenen Rolle zu glänzen.

Zweitens: Rückschläge sind keine Katastrophe. Die ursprüngliche Bedeutung des Wortes »Krise« ist »Wendepunkt«. Deshalb ist jede Krise eine Chance. Sie lernen etwas dazu. Und Sie können die Dinge dadurch zum Besseren wenden. Analysieren Sie zunächst ganz nüchtern die Gründe eines Flops. Suchen Sie die Verantwortung für Fehlschläge *auch* bei sich und nicht immer nur bei anderen. Wenn Sie einigermaßen klar sehen, warum es diesmal schief gegangen ist, dann machen Sie's beim nächsten Mal besser, zumindest aber anders. Nehmen Sie unverkrampft einen neuen Anlauf. Gerade wenn Sie bisher vom Erfolg verwöhnt waren, sollten Sie allerdings das Gefühl – und damit den Eindruck – vermeiden, Sie befänden sich gerade auf einer furchtbar ungerechten Strafexpedition.

Schließlich: Wirkliche Stars wollen keineswegs immer den Hamlet spielen. Auch in kleineren Rollen können Sie durchaus glänzen. Das heißt: Seien Sie sich für manche Dinge nicht zu schade. In *Die Waffen der Frauen* sagt Melanie Griffith, von der Sekretärin zur Investmentbankerin aufgestiegen, etwas sehr Schönes zu ihrer neuen Sekretärin: »Als erstes möchte ich, dass Sie mich bei meinem Vornamen nennen. Und das zweite: Sie brauchen mir keinen Kaffee zu bringen, es sei denn, Sie möchten selbst einen.« Gleiches gilt erst recht für Freiberufler. Beraten Sie zum Beispiel ein kleineres Unternehmen bei seinen Direktmarketingaktivitäten, dann sollten Sie nicht bloß den teuren Zukauf aufbereiteter Kundenadressen empfehlen, sondern auch bereit sein, selbst zu recherchieren.

» Tun Sie alles, was Sie tun mit Leidenschaft und Hingabe. Wenn Sie das nicht können, dann müssen Sie vielleicht einfach etwas anderes machen.«

Last but not least gibt es eine dritte Art von inneren Bremskraftverstärkern. Sie sind deshalb besonders gefährlich, weil sie als Turbolader daherkommen: Illusion und Größenwahn. Das schöne Wort »Erfolg« hat sich in den »Roaring Nineties« geradezu krebsartig verbreitet und ist zum verführerischen Mantra für alle Lebenslagen geworden. »Nur Spitzenleistung zählt!« »Ich bin der Beste!« »Ich kann alles erreichen!« Solche Botschaften selbst ernannter Motivationstrainer, gerne in großen Hallen und mit viel Brimborium vorgetragen, wurden von zahllosen Menschen begierig aufgesogen. Mit vollem Recht strebten sie nach Erfolg und Anerkennung. Aber nicht wenige saßen dabei einer Illusion auf: Es kann nämlich nicht jeder »der Beste« sein. Tun Sie das, was Sie tun, mit Leidenschaft und Hingabe. Wenn Sie das nicht können, dann müssen Sie vielleicht einfach etwas anderes machen. Was immer es ist, machen Sie es so gut wie irgend möglich.

Aber glauben Sie nicht, dass jeder alles erreichen kann, wenn er nur will. Das ist schlicht Blödsinn. So mancher, der sich vornimmt, seinen Traum zu leben, erträumt sich nur ein unrealistisches Leben. Es wird nicht jeder der erfolgreichste Immobilienmakler der Welt. Schließlich kann auch nur einer Präsident werden. Selbst einem hypermotivierten Verkaufsprofi fallen monatlich neue Rekordumsätze schwer, wenn seine Kunden jeden Cent zweimal herumdrehen müssen. Wer sein Ego mit hohlen Parolen aufpumpt und seine Erwartungen in unrealistische Höhen schraubt, der wird im Zweifelsfall nur umso tiefer fallen, wenn der Alltag ihn wieder hat. Und er wird sich schwere Vorwürfe machen. »Was habe ich falsch gemacht?« »Warum habe ich so schmählich versagt?« Und da sind sie dann wieder, die heimlichen Bremser, die am Selbstwertgefühl nagen.

Schritt 2: Analysieren Sie Ihre persönlichen Stärken und Schwächen

Machen Sie doch einmal folgenden Test: Schreiben Sie in drei Minuten fünf schlagende Argumente auf,

- warum gerade Sie den Job bekommen sollten, auf den Sie so scharf sind,
- warum Sie eine kräftige Gehaltserhöhung verdient haben, wo Ihr Unternehmen doch gerade das Urlaubsgeld gestrichen hat,
- warum ein wichtiger Kunde Ihnen einen lukrativen Auftrag geben sollte
- oder warum Sabine Christiansen endlich einmal *Sie* als unabhängigen Experten in ihre Fernsehrunde bitten sollte.

Fast 90 Prozent der Menschen in meinen Seminaren kauen bei diesem Test erst einmal gründlich an ihren Bleistiften. Frage ich sie dagegen nach ihren Schwächen, nach den Dingen, von denen sie glauben, dass sie sie nicht so gut können, dann sprudelt es nur so aus ihnen heraus. Meistens hat das nichts mit den Qualifikationen, Fachkenntnissen oder Fähigkeiten der Leute zu tun. Was sie hemmt, ist fehlendes Selbstbewusstsein und – Angst. Die Angst zu versagen, peinlich aufzufallen, es »nicht gut genug« zu machen. Siehe oben. Das Wichtigste ist also, dass Sie (wieder) daran glauben, *dass* Sie können, was Sie können. Wenn Sie das tun, dann wird es Ihnen künftig auch leichter fallen, Ihre Stärken offensiv zu zeigen – und Ihre Schwächen, die Sie sicher besser kennen als jeder andere, lieber zu kaschieren statt dauernd auf ihnen herumzureiten.

» Sie müssen (wieder) daran glauben, *dass* Sie können, was Sie können. «

Besinnen Sie sich also auf Ihre Stärken. Definieren Sie Ihre Kompetenzen. Denken Sie dabei nicht nur an Diplome und andere formale Qualifikationen. Neben Ihrer Ausbildung zählen Berufserfahrungen und Auslandsaufenthalte. Womit kennen Sie sich innerhalb Ihres Fachgebietes besonders gut aus – auch wenn das nicht in irgendwelchen Arbeitszeugnissen oder Bescheinigungen steht? Kennen Sie zum Beispiel die Produkte und Preise aller Zulieferer von Zylinderkopfdichtungen aus dem Effeff, obwohl Sie doch »nur« in der Buchhaltung sitzen? Was wissen und können Sie sonst noch? Vielleicht waren Sie nie beruflich im Ausland, kennen aber Südchina von einem Dutzend Urlaubsreisen wie Ihre Westentasche? Vielleicht gehört Ihre private Leidenschaft der Geschichte der Containerschifffahrt, oder Sie sind ein absoluter Freak im digitalen Videoschnitt. Warum glänzen Sie eigentlich immer nur auf Partys mit Ihrer fantastischen Allgemeinbildung?

Vergessen Sie auf keinen Fall, Ihre emotionalen und sozialen Kompetenzen auf die Liste zu setzen. Nicht nur Ihre Freundinnen sollten davon profitieren, dass Sie so wunderbar zuhören können. Alles kann wichtig sein. Machen Sie ein Solo-Brainstorming. Schreiben Sie auch scheinbar Unwichtiges oder Skurriles auf. Dass Sie mit

22 Kreismeister im Maßkrugstemmen waren, müssen Sie ja nicht gleich in Ihren Lebenslauf übernehmen.

» Machen Sie eine Liste Ihrer Stärken, Fähigkeiten und Kenntnisse. Brainstorming! Schreiben Sie *alles* auf. «

Falls Sie nicht wissen, wo Sie mit dem Suchen nach Ihren Stärken anfangen sollen, dann benutzen Sie die folgende Liste. Ich habe mal die Flipcharts aus meinen zahlreichen Seminaren, in denen wir diesen Test gemacht haben, ausgewertet. Dabei bin ich auf 20 Qualitäten gestoßen, die immer wieder genannt werden, wenn es darum geht, andere von seinen eigenen Leistungen zu überzeugen.

Die Top 20 des Erfolgs

1. Berufserfahrungen und -erfolge, auch im Ausland
2. Risikofreude und Mut
3. Zielorientierung
4. gute Ausbildung
5. Leidenschaft für den Beruf
6. Selbstbewusstsein
7. Offenheit für neue Ideen
8. Branchenkenntnisse und -kontakte
9. Flexibilität
10. Fantasie und Kreativität
11. Humor
12. Durchsetzungsstärke
13. Konfliktfähigkeit
14. Authentizität (»Echt«-Sein)
15. Teamfähigkeit und Interesse für andere Menschen
16. überzeugende Konzepte und »Visionen«
17. Sorgfalt
18. Fleiß
19. Sensibilität und Intuition
20. gute Menschenkenntnis

Soso, Sie haben nichts Gescheites gelernt und bisher in jedem Job versagt? Sind verzagt, ziellos, beschränkt, verschlagen, humorlos, schlampig und faul? Sie sind noch jedem Idioten auf den Leim gegangen? Deshalb können Sie andere Menschen auch nicht ausstehen und würden am liebsten im stillen Kämmerlein Ihrer Leidenschaft fürs Bleistiftspitzen frönen? O.K., Sie sind wirklich ein hoffnungsloser Fall. Sie brauchen dringend eine Therapie. Na, fällt

Ihnen immer noch nichts zum Thema »Meine persönlichen Stärken« ein?

Jetzt, wo Sie Ihre Liste in den Händen halten, kommen wir zum zweiten Schritt. Fertigen Sie eine so genannte *Mind Map* Ihres Stärkenprofils an. In die Mitte eines möglichst großen Blattes schreiben Sie das, was Sie für Ihre größte Stärke halten. Oder jene Ihrer Stärken, von der Sie glauben, dass Sie in Ihrem gegenwärtigen Job (in Ihrem Traumjob?) am wichtigsten sei. Drumherum gruppieren Sie Ihre übrigen Qualifikationen, Fähigkeiten und Kenntnisse. Die Anordnung bleibt allein Ihnen überlassen. Sehen Sie Ihre Spanischkenntnisse eher ganz klein in der linken unteren Ecke, oder gehören sie in die Mitte? Ist Ihre Liebe zur Oper vielleicht viel wichtiger für Sie, als Sie bisher dachten?

Ziehen Sie als nächstes Linien, Kreise oder Kästen. Verbinden Sie auch Begriffe miteinander, die auf Ihrer *Mind Map* weit auseinander liegen, wenn Sie plötzlich Beziehungen zwischen Ihnen entdecken. So entstehen neue, vielleicht ungewöhnliche, in jedem Fall aber originelle Kombinationen und bisher verborgene »Begabungscluster«. Sie haben Computerkenntnisse, Organisationstalent und kennen sich mit Vollwertkost aus? Überlegen Sie sich dafür eine Formel. Vielleicht schlummert in Ihnen ein geniales Veranstaltungskonzept für Programmierer, die endlich vom Pizzataxi loskommen wollen. Übrigens: Jetzt wäre auch eine gute Gelegenheit, die Kreismeisterschaft im Maßkrugstemmen aus Ihrer Liste zu streichen …

» Was macht Sie einzigartig? Definieren Sie das »Alleinstellungsmerkmal« Ihres Stärkenprofils. «

Mit Hilfe Ihrer neuen Kompetenzkarte können Sie den dritten, entscheidenden Schritt machen. Was unterscheidet *Sie* von allen anderen Menschen, die den gleichen Job machen wie Sie, die auch Fremdsprachen sprechen, gut zuhören können und die wie Sie gewiss nicht auf den Kopf gefallen sind? Genau: Es ist die einzigartige Kombination von Qualifikationen, Wissen, Können und persönlichen

Eigenschaften, über die *nur Sie* verfügen. Niemand sonst! Diese Mischung sollten Sie auf den Begriff, das heißt, auf einen möglichst eingängigen Slogan bringen. Im Marketing nennt man das eine »Unique Selling Proposition« (USP) oder neudeutsch ein »Alleinstellungsmerkmal«. Das meint nichts anderes als: »So bin nur ich« oder »Das kann sonst keiner«. Sie kennen das aus der Waschmittelwerbung. Irgendwie sauber waschen Hunderte von Waschmitteln. Aber es gibt nur einmal *Megaperls*. Die wissen, was Frauen wollen: Perlen. Megaviele Perlen. Und sauber. Sollten Sie nun Hemmungen haben, sich selbst wie ein Waschmittel anzupreisen, dann können Sie das gleiche Prinzip auch nüchterner formulieren. In modernem Management-Deutsch lautet mein Tipp: Definieren Sie Ihre »Kernkompetenz«.

In Krisenzeiten wird die Konkurrenz natürlich härter. Viele Unternehmen versuchen sich, wenn sie überhaupt noch Leute einstellen oder Aufträge nach außen vergeben, dadurch Sicherheit zu erkaufen, dass sie wieder verstärkt auf bruchlose Karrieren und formale Qualifikationen setzen. Quereinsteiger und kreative Chaoten haben dabei leider deutlich an Charme verloren. Trotzdem gilt: Ihre Ausbildung, ein schöner Titel gar, garantieren alleine für gar nichts mehr. Es kommt darauf an, was Sie daraus gemacht haben, über welche praktischen Fähigkeiten und sozialen Kompetenzen Sie verfügen.

Einen zweiten Trend, dem Sie sich in Zukunft stellen müssen, bezeichnen Experten als »Brasilianisierung« der Wirtschaft. Festanstellungen werden sich immer wieder mit Phasen freiberuflicher Tätigkeit abwechseln – und manchmal leider auch mit Zeiten der Arbeitslosigkeit. Jeder Mensch muss seine vorhandenen Talente vielfach, bisweilen in mehreren Jobs oder Projekten gleichzeitig nutzen. Und jeder muss ständig neu dazulernen. Wenn Sie also Ihren Job verloren haben, Ihre Auftragslage mau ist, oder wenn es »Ihrer« Branche gerade besonders schlecht geht, müssen Sie selbstverständlich bereit sein, auch mal rechts und links vertrauter Pfade zu wandeln.

» Dichten Sie sich keine Fähigkeiten an, von denen Sie glauben, dass sie gerade besonders gefragt seien. Und versuchen Sie nicht Dinge zu machen, die andere besser beherrschen.«

Vermeiden Sie allerdings zwei fatale Fehlschlüsse. Erstens: Dichten Sie sich keine Fähigkeiten an, von denen Sie glauben, dass sie gerade besonders gefragt seien. Von Personalern hört man zur Zeit die abenteuerlichsten Geschichten. Da frisieren Bewerber nicht nur ihre Lebensläufe »nach Bedarf«. Mit Hilfe von Firmenlogos aus dem Internet und daselbst recherchierten Namen von Abteilungsleitern werden Arbeitszeugnisse gefälscht. Schulzeugnisse oder Hochschuldiplome werden immer öfter ein wenig »verbessert«. Sie sollten schon deshalb bei der Wahrheit bleiben, weil Sie die Dichtung in aller Regel gar nicht nötig haben. Wuchern Sie lieber mit Ihren echten Talenten als mit erfundenen.

Zweitens: Auch wenn Sie sich beruflich in andere Branchen orientieren oder neue Kundengruppen für Ihr Produkt beziehungsweise Ihre Dienstleistung erschließen wollen – versuchen Sie nicht, Dinge zu machen oder in Bereiche auszuweichen, die andere besser beherrschen. Es wäre schlicht unsinnig, wenn Sie bisher in einer Agentur den *Nordsee*-Etat verantwortet haben, dadurch der Werbeflaute trotzen zu wollen, dass Sie vorübergehend in der Fischfabrik schuften. Auch wenn Sie es kaum glauben: Es gibt dafür bessere Arbeiter als Sie. Wenn Sie keinen Job bei einer anderen Agentur finden, sollten Sie eher überlegen, ob Sie nicht auch als Redenschreiber, Bildredakteur oder Eventmanager arbeiten könnten. So wenig es bringt, sich einen Job zu erträumen, für den Sie nicht die nötigen Qualifikationen mitbringen, so falsch wäre es, sich angesichts von viereinhalb Millionen Arbeitslosen unterhalb Ihrer Möglichkeiten zu verkaufen. Mit guten Sachbearbeiterinnen oder Lageristen können Sie als PR-Fachfrau oder Informatiker schlicht nicht konkurrieren. Deswegen werden Sie auf entsprechende »Verzweiflungsbewerbungen« immer Absagen erhalten. Und am Ende reden Sie sich dann bloß ein, dass man Ihnen »nicht mal mehr solche Jobs« gibt. Die inneren Bremser lassen grüßen …

Schritt 3: Klären Sie Ihre persönlichen und beruflichen Ziele

Sich Ziele zu setzen ist etwas anderes, als übertriebene, unrealistische oder gar größenwahnsinnige Hoffnungen in sich zu nähren. Leider sind solche Träumereien nicht immer nur wolkig. Manchmal tarnen sie sich als konkretes, geradezu betriebswirtschaftlich nüchtern daherkommendes Ziel. Immer wieder liest man, man solle sich präzise definierte Ziele setzen. Beispiel: Sie wollen abnehmen. Viel zu schwammig und außerdem negativ formuliert, heißt es dann. So schaffen Sie das nie! Also setzen Sie sich das Ziel, bis zum 31. Juli Ihr Traumgewicht von 52 Kilo zu erreichen. Wenn Sie Ende Mai nicht gerade das Doppelte wiegen, ist das zu schaffen. Aber: Ob Sie auf die Sahneschnittchen verzichten, sich vollwertig ernähren und mehr Sport treiben, das liegt allein an Ihnen.

Wenn Sie sich dagegen vornehmen, bis zum 31. Dezember 2010 Millionär zu sein oder bis Mitte nächsten Jahres die Leitung der Marketingabteilung zu übernehmen, sieht es schon anders aus. Denn ob Sie dieses Ziel erreichen, hängt von vielen einzelnen Entscheidungen vieler anderer Menschen ab, die Sie oft nicht einmal kennen. Da verweigert Ihnen die Bank ein dringend benötigtes Gründungsdarlehen, der hohe Eurokurs erschwert Ihrer Firma den Absatz auf dem wichtigen US-Markt, Ihre bisher größte Förderin entpuppt sich als Mobbing-Queen, oder ein Börsencrash vernichtet die Früchte der »langfristig orientierten Strategie« Ihres Anlageberaters. Sie sehen: Nur wenn Sie wirklich alle Faktoren, die zur Erreichung Ihrer Ziele beitragen, wenigstens entfernt beeinflussen können, dann sind präzise terminierte und quantifizierte Ziele sinnvoll. Aber wann können Sie das schon? Genau deshalb werden übrigens auch so viele Umsatz- und Gewinnprognosen großer Konzerne schneller zur Makulatur, als sie aufgestellt wurden. Legen Sie also lieber die Richtung fest, in die Sie gehen wollen und definieren Sie die »Rahmenbedingungen« Ihres Erfolgskonzeptes, statt sich mit scheinbar präzisen Definitionen selbst zu blockieren. Und: *Expect the unexpected!*

»Das Grundziel Ihres Erfolgsstrebens muss die Sicherung Ihrer materiellen Existenz sein.«

Das erste Ziel, das Sie ins Auge fassen sollten, klingt nach Binsenweisheit, wird aber gerade deswegen oft »vergessen«: Das Grundziel Ihres Erfolgsstrebens muss die Sicherung Ihrer materiellen Existenz sein. Was immer Sie tun, Sie müssen damit Geld verdienen. Wie viel, das hängt freilich allein von Ihren persönlichen Maßstäben ab. Wenn Sie ohne Ferrari und Villa in Grünwald nicht leben können, brauchen Sie einen Haufen Kohle. Ein Studium der Hethitologie ist dafür eher keine gute Voraussetzung. Wenn dagegen Ihr ganzes Herz an der Erforschung dieser alten Hochkultur hängt, dann brauchen Sie entweder einen »Nebenjob«, mit dem Sie Ihre Zweizimmerwohnung in Recklinghausen und Ihre Grabungsreisen nach Anatolien finanzieren. Oder Sie müssen den einzigen deutschen Lehrstuhl für dieses Fach erklimmen (in München, das heißt kleine Villa in Grünwald, aber kein Ferrari). Wie immer Sie sich in dieser Grundfrage entscheiden: Das Geld ist kein Ziel an sich, sondern ein Mittel, Ihre eigentlichen Ziele zu verfolgen. Es ist ein Äquivalent Ihrer persönlichen Freiheit. Und diese kann natürlich auch in bewusstem Verzicht bestehen.

Eng damit hängt eine zweite Abwägung zusammen: die zwischen Sicherheit und Selbstverwirklichung. Ihre Batikhemden oder Ihre Bergwanderführer sollten sich einigermaßen verlässlich verkaufen, wenn Sie damit eine vierköpfige Familie ernähren müssen. Andererseits sind Sie fein raus, wenn eine korrekte Buchhaltung Sie innerlich tief erfüllt. Das ist nämlich eine vergleichsweise krisenfeste Abteilung. Träumen Sie dagegen im Finanzamt von einer Weltumsegelung, müssen Sie wohl bis zur Pensionierung auf das Boot sparen. Sie interessieren sich nur für Modelleisenbahnen? Kein Problem: Eröffnen Sie einen Märklin-Shop. Ansonsten ist das ein Hobby. Schließlich: Zehn laufende Ratenkredite sind schwer kombinierbar mit Berufen, in denen geheuert und gefeuert wird. Und das sind beileibe nicht nur die McJobs.

Ähnlich sieht es mit moralischen Abwägungen aus. Jeder wird verstehen, wenn Sie nicht für Firmen arbeiten wollen, die Waffen, Atomkraftwerke oder Genfood herstellen. Die ihren Giftmüll illegal entsorgen. Aber wenn Sie in diesen Fragen wirklich rigoros sind, sollten Sie auch alle großen Banken von Ihrer Liste streichen. Alle Agenturen, die Werbung für Banken machen. Vielleicht auch die Zeitungen und Zeitschriften, die diese Werbung drucken. Es ist Ihr Bier. Aber jede Entscheidung hat ihren Preis.

Wenn für Sie Sicherheit vor Risiko geht, ist eine weitere wichtige Entscheidung im Grundsatz meist schon gefallen: die zwischen Festanstellung und Selbstständigkeit. Schon der Gedanke an eine Auftragsdelle im Juli raubt Ihnen den Schlaf? Vergessen Sie die Idee mit der eigenen PR-Agentur besser gleich wieder. Auch wenn Ihnen heute kein Unternehmen mehr eine »Lebensstellung« garantiert – das Einkommen bei einer großen Firma ist im Zweifelsfall immer noch sicherer als der Cashflow Ihrer eigenen. Wollen Sie dagegen unbedingt Ihre eigene Chefin sein, müssen Sie dafür bestimmte Risiken in Kauf nehmen. Nicht zuletzt das Risiko, deutlich mehr arbeiten zu müssen. Das wiederum ist zumindest nicht automatisch mit einem erfüllten Familienleben vereinbar.

» Sicherheit oder Selbstverwirklichung, Festanstellung oder Freiheit, Bankkonto oder Batik – alles hat seinen Preis. «

Wie Sie sehen, hat die Definition persönlicher und beruflicher Ziele fast immer etwas mit Zielkonflikten, mit der Abwägung konkurrierender Wünsche und Werte zu tun. Große Leidenschaften lassen sich oft nicht einmal in bezahlte Tätigkeiten ummünzen. Die höchsten Einkommen sind wiederum nicht unbedingt mit den attraktivsten oder kreativsten Berufen zu erzielen. Arbeit, Familie und Freizeit wollen in Einklang gebracht werden. Aber der Traumjob in einem internationalen Konzern ist oft mit Versetzungen verbunden und passt deshalb nur schlecht mit einem Reihenhaus und zwei schulpflichtigen Kindern zusammen. Im eigenen Unternehmen kann

Ihnen niemand sagen, was Sie zu tun haben. Aber was Sie nicht tun, tut eben auch niemand anders.

Fazit: Sie müssen Geld verdienen, Sie haben ein Recht darauf, Ihre Talente optimal zu entfalten, und Sie sollen dabei möglichst auch noch Spaß haben. Das geht natürlich am besten, wenn Sie Ihre Leidenschaft erfolgreich zu Ihrem Beruf machen. Leidenschaft für die Sache zahlt sich am Ende immer aus. Denn jeder spürt Ihre Begeisterung für Ihre Arbeit oder Ihr Produkt. Dadurch überträgt sie sich auf Kollegen, Mitarbeiter, Vorgesetzte oder Kunden. Geht nicht? Ihr Job, Ihre Firma, Ihr Chef kotzen Sie an? Kreditanträge, Magenbitter oder Präzisionsfräsen kommen Ihnen zu den Ohren raus? Suchen Sie sich ab sofort etwas anderes! Solange Sie Ihren Traumjob nicht haben: Suchen Sie ihn sich. Wenn er tatsächlich Ihren Qualifikationen und Fähigkeiten entspricht, werden Sie ihn früher oder später finden.

» Solange Sie Ihren Traumjob nicht haben: Suchen Sie ihn sich. Oder verändern Sie Ihre Arbeitsbedingungen so, dass aus Ihrem Job ein Traumjob wird. «

Oder Sie betrachten Ihre gegenwärtige Tätigkeit mal durch eine ganz neue Brille. Die meisten Menschen sind nämlich gar nicht mit ihrem Job an sich unzufrieden, sondern mit den Umständen, unter denen sie ihn ausüben müssen. Zum Beispiel, weil ihre Fähigkeiten nicht angemessen gewürdigt werden. Weil ihre Kunden immer noch über Lieferverzögerungen klagen, obwohl sie in vier verschiedenen Memos dargelegt haben, wie man diese abstellen könnte. Weil sie mehr mit internen Querelen beschäftigt sind als mit dem eigentlichen Zweck ihres Tuns: ein tolles Produkt herzustellen oder eine erstklassige Dienstleistung anzubieten und ihre Kunden zufrieden zu stellen. Setzen Sie sich das Ziel, diese Ziele zu erreichen. Machen Sie dafür einen Stufenplan. Suchen Sie sich Verbündete und Förderer für Ihre Ideen. Dann können Sie Ihren jetzigen Job durchaus zu Ihrer Leidenschaft machen.

Schritt 4: Definieren Sie Ihre Zielgruppe

Sie wollen ein attraktiveres Vertriebsgebiet ergattern. Sie würden gerne vom Außendienst ins Produktmanagement wechseln, damit Ihre zahlreichen Verbesserungsvorschläge endlich mal umgesetzt werden. Sie haben erkannt, dass Möbel Meier einfach besser ist als Möbel Müller, und wollen wechseln. Die ewigen Paartherapien haben Sie ausgebrannt, und Sie wollen in Zukunft lieber Konfliktmanagement-Seminare für Unternehmen anbieten. Gelungene Selbst-PR bedeutet in all diesen Fällen, die richtigen Leute auf sich, auf Ihr Potenzial und auf Ihre Ziele aufmerksam zu machen. Wie gesagt: Gut sein allein genügt nicht, die richtigen Leute müssen jetzt auch von Ihren Vorzügen erfahren. Und zwar durch Sie. Also: Wer sollte von Ihren Ambitionen wissen? Wer kann Sie dabei unterstützen, Ihre Ziele zu erreichen? Je nach ihrer Situation lauten die Leitfragen für Ihren Zielgruppen-Check:

- Wer ist in meinem Unternehmen wichtig für mich? Wem sollte ich mich überzeugend präsentieren?
- Wen will ich bei einem anderen Unternehmen oder in meiner Branche auf mich aufmerksam machen?
- Wer braucht unbedingt mein Produkt oder meine Dienstleistung? Für welche Kunden könnte mein Angebot zumindest interessant sein?

Spontan denken Sie wahrscheinlich an Ihre(n) Chef(in). Klar, dessen beziehungsweise deren Anerkennung und Förderung wäre schon viel wert. Aber vielleicht sind Ihren unmittelbaren Vorgesetzten Ihre Qualitäten ja längst aufgefallen. Man sagt es Ihnen nur nicht, damit Sie nicht »abheben«. »Schließlich werden die Leute dafür bezahlt, dass sie ihren Job gut machen.« Solche Begründungen habe ich von Managern oft genug gehört. Das kann aber leider auch bedeuten, dass man Sie deshalb nicht mit anderen Aufgaben betrauen möchte, weil Sie Ihren gegenwärtigen Job so routiniert erledigen. Schon gar nicht will man Sie ganz verlieren, weder an ein anderes Team noch an eine andere Abteilung, geschweige denn an die Konkurrenz. In diesem Fall empfehle ich den »Rösselsprung«. Statt Ihre(n) Vorgesetzte(n) zum Ziel Ihrer Selbst-PR-Kampagne zu machen, könnte es viel nützlicher sein, die Reichweite Ihres Radars zu erweitern: ein, zwei Ebenen nach oben und nach »nebenan«, in andere Abteilungen oder sogar in andere Unternehmen. Achtung! Das ist das schiere Gegenteil von Intrigen hinter dem Rücken Ihres Chefs. Betreiben Sie *niemals* Negativpropaganda gegen andere, sondern *immer* PR in eigener Sache. Wenn daraufhin plötzlich auf anderen Gängen gut über Sie gesprochen wird, dann nützt Ihnen das auch in Ihrer jetzigen Position, selbst wenn Sie dadurch nicht sofort auf die Überholspur wechseln.

» Wer kann Sie dabei unterstützen, Ihre Ziele zu erreichen? Wer würde am meisten von Ihren Talenten profitieren? Das ist Ihre Zielgruppe! «

Noch wichtiger ist eine gründliche und kritische Marktanalyse natürlich, wenn Sie selbstständig sind oder sich selbstständig machen wollen. Wer braucht meine Qualifikationen? Wie muss mein Angebot aussehen (und vor allem: wie muss ich es kommunizieren), damit es für möglichst viele Kunden interessant ist? Wenn Sie bisher im Marketing einer Kosmetikfirma gearbeitet haben, dann kann Ihr bisheriger Arbeitgeber zwar durchaus auch Ihr erster Kunde sein. Denken Sie aber im nächsten Schritt nicht nur an andere Hersteller von Cremes und Lippenstiften. Auch für Parfümerien, Boutiquen oder Wellness-Anbieter sind Ihre Dienste bestimmt interessant. Halten Sie nach bislang unbesetzten Nischen und neuen Kundengruppen für Ihre Talente Ausschau. Ziehen Sie Ihr Stärkenprofil heran. Neue, intelligente und originelle Kombinationen Ihrer Fähigkeiten können Ihnen Hinweise auf neue Zielgruppen geben. Warum sollten sich nicht stilvolle Inneneinrichter für all das interessieren, was Sie über die neuesten Trends in Beauty, Mode und Lifestyle wissen? Oder wie wäre es mit Trend-Scouting für die vielen Touristen in Ihrer Stadt?

Viele Freiberufler (viele Unternehmen übrigens auch) machen den Fehler, bei ihrer Zielgruppenansprache zu sehr auf ihre Mitbewerber zu schielen. So hatte ein Kunde von mir, ein Diplompsychologe, ein sehr interessantes Konzept für ein Persönlichkeitstraining entwickelt. Aber trotz seines fachlichen Renommees, seiner zahlreichen Veröffentlichungen und seiner edlen Präsentationsunterlagen bekam er kaum Aufträge aus der Industrie. Erst eine gründliche Analyse seiner Publikationen und Angebotsschreiben ergab, dass er diese eigentlich nur für andere Psychologen verfasst hatte. Seine Darlegungen waren fachlich präzise, und seine Wortwahl wies ihn »branchenintern« als absoluten Kenner der Materie aus. Aber die zuständigen Entscheider in Unternehmen, bei Berufsverbänden oder privaten Seminaranbietern konnten mit seinen eher wissenschaftlichen Arbeiten wenig anfangen. Erst der Verzicht auf allzu fachliche Darlegungen im Psycho-Jargon ermöglichte eine klare Fokussierung seines Angebotes auf seine eigentliche Zielgruppe.

» Vermeiden Sie den schlimmsten aller Fehler beim Start in die Selbstständigkeit: Preisdumping. «

Vermeiden Sie auch den schlimmsten aller Fehler beim Start in die Selbstständigkeit: Preisdumping. Schon der Volksmund weiß, dass nichts wert ist, was nichts kostet. Natürlich sollen Sie für Ihre Dienste keine »Mondpreise« verlangen. Bedenken Sie aber, dass Firmen freie Mitarbeiter nicht in erster Linie deshalb beschäftigen, weil das so viel billiger wäre als ein Angestellter. Man möchte vor allem Arbeit nur dann vergeben, wenn es wirklich etwas zu tun gibt. Außerdem erwartet man von Ihnen, dass Sie den Job schneller, besser und engagierter erledigen. Denn *Sie* werden neue Aufträge nur dann bekommen, wenn Ihr Kunde absolut zufrieden ist. Verlangen Sie also gutes Geld für gute Qualität.

Noch ein Tipp: Nicht jeder Euro, den Sie verdienen, muss direkt aus der Kasse Ihres Kunden stammen. Wenn der zum Beispiel keinen brauchbaren Etat hat, um seine neue Kneipe angemessen zu eröffnen, dann könnte eine Umwegfinanzierung über einen Sponsor, also eine Brauerei, einen Tabakkonzern oder ein Stadtmagazin der richtige Weg sein. Indem Sie solche Quellen anzapfen, schaffen Sie eine klassische Win-Win-Situation: Ihr Kunde bekommt ein rauschendes Fest und die nötige Publicity, der Sponsor ein attraktives Werbeumfeld und Sie ein gescheites Honorar.

Schritt 5: Entwickeln Sie Ihre Kompetenzthemen

Ihre Kompetenz ist Ihr Kapital. Aber um dieses Kapital zu verzinsen brauchen Sie das, was Analysten eine »Story« nennen. Die Aktien Ihrer Ich-AG brauchen »Fantasie«. Und da ist es wie bei den »großen« AGs. »Mercedes baut tolle Autos.« Gähn. »Die neue SLK-Klasse. Gefühle entstehen im Kopf.« Aha! Oder: »Kanzler trifft Unternehmensvorstände.« Schnarch. Aber: »Schröder rettet Arbeitsplätze.« Danke, Kanzler! Wenn Sie also Ihre Kompetenz kommunizieren wollen, dann müssen Sie konkrete Themen setzen. Denn ohne interessante Inhalte finden Sie kein Interesse, und nur mit spannenden »Aufmachern« schaffen Sie Aufmerksamkeit. Frage: Was ist es, das man über Sie hören, lesen oder sehen will? Mit welchen Nachrichten können Sie persönlich um das letzte knappe Gut der Informationsgesellschaft – Aufmerksamkeit – konkurrieren? Genau wie bei Ihrem Stärkenprofil kommt es bei Ihrem Themenkatalog darauf an, dass Sie Ihrem Kind einen besonderen, unverwechselbaren Namen geben.

Ein Beispiel: Eine meiner Kundinnen betreibt in München eine erfolgreiche Sprachenschule. Neben Menschen, die ihre Fremdsprachenkenntnisse verbessern wollen, zählen internationale Unternehmen zu ihren Kunden, die Deutschkurse für ihre ausländischen Fach- und Führungskräfte nachfragen. Das bringt Umsatz, aber keine PR. Nach einigem Überlegen kamen wir auf folgende Idee: Wie wäre es mit einem Kursangebot für »norddeutsche« Manager, denen der unverzichtbare Schliff in bayerischer Mund- und Lebensart fehlt? Gesagt, getan: Schon wenige Tage und eine gut formulierte Presseerklärung später hatte sie einen vierspaltigen Aufmacher im Bayern-Teil der *Süddeutschen Zeitung*. Daraufhin rannten ihr beinahe alle Regional- und Privatsender die Bude ein und brachten Features über die Sprachenschule in den Vorabendmagazinen. Ihr Geld verdient meine Kundin immer noch mit unspektakulären Deutsch- und Englischkursen. Aber eine bessere PR hat sie nie wieder bekommen.

» Wenn Sie Ihre Kompetenz kommunizieren wollen, müssen Sie konkrete Themen setzen. Nur mit Inhalten schaffen Sie Aufmerksamkeit. «

Wie finden Sie nun jene Themen, bei denen Sie sich als Experte oder Expertin profilieren können? Überlegen Sie einmal anhand der folgenden Fragen:

- Worin kenne ich mich aus? In welchen (beruflichen oder außerberuflichen) Themenbereichen weiß ich besonders gut Bescheid?
- Welche Ideen habe ich schon lange im Hinterkopf?
- Welche Verbesserungsmöglichkeiten sehe ich in meinem beruflichen Umfeld? Wo gibt es Veränderungsbedarf?
- Welche Erfolge habe ich in letzter Zeit erreicht?

Keine Angst: Sie müssen nicht studiert haben oder die gesamte Fachliteratur zu einem Thema kennen, um sich damit als kompetente Expertin zu profilieren. So perfekt sind nicht einmal die Professoren, die sich mit »ihrem« Thema beschäftigen. Ganz oft verdanken sie ihre vielen Fußnoten und Fachaufsätze nämlich dem Fleiß und der Kompetenz ihrer Assistenten. Nochmals: Keine falsche Bescheidenheit! Zumindest über Ihren Job weiß in Ihrem Unternehmen wohl kaum jemand besser Bescheid als Sie. Und Ihr erster Artikel in Ihrem Firmen-Newsletter oder in einer Fachzeitschrift muss sich nicht mit der Reform des Weltwährungssystems befassen.

Schritt 6: Nutzen Sie jede verfügbare Bühne

Wenn es darum geht, Foren für Ihre Themen zu finden, dann sollten Sie nicht zu klein, aber auch nicht gleich zu groß denken. Versuchen Sie einerseits nicht nur, sich bei einzelnen Kollegen oder in Ihrem Team in ein besseres Licht zu rücken. Denken Sie auch nicht bloß daran, bei Ihrem Boss zu punkten. Andererseits müssen Sie nicht gleich in den *Tagesthemen* interviewt werden oder das Standardwerk zu einem bestimmten Thema vorlegen, um auf sich aufmerksam zu machen. Die besten Plattformen für Ihre Selbst-PR befinden sich auf den Stockwerken dazwischen. Hier ein paar Tipps:

Der wichtigste überhaupt: Schaffen Sie sich Ihr persönliches Netzwerk. Wie? Gehen Sie nicht nur mit den Leuten aus Ihrer Abteilung essen, reden Sie mit Kollegen in der gesamten Firma. Nur wenige Führungskräfte stehen unter Polizeischutz und dürfen von keinem angesprochen werden. Besuchen Sie Fachkongresse, Veranstaltungen und Messen. Wenn Sie dort den Kontakt und den inhaltlichen Austausch mit den richtigen Leuten suchen, dann wächst Ihr Netzwerk meist exponentiell. Wichtig: Netzwerke entstehen durch *persönliche* Kontakte, neudeutsch »Facemail« genannt. Eine Visitenkarte, ein Telefonat oder ein zwei Jahre zurückliegender Brief begründen keinen Netzwerkkontakt. Ebenso wie EDV-Netzwerke müssen menschliche Netzwerke auch ständig gewartet werden.

Mindestens ebenso wichtig wie das Networking: gute Vorbereitung. Wo immer Sie sich zu Wort melden, wen immer Sie treffen, was immer Sie sagen, Sie sollten Ihre Argumente geordnet und alle wichtigen Fakten parat haben. Sie müssen beileibe nicht alles anbringen, was Sie wissen, aber je solider Ihre inhaltliche Basis ist, desto selbstsicherer wird auch Ihr Auftritt sein.

Bewerbungsschreiben und Vorstellungsgespräche sind die erste Bühne, auf der Sie glänzen können. Auch im Fall einer Absage werden sich Ihre

Gesprächspartner, so Sie einen positiven Eindruck hinterlassen haben, gern an Sie erinnern. Denn Sie bei der nächsten Vakanz anzurufen macht viel weniger Arbeit als ein neues Bewerbungsverfahren. Je überzeugender Sie in Ihrer Mappe und in Gesprächen Ihre Talente und Fähigkeiten darlegen, desto genauer wird man sich daran erinnern, dass Sie eine Spitzenkraft sind.

Auch Gehaltsverhandlungen sind ein PR-Termin. Legen Sie also lieber gut begründet dar, warum Ihre Arbeit *mehr wert* ist, als sich umständlich darüber zu verbreiten, warum Sie unbedingt *mehr Geld* brauchen. Ersteres wird sich Ihr Chef nämlich merken. Dass Sie mit Ihrem Gehalt nicht auskommen, hinterlässt bloß einen trüben Eindruck.

PR-Instrument Telefon. Wenn Sie mit Vorliebe genervt in den Hörer bellen oder Anrufer den Eindruck gewinnen, Sie gerade aus Ihrem Büroschlaf gerissen zu haben, verschenken Sie eine weitere wichtige Chance. Jeder erinnert sich nämlich gerne an ein Telefonat mit einem kompetenten, hilfsbereiten und gut aufgelegten Zeitgenossen. Rufen Sie notfalls später zurück, bereiten Sie sich auf das Telefonat vor und lächeln Sie beim Telefonieren. Man hört das.

Auch in Ihrer Korrespondenz sollten Sie bedenken, dass Absender wie Empfänger menschliche Individuen sind und keine Maschinen. Vermeiden Sie Formbriefe, Textbausteine und Bürokratendeutsch. Legen Sie Ihre Anliegen oder Antworten klar, verständlich und in persönlichem (nicht privatem) Stil dar. Auch wenn Ihnen Internet-Freaks etwas anderes erzählen: Abgesehen von Fragen der äußeren Gestaltung gelten in der elektronischen Kommunikation alle Grundregeln menschlicher Höflichkeit unvermindert fort.

Es gibt keine Firmen ohne Konferenzen. Natürlich ist bei den meisten Sitzungen der Teilnehmerkreis fest geregelt. Aber neben der wöchentlichen Runde der Hauptabteilungsleiter gibt es zahlreiche weitere, zum Teil projekt- oder themenbezogene Meetings. Finden Sie heraus, an welchen solcher Treffen Sie teilnehmen könnten. Vielleicht muss Ihr Chef in so vielen Gremien hocken, dass er nur darauf wartet, ein oder zwei Termine an Sie delegieren zu dürfen. Dort lernen Sie nicht nur andere Entscheider im Unternehmen kennen: Nachdem Sie beim ersten Mal nur gut zugehört haben, können Sie die Runde auch mit kompetenten Vorschlägen und Ideen beeindrucken.

Das gleiche gilt für Präsentationen aller Art. Die wichtigen Vorarbeiten für alle bunten Folien werden ohnehin von den Mitarbeitern geleistet. Beispiele: Der Fertigungsleiter weiß nur oberflächlich, wie die neue Hydraulikfräse funktioniert. Schlagen Sie ihm vor, dem Team kurz ihre wesentlichen Vorteile für den Produktionsablauf zu erläutern. Statt dass Ihr Chef sich durch die von Ihnen zusammengetragenen Quartalszahlen pflügt, referieren Sie die Fakten, während er sich ganz auf die Schlussfolgerungen konzentrieren kann. Und schon beeindrucken Sie als Teil eines eingespielten Teams die hochrangig besetzte Planungsrunde.

Messen und Kongresse spielen im menschlichen Networking dieselbe Rolle wie große Serverfarmen im elektronischen. Hier treffen Sie die meisten Kollegen und Entscheider aus Ihrer Branche und die meinungsbildenden Fachleute zu einem Thema. Wenn Sie sich bereits einen Ruf als Experte erarbeitet haben, dann sind Tagungen der Ort, Ihren Ruhm zu befestigen und zu mehren. Sie müssen nicht unbedingt den Hauptvortrag halten. Schon durch eine Diskussionsleitung bei einem Nebenforum können Sie auf sich aufmerksam machen. Ansonsten gilt: Knüpfen Sie erste Kontakte. Finden Sie heraus, wer die wichtigen Multiplikatoren sind, und suchen Sie den inhaltlichen Austausch mit ihnen. Stellen Sie in Foren, Arbeitsgruppen oder Veranstaltungen Fragen. Auch gute Diskussionsbeiträge werden immer geschätzt, egal von wem sie kommen. Jeder Kongress tanzt natürlich auch. Feiern Sie mit, fallen Sie aber vornehmlich durch Ihren Charme, Ihren Witz und Ihre gesellschaftliche Gewandtheit auf.

Artikel in Fachzeitschriften sollten das erste Mittel Ihrer Wahl sein, um sich einem breiteren Publikum zu präsentieren. Was? Ich? Artikel? Nur Mut! Wussten Sie, dass es in Deutschland über 3 500 Fachzeitschriften gibt, die alle dringend gute AutorInnen mit interessanten Ideen brauchen? Im Gegensatz zu Tageszeitungen und Publikumszeitschriften werden Fachinformationen auch sehr genau gelesen. Schon ein Einspalter oder eine Meldung sorgen für Aufmerksamkeit. Also: Welche Fachblätter kursieren bei Ihnen im Unternehmen? Besorgen Sie sich diese, und verschaffen Sie sich einen Überblick über deren Themen und Autoren. Welchen Beitrag vermissen Sie im aktuellen Heft? Bei welchem Artikel sind Sie ganz anderer Meinung? »Googeln« Sie doch mal ein Thema, das Ihnen besonders auf den Nägeln brennt. Sie werden staunen, wo überall Sie dazu etwas publizieren könnten. Übrigens: Nirgendwo macht Übung so sehr den Meister wie beim Schreiben.

Das gleiche gilt für Beiträge in Firmenzeitschriften. In der hauseigenen befördern Sie mit einem Artikel Ihren internen Ruf. Wo eine solche fehlt, gehen auch Veröffentlichungen in »fremden« Konzernpostillen völlig in Ordnung. Am besten, Ihr Thema ist allgemeiner Natur oder interessiert die ganze Branche. Dann wird Ihr eigenes Unternehmen Ihre Expertise sogar als Werbung für sich selbst verstehen.

Small Talk ist ungeheuer wichtig. Wenn Sie nicht mal entspannt übers Wetter, die Vorzüge des Hosenträgers gegenüber dem Gürtel oder das Phänomen des Urlaubsstaus plaudern können, wie wollen Sie dann souverän Ihren Masterplan für den Neuzuschnitt aller Vertriebsgebiete zum Vortrage bringen? Grundregel des »kleinen Gesprächs«: Politik, Religion, Krankheiten und Intimitäten sind absolut tabu, auch Klatsch kommt selten gut. Die Vorteile des Small Talks kommen auch im Aufzug zur Geltung. Mit einem guten *elevator pitch* können Sie über alle Abteilungs- und Hierarchiestrukturen hinweg positiv auffallen.

Ganz wichtig für Freiberufler und Selbstständige: Nur persönliche Kundengespräche vor Ort bringen wirklich etwas. Mailings und Telefonaktionen können bestenfalls als Einstieg bei der Neukundengewinnung dienen. Jeden Ihrer Kunden und Geschäftspartner sollten Sie mindestens ein- bis zweimal im Jahr treffen, dann läuft alles übrige per Telefon, E-Mail oder Post viel besser und persönlicher. Tödlich ist die so genannte »Kaltakquise«. Auch Sie hassen es, mitten am Tag von Anlageberatern angesprochen und »voll getextet« zu werden.

Schritt 7: Verfeinern Sie Ihre persönliche Ausstrahlung

Hierüber ließe sich ein eigenes Buch verfassen. Stattdessen empfehle ich Ihnen lieber eins, nämlich den *Knigge*, aber den echten: Adolph Freiherr von Knigge, *Über den Umgang mit Menschen*. Taschenbuchausgaben gibt es für 10 gut angelegte Euro unter anderem bei Reclam, Insel oder Piper. Entgegen einem verbreiteten Missverständnis steht in diesem epochalen Werk überhaupt nichts über den Umgang mit Messer und Gabel. Aber wie man anderen Menschen mit Respekt, Aufrichtigkeit und Höflichkeit begegnet, kann man immer noch aus keinem anderen Buch besser lernen, obwohl es aus dem Jahr 1788 stammt.

Eine interessante, überzeugende, gar eine charismatische Persönlichkeit erkennt man daran, dass ihre Werte, ihre Visionen und ihre Ziele mit ihrem Charakter im Einklang stehen und dass es ihr gelingt, diese dann auch wirklich zu leben. Das klingt leichter als es ist. Nicht so kompliziert sind die zwei wichtigsten Grundregeln eines überzeugenden und einnehmenden persönlichen Auftretens:

Erstens: Seien Sie authentisch, verstellen Sie sich nicht, aber akzeptieren Sie die »Komfortzone« jedes anderen Menschen. Daraus leiten sich fast alle Regeln guten Benehmens zwanglos ab. Seien Sie nicht arrogant und überheblich, aber auch nicht unterwürfig oder gar schleimig. Überlegen Sie nicht ständig, was andere von Ihnen erwarten, sondern sagen Sie, was Sie meinen, und tun Sie das, wovon Sie überzeugt sind. Aber wahren Sie dabei die Form. Gute Manieren sind kein starres Korsett und kein hohles, überkommenes Regelwerk, sondern ein lebendiger Ausweis des Respekts vor anderen. Das gilt für Kleidung und andere äußere Attribute ebenso wie für alle Benimmregeln im engeren Sinne. Sollten Sie hier erkennbare Defizite haben, dann beheben Sie diese besser. Selbst sinnvoll brechen kann die Regeln nur, wer sie kennt.

Auch der Zwiespalt zwischen Authentizität und Professionalität ist übrigens ein Zielkonflikt, den Sie für sich angemessen entscheiden müssen. Häufig *Four-Letter-Words* zu verwenden und Bier aus der Flasche zu trinken ist für einen erfolgreichen Rockmusiker meist bloße Berufspflicht. Im Finanzsektor müssten Sie für solche Attitüden dagegen einen hohen Preis bezahlen. Umgekehrt hängt die Qualität Ihrer Vorschläge für ein effizienteres Verfahren bei der Vergabe von Kleinkrediten natürlich nicht von dem Anzug oder Kostüm ab, in dem Sie sie vorbringen. Aber bauchfrei oder in Cargohosen sinkt die Wahrscheinlichkeit, dass man Ihnen wenigstens zuhört, leider beträchtlich. Ich persönlich kann dem grassierenden Trend, seine Individualität hauptsächlich durch Äußerlichkeiten dokumentieren zu wollen, ohnehin wenig abgewinnen – ebenso wenig wie dem graublauen Einerlei der konventionellen Business-Etikette. Eine Persönlichkeit, die einzig an einem riesigen Nasenring hängt, überzeugt mich allerdings noch weniger als eine, die man in ihrem Zweireiher von der Stange zunächst kaum erkennen kann.

»Wer nicht lächeln kann, der soll keinen Laden aufmachen.«
(chinesisches Sprichwort)

Zweite Grundbedingung einer positiven Ausstrahlung: gute Menschenkenntnis und echtes Interesse am Gegenüber. Erstere kann man nur durch Beobachtung und Erfahrung gewinnen. Das ist übrigens ein großer Vorzug von älteren Menschen, den viele Jungmanager wieder etwas mehr schätzen lernen sollten. Nur wenn Sie in der Lage sind, sich auf die Interessen und Eigenheiten anderer Menschen flexibel einzustellen, können Sie diese auch von sich überzeugen. Menschen fühlen, ob Sie sich wirklich für sie interessieren oder ob Sie nur ein Publikum für Ihre Monologe suchen. Selbst wenn Ihr Vorgesetzter nicht die allergrößte Leuchte ist, wird er schnell merken, ob Sie mit Ihren Ideen und Wünschen an seine Kompetenz oder bloß an seine Machtposition appellieren. Und schon nach fünf Minuten hat jeder Kunde raus, ob Sie ihm wirklich bei der Erreichung seiner Ziele helfen oder ihm bloß sein Geld aus der Tasche ziehen wollen.

Im Umgang mit Menschen kommt es häufig zu Revierkonflikten: nämlich zwischen Ihrer eigenen Komfortzone und der der Anderen. *Sie* müssen entscheiden, wie viele und welche Marotten Sie anderen zubilligen, bevor Ihnen der Geduldsfaden reißt. Denn nicht nur andere verdienen Ihr Interesse und Ihren Respekt, auch Sie haben Anspruch darauf, anständig behandelt zu werden. Die Witze des Verkaufsleiters müssen Ihnen nicht gefallen, aber solange sie nicht grob beleidigend, sexistisch oder rassistisch sind, sollte Ihre Abneigung den beruflichen Umgang mit ihm nicht beeinflussen. Wenn dagegen Ihr Chef seine Aufträge grundsätzlich im Kasernenhofton verteilt und bei fälliger Kritik stets den Proleten raushängen lässt, dann ist es nicht nur erlaubt, sondern geboten, sich diesen Umgangston höflich, aber bestimmt zu verbitten. Der Kunde ist König, aber das gibt ihm nicht das Recht, Sie wie einen Dienstboten zu behandeln. Weisen Sie andere, auch wenn sie »mächtig«, »wichtig« oder für die Erreichung Ihrer Ziele unentbehrlich sind, notfalls in Ihre Grenzen. Gerade damit werden Sie sich meistens den Respekt erwerben, den Sie bislang vielleicht vermissen.

Bei jeder vernünftigen Abgrenzung: Grundlage jeder Ausstrahlung ist, dass Sie Menschen mögen. Wer anderen Wertschätzung entgegen bringt, kann Anerkennung und Wertschätzung erwarten. Wie Sie auf Menschen zugehen, bestimmt maßgeblich, wie andere reagieren. Ich habe in meinem Leben eines gelernt: Es kommt alles im Leben zurück, das Gute wie das Böse. Wenn Sie anderen etwas gönnen, werden Sie selbst Gutes erfahren, wenn Sie andere empfehlen, werden Sie empfohlen werden, wenn Sie auf Win-Win-Situationen achten, werden Sie für sich selbst befriedigende Lösungen finden. Selbst-PR ist dabei eine gute und wichtige Hilfe.

Auch dabei kommt es auf das rechte Maß an. Ich vergleiche Selbst-PR gerne mit einem guten Make-up: Es kann Stärken hervorheben und Schwächen kaschieren, aber zu dick aufgetragen, wirkt beides »billig«. Richtig dosiert, wird Selbst-PR Ihnen helfen, auf sich aufmerksam zu machen, Ihre Talente und Erfolge zu kommunizieren, kurzum: Sich so zu profilieren, dass Sie eine Sogwirkung erzielen. Für Traumjobs und Aufträge in Hülle und Fülle. Viel Erfolg!

Sabine Asgodoms Spezialtipp

Ich hoffe, dass möglichst viele der obigen Gedanken und Ideen für Sie nützlich sind. Dass Sie einige konkrete Tipps entdeckt haben, die Sie sofort für sich umsetzen können. Wenn ich Ihnen aber nur einen einzigen Rat geben könnte, dann wäre es der Folgende: *Glauben* Sie nicht nur an sich, *erkennen* Sie Ihre Stärken und Talente. Und sorgen Sie durch geschickte Selbst-PR dafür, dass *andere* Ihr Loblied singen.

Mehr von Sabine Asgodom:

- Eigenlob stimmt. Die Kunst der Selbst-PR. München 2003.
- Die 12 Schlüssel zur Gelassenheit. So stoppen Sie den Stress. München 2004.
- Genug gejammert. Wie das Leben mehr Spaß macht. München 2004.
- Leben macht die Arbeit süß. Ihr ganz persönliches Work-Life-Konzept. München 2002.

Jörg Löhr

gehört zu den angesehensten Erfolgs- und Persönlichkeitstrainern in Europa. Er berät und trainiert viele renommierte Unternehmen, darunter zum Beispiel Allianz, BMW, IBM, DaimlerChrysler, Deutsche Bank, Deutsche Telekom und SAP. Auch Spitzensportler und Nationalmannschaften setzen auf die Unterstützung des ehemaligen Handball-Nationalspielers. Jörg Löhr ist zudem Lehrbeauftragter der Universität Augsburg und erhielt mehrfach Auszeichnungen für seine herausragende Wissensvermittlung. Sein neuestes Buch – *Lebe deine Stärken* (2004) – zeigt, wie jeder Mensch sein individuelles Potenzial entdecken kann.

Weitere Informationen: www.joerg-loehr.com

Jörg Löhr

Spielen Sie Ihre Stärken aus!

Wie Sie das richtige Spielfeld finden, am Ball bleiben und erfolgreich werden

Was macht Ihre persönliche Stärke aus? Wo liegen Ihre Talente? Die wenigsten Menschen können diese Fragen auf Anhieb beantworten. Viele glauben gar, sie hätten keine besonderen Fähigkeiten oder Begabungen, nur weil ihr Talent nicht so augenfällig ist wie der Torinstinkt eines Fußballers oder die Rhetorik eines TV-Moderators. Doch seien Sie sicher: Jeder Mensch kann erfolgreich sein, wenn er sein Leben ganz konkret auf den eigenen Stärken aufbaut.

Doch wie erkennen Sie, was in Ihnen steckt? Wie nutzen Sie Ihr individuelles Potenzial? In diesem Beitrag zeigt Ihnen Jörg Löhr Schritt für Schritt den Weg zu einem »starken Leben«.

Ihr Potenzial – die Basis für Ihren Erfolg

Jeder kann alles, wenn er nur will? Dieser Gedanke ist falsch! Viele Menschen glauben irrtümlicherweise, dass sie ihre Leistungen besonders dort steigern können und müssen, wo ihre größten Schwächen liegen. Dieses Bemühen kostet nur Zeit und Kraft. Es führt nie über das Mittelmaß hinaus.

Hätte Einstein auch als Chirurg Weltruhm erreicht? Wäre Beethoven auch als Landschaftsgärtner berühmt geworden? Und was wäre aus einem wie Franz Beckenbauer geworden, wenn er damals in der Kraftsportabteilung trainiert hätte, statt den Fußball für sich zu entdecken? Hätte »der Kaiser« vielleicht auch als Weltklasse-Gewichtheber oder -Boxer Karriere gemacht? Vermutlich nicht.

Aus meiner Praxis als Persönlichkeitstrainer und aus weit über tausend Seminaren weiß ich: Es kommt immer darauf an

- das richtige Spielfeld zu finden und
- konsequent am Ball zu bleiben.

Wo liegen Ihre besonderen Talente? Was sind Ihre größten Stärken? Leider können die wenigsten Menschen diese Fragen auf Anhieb beantworten. Viele glauben gar, sie hätten keine Talente. Das ist falsch. Ein Talent muss nicht so augenfällig sein wie der Torinstinkt des Profistürmers oder das Farbgefühl eines Künstlers. Fest steht: Jeder Mensch ist mit wertvollem Talent gesegnet. Jeder kann irgendetwas besser als andere. Jeder hat etwas, das ihn besonders auszeichnet.

Vielleicht sind Sie gelassener als andere, können besonders gut im Team arbeiten, können perfekt Briefe formulieren, treffen im Gespräch immer den richtigen Ton, können besonders gut organisieren oder haben kreative Ideen für die Büroablage.

Oftmals nehmen wir unsere Talente als Selbstverständlichkeit hin – wir schätzen sie nicht, wir nutzen sie nicht, wir bemerken sie nicht. Lieber träumen wir davon, zu sein wie Bill Gates, Heidi Klum oder Thomas Gottschalk.

Entscheidend ist: An unseren Talenten selbst können wir zwar nichts mehr ändern, doch wir können lernen, sie zu Stärken zu kultivieren und erfolgreich einzusetzen.

Analysieren Sie Ihre Talente: Was konnten Sie schon immer gut? Was machen Sie besonders gut und gerne? Was lernen Sie schnell? Was schätzen andere Menschen an Ihnen? Befragen Sie Freunde und

Kollegen, und versuchen Sie sich selbst zu analysieren. Hilfreich kann dabei auch ein Begabungs- oder Stärkentest sein, wie Sie in zum Beispiel in meinem Buch *Lebe deine Stärken* finden, weil er objektive und vergleichbare Ergebnisse liefert.

» Ein Talent ist nichts anderes als die Befähigung zur guten Leistung. Etwas, das ich gut und gerne mache. «

Wie aus Talent Stärke wird

Zu einer persönlichen Stärke wird ein Talent erst durch seine Kultivierung, durch

- Wissen,
- Können und
- Wollen.

Um eine echte Stärke aufzubauen, müssen Sie also: erstens Ihre herausragenden Talente erkennen; zweitens Ihre Talente mit Wissen anreichern; drittens Ihre Talente schulen und zum Können ausbauen. Und Sie müssen – viertens – auch motiviert sein, Ihre Talente gewinnbringend einzusetzen. Daraus ergibt sich folgende Stärkenformel:

Stärke = Talent + Wissen + Können +Wollen

Fragen Sie sich also sehr genau: Was bringt mich und meine Talente weiter? Und was motiviert mich besonders? Gibt es Bücher und Seminare, die mich voranbringen können?

» Ein Talent wird erst dann zu einer persönlichen Stärke, wenn es mit Wissen und Können angereichert wird und – wenn wir es wirklich wollen. «

Stärkenfaktor Wissen

»Eine Investition in Wissen bringt immer noch die besten Zinsen«, wusste schon der Philosoph und Staatsmann Benjamin Franklin. Wissen bringt Licht ins Dunkel. Wissen heißt, das Wesentliche vom weniger Wichtigen unterscheiden können. Wenn wir das nicht können, verlieren wir die Maßstäbe. Das Wissen der Welt potenziert sich in rasender Geschwindigkeit. Andererseits benötigen wir spezifisches Wissen, um Sicherheit zu gewinnen. Wir müssen also auswählen. Wenn Sie ein Talent zu einer echten Stärke machen wollen, sollten Sie alles wissen, was Sie in diesem Bereich voranbringt. Machen Sie sich auf Ihrem Spielfeld zu einem echten Experten.

**» Wissen kultiviert aus einem Talent Stärke.
Machen Sie sich zum Experten auf Ihrem Spielfeld. «**

Stärkenfaktor Können

Der französische Begriff »Pouvoir« bedeutet zugleich »Können« und »Macht«. »Der ist ein Könner!«, sagen wir etwa, wenn einer bestimmte Techniken oder Bewegungsabläufe perfekt beherrscht. Nehmen wir einmal einen Nachwuchstennisspieler. Talent bringt er mit, willig ist er auch. Was ist noch erforderlich für die große Karriere? Hartes Training, konsequentes, ständiges Üben von Aufschlägen, Spins und Volleys, Konditionstraining. Wer sein möchte wie ein Champion, der muss ebenso hart trainieren wie die ganz Großen – so hart wie einst ein Boris Becker, so hart wie ein André Agassi, eine Serena Williams.

Von den Besten profitieren, lautet ein bewährtes Prinzip. Wer sein Talent zur Stärke machen will, muss sich echte Könner zum Maßstab nehmen. Nehmen Sie stets die Besten der Branche zur Richtschnur. Das lohnt sich, weil diese Könner bereits Erfahrungen gemacht haben, die ein talentierter Mensch durchaus zur Entwicklung der eigenen Stärke nutzen kann.

Stärkenfaktor Wollen

Das »Wollen«, also die eigene Leistungsbereitschaft, die Motivation, ist die treibende Kraft im Leben, die Gefühle und Handlungen bestärkt, um erfolgreich zu sein. »Wollen« ist ebenso ein Stärkenfaktor wie »Wissen« und »Können«. Nur wenn wir wirklich wollen, wird aus einem Talent eine Stärke. Nur wenn wir etwas wirklich wollen, können wir es auch erreichen.

Wegbereiter – Wegbegleiter: das persönliche Lebenskonzept

Was will ich eigentlich? Diese wichtige und alles entscheidende Frage können die wenigsten Menschen in einem Satz schlüssig beantworten. Um das »Wollen«, also die eigene Leistungsbereitschaft und die Motivation, zu fördern, hilft allerdings nur ein schlüssiges Lebenskonzept.

Für die Entwicklung eines Lebensentwurfs, der auf den persönlichen Talenten und Stärken basiert, hilft es, wenn Sie bereit sind, sich auf die folgenden fünf Schritte einzulassen:

Schritt 1: Erkennen Sie Ihre Werte

Familie, Karriere, Zufriedenheit, Macht, Mut, Respekt, Disziplin, Gemeinschaft, Gelassenheit, Ehrlichkeit, Anerkennung – jeder Mensch setzt andere Prioritäten, jeder Mensch hat andere Werte. Es gibt keinen wahren Erfolg, bleibt man den eigenen Werten nicht treu. Werte sind die Basis für Ihre Vision und Ihre Ziele. Erstellen Sie darum in diesem ersten Schritt eine Liste mit den Werten, die Ihnen persönlich am wichtigsten sind, und bringen Sie sie in eine Rangfolge.

Schritt 2: Entwickeln Sie Ihre Vision

»Wir sind ja bereit zu verzichten, wenn wir nur wissen, wohin das führen soll.« Dieser Satz ist heute oft zu hören. Wenn Reformpolitik nicht auf Akzeptanz stößt, liegt das häufig daran, dass keine Vision damit verknüpft wird. Das ist auch im Mikrokosmos unserer Persönlichkeit nicht anders. Sollen Veränderungen eingeleitet werden, brauchen wir eine Perspektive, eine Vision, eine bildhafte Darstellung der Zukunft.

Zu Beginn einer Veränderung mag diese Vision noch fast unerreichbar scheinen – achten Sie aber darauf, dass Ihre Vision nicht völlig unrealistisch ist, sonst verliert sie bald ihre magnetische Anziehungskraft. Auch sollten Sie sich nicht zu sehr an Ihre Vision klammern. Persönlichkeitsentwicklung ist ein dynamischer Prozess, Ihre Vision sollte daher regelmäßig auf dem Prüfstand stehen und eventuell aktualisiert werden.

Mit einer Vision geben Sie die Richtung vor, in die Sie sich entwickeln wollen. Die Vision drückt die zentralen Leitfragen fürs Leben aus. Halten Sie darum Ihre Vision schriftlich fest. Was sind Ihre Träume? Wo wollen Sie in fünf bis zehn Jahren stehen? Was ist Ihnen in Ihrem Leben wirklich wichtig? Welchen Sinn sehen Sie in Ihrem Leben?

Schritt 3: Entdecken Sie die vier Lebensbereiche

Wie finde ich ein erfülltes Leben? Was macht Menschen glücklich und zufrieden? Der iranische Arzt Prof. Dr. Nossrat Peseschkian forschte in verschiedenen Kulturkreisen, welche Bereiche den persönlichen Lebenserfolg stützen und prägen. Er entwickelte ein Modell, dass auf vier Säulen steht:

- Beruf und Finanzen (also Arbeit, Leistung, Weiterbildung, Wohlstand),
- Gesundheit und Fitness (also gesunde Ernährung, Sport und Bewegung, Erholung und Entspannung),

- Familie und soziale Kontakte (also Ehe oder Partnerschaft, Kinder, Bekannte, Verwandte, soziales und politisches Engagement),
- Sinn und Kultur (also die Lebensaufgabe und der Lebenssinn, kulturelles Interesse).

Ein erfülltes Leben setzt voraus, dass wir allen vier Bereichen angemessene Aufmerksamkeit widmen. Dabei geht es aber nicht darum, immer exakt gleich viel Zeit und Energie für die verschiedenen Lebensbereiche aufzubringen. Wichtig ist vor allem, dass kein Lebensbereich völlig vernachlässigt wird und dass die stark belasteten Lebensbereiche Ihren Stärken und Werten entsprechen.

Überprüfen Sie darum: Wie ist die derzeitige Gewichtung der vier Lebensbereiche in Ihrem Leben? Sind Sie mit dieser Gewichtung zufrieden? Haben Sie die Möglichkeit, Ihre Talente und Stärken in den einzelnen Lebensbereichen zu (er)leben?

Schritt 4: Definieren Sie Ihre Lebensrollen

Betrachten Sie die vier Lebensbereiche als unterschiedliche Spielfelder. Welche Rollen füllen Sie auf diesen Spielfeldern aus? Vater, Ehefrau, Kollege, Vorgesetzte, Vereinsvorstand – jede und jeder von uns spielt Rollen in verschiedenen Systemen. In manchen Rollen fühlen Sie sich vielleicht besonders wohl, andere sind Ihnen unangenehm. Konzentrieren Sie sich am besten auf die Rollen, die Ihren Stärken am besten entsprechen. Und achten Sie darauf, dass Sie gleichzeitig nicht mehr als sieben Rollen bewusst und effektiv managen. Denn Zeitprobleme entstehen fast immer durch zu viele Rollen.

Bedenken Sie: Nicht alle Rollen sind verpflichtend – überprüfen Sie Ihre Rollen genau. Welche sind Ihnen besonders wichtig? Welche hat man Ihnen vielleicht nur aufgedrängt, von welchen wollen Sie sich lösen?

Schritt 5: Finden Sie Ihre Ziele

Warum sind Steven Spielberg und Dirk Nowitzki so erfolgreich? Weil sie ihre Talente zu Stärken kultivieren, weil sie Spaß an dem haben, was sie tun, und weil sie – last but not least – klare Ziele vor Augen haben. Wenn Sie die Macht der Ziele verstehen, besitzen Sie einen Erfolgsmagneten. Er wird alles anziehen, was Sie zur Verwirklichung Ihrer Träume benötigen. Laotse brachte es schon vor 2300 Jahren prägnant auf den Punkt: »Wer sein Ziel kennt, findet den Weg.«

Setzen Sie sich realistische Ziele in Ihren verschiedenen Lebensbereichen beziehungsweise -rollen. Wie das geht und welche Rolle Ihr Unterbewusstsein dabei spielt, erfahren Sie im nächsten Abschnitt.

» Ein persönlicher Lebensplan bereitet dem Erfolg den Weg. In Übereinstimmung mit den eigenen Stärken und Werten wird eine Vision entwickelt, werden Ziele abgeleitet. «

Unser Gehirn braucht Ziele

Navigationssysteme sollen uns auf schnellstem Weg zum Ziel bringen. Um das »Navi« zu aktivieren, muss zunächst das gewünschte Ziel eingegeben werden. Satelliten orten nun den Standort, es werden dann gezielte Anweisungen gegeben, welche Strecke wir nehmen müssen. Je genauer wir die Zieldaten eingeben – Straße, Hausnummer –, desto näher bringt uns das System zum gewünschten Ort. Selbst wenn wir mal eine Abbiegung versäumen, errechnet der Computer die neue Strecke auf der Basis des aktuellen Standortes. Wir können unterwegs durchaus Fehler machen, nur dürfen wir nie vergessen, unser Ziel einzugeben. Im richtigen Leben entspricht dieses Navigationssystem dem Gehirn. Es funktioniert zwar auch ohne genaue Zieleingabe. Aber Ziele ohne konkrete Beschreibung sind schwer zu erreichen.

Wenn Sie Erfolg haben wollen, brauchen Sie Ziele. Besonders gut funktioniert das, wenn Sie sich dabei an folgende Grundsätze halten:

- Gestalten Sie Ihre Ziele motivierend und herausfordernd.
- Formulieren Sie Ihre Ziele positiv.
- Wählen Sie Ziele, die konkret und messbar sind.
- Wählen Sie Ziele, die erreichbar und aus eigener Kraft realisierbar sind.
- Legen Sie fest, wann Sie Ihre Ziele erreicht haben wollen (ein Zeitraum, der überschaubar ist).
- Wählen Sie Ziele, die mit Ihren persönlichen Werten in Einklang stehen.
- Fixieren Sie Ihre Ziele unbedingt schriftlich.

In sieben Schritten zum Ziel

Sie wissen jetzt, warum Sie sich Ziele stecken müssen und welche Bedingungen Ziele erfüllen müssen, damit sie wie Erfolgsmagneten wirken. Doch wie finden Sie Ihre eigenen, individuellen Ziele? Gehen Sie am besten nach den folgenden sieben Schritten vor.

Beschreiben Sie Ihre wichtigsten Rollen. Sie haben Ihre Vision entwickelt, Ihre Werte notiert, Ihre Lebensbereiche auf Ihre persönlichen Rollen überprüft. Beschreiben Sie die Lebensrollen, die Ihnen am wichtigsten sind, Ihre Wunschrollen, noch einmal detailliert. Am besten schriftlich.

Erstellen Sie Ihren »Wunschzettel« Geben Sie sich jetzt zehn Minuten Zeit, um für den jeweiligen Lebensbereich und die jeweilige Rolle entsprechende Ziele zu notieren. Schreiben Sie spontan alle persönlichen Ziele auf (die Sie kurz oder langfristig erreichen wollen). Wenn Sie sich auf diese Übung konzentrieren, werden Sie spüren, wie Ihr Unterbewusstsein auf Hochtouren arbeitet und Entscheidendes für Ihr Leben sofort hervorbringt. Vielleicht wollen Sie künftig viermal pro Woche Sport treiben, Business-Englisch lernen oder verschiedene andere Dinge in Angriff nehmen.

Legen Sie die zeitlichen Dimensionen fest. Wenn Sie sich präzise Termine setzen, motivieren Sie Ihr Unterbewusstsein, alles Notwendige zu tun, um das Ziel bis zu einem bestimmten Termin zu erreichen. Ein Zeitrahmen bringt Sie schneller ins Handeln und motiviert Sie stärker. Sollten Sie Ihr Ziel nicht zum vorgesehenen Zeitpunkt erreicht haben, fragen Sie sich, warum, und setzen Sie sich ein neues Datum. Schreiben Sie also vor oder hinter jedes Ihrer Ziele, wie lange Sie bis zur Realisierung brauchen. Zum Beispiel: »Viermal pro Woche Sport treiben, einen Monat; Business-Englisch lernen, zwei Jahre …«

Begründen Sie Ihre Ziele. Notieren Sie nun, warum Sie dieses Ziel unbedingt erreichen müssen. Wenn Ihr »Warum?« groß genug ist, dann wird sich jedes »Wie?« fast automatisch ergeben.

Überprüfen und verändern Sie gegebenenfalls Ihre Ziele. Prüfen Sie die von Ihnen festgelegten Ziele noch einmal anhand der oben dargestellten Grundsätze. Stellen Sie sich die Fragen: Was gewinne ich, wenn ich das Ziel erreiche? Was gebe ich eventuell auf? Füge ich anderen damit Schaden zu? Woran erkenne ich, dass ich mein Ziel erreicht habe?

Tragen Sie Ihr Zielfoto im Kopf. Stellen Sie sich so oft es geht Ihr Ziel klar und deutlich in Bildern vor. Erleben Sie vor Ihrem geistigen Auge, wie Sie Ihr Ziel erreichen, wie Sie die Aufgaben auf dem Weg zum Ziel hervorragend lösen. Die Gehirnforschung hat nachgewiesen, dass das Unterbewusstsein nicht zwischen einer gemachten und einer intensiv vorgestellten Erfahrung unterscheiden kann. Allein die konkrete Vorstellung davon, wie Sie Schwierigkeiten überwinden, gibt Ihnen Kraft und Möglichkeiten, auftretende Schwierigkeiten erfolgreich zu überwinden.

Aktualisieren Sie Ihre Ziele. Wir leben in einer sich ständig verändernden Welt. Geschwindigkeit wird zum beherrschenden Faktor der Zukunft. Manchen Zielen kommen Sie näher, manche erreichen Sie, einige verlieren vielleicht an Bedeutung. Damit Ihre Ziele keine Magnetkraft verlieren, sollten sie einmal im halben Jahr überprüft und eventuell aktualisiert werden.

»Erfolg ist nicht gleich Erfolg. Jeder Mensch sollte – entsprechend seiner Stärken, seiner Vision, seiner Werte und Lebensrollen – individuelle Ziele entwickeln. Legen Sie diese nicht nur fest, sondern visualisieren Sie sie und überprüfen Sie sie von Zeit zu Zeit.«

Lassen Sie sich nicht ausbremsen!

Sind Sie auch schon einmal – aus Versehen – mit angezogener Handbremse Auto gefahren? Nicht richtig vom Fleck gekommen, obwohl Sie den Fuß auf dem Gaspedal hatten? Wir alle sind in unserem Leben – der eine mehr, der andere weniger – mit emotionalen Bremsen ausgestattet, die uns – in unseren Möglichkeiten, in unserem Erfolg – einschränken. Am meisten hemmen uns Unentschlossenheit, Zweifel und Angst, aber auch Bequemlichkeit, Minderwertigkeitsgefühle, Gewohnheiten und falsche Rücksicht.

Wir können sie aber lösen, diese Bremsen. Unter zwei Voraussetzungen: Wir müssen die Erfolgsbremsen erst einmal erkennen. Und wir müssen die Erfolgsbremsen vor uns selbst zugeben.

Erfolgsbremse Ausreden

»Wenn ich nicht so jung wäre …« »Wenn ich nicht so alt wäre …« »Wenn ich genügend Zeit hätte …« Wenn, wenn, wenn … Ausflüchte sind wunderbare Hintertürchen. Aber vor allem sind sie ganz gemeine und gefährliche Fallen, in denen sich viele selbst gefangen halten. Wer immer anderen oder den unglücklichen Umständen die Schuld zuweist, macht es sich leicht, zu leicht. Er verschafft sich nämlich ein Alibi, er muss sich nicht ändern. Also wird sich auch nichts ändern – alles bleibt beim Alten.

Stellen Sie sich darum folgende Frage: Sind Sie wirklich zufrieden mit Ihrem Leben? Wenn Sie etwas verändern möchten, dann lassen Sie keine Ausreden mehr zu. Packen Sie's an!

Erfolgsbremse Unentschlossenheit

Könnte, hätte, müsste, sollte. In einer Lebensbilanz können dies die traurigsten Worte werden. Denn ein Unentschlossener kommt oft zu spät. Und wer zu spät kommt, den bestraft bekanntlich das Leben. Unentschlossene räumen immer wieder unfreiwillig-freiwillig ihren Fahrersitz und überlassen anderen das Steuer. Unentschlossenheit kommt in vielen Tarnfarben vor: Zweifel, Zaudern, übergroße Besorgtheit (»Ich bin nicht ganz sicher …«), übertriebene Vorsicht (»Ich müsste noch mal prüfen …«).

Übernehmen Sie die Verantwortung für sich und Ihr Leben. Nicht die anderen sind schuld – Sie haben Ihren Erfolg in der Hand. Vertrauen Sie auf sich und Ihre Stärken!

Erfolgsbremse Kleinmut

Wer tut, was er immer tut, kriegt das, was er immer kriegt. Veränderungen kann man nur dann einleiten, wenn man von ausgetretenen Pfaden mal abweicht. »Ich kann nicht« – das heißt im Klartext oft: »Ich trau mich nicht.« Viele Menschen setzen sich dadurch unnötige Grenzen. Kleinmut macht uns klein, nur durch großzügiges Denken kann man auch Großes erreichen.

Wenn Sie auf Ihre Stärken bauen, können Sie sich ruhig größere, gerade noch erreichbare Ziele stecken. Geben Sie sich eine Chance, nutzen Sie Ihr besonderes Potenzial – dann schaffen Sie auch das, was Ihnen im Augenblick noch zu groß erscheint.

Erfolgsbremse Angst

Angst und Furcht sind wichtige, gesunde und normale Gefühle. Angst ist ein uraltes Signal unseres Körpers, das uns vor Gefahren warnen und schützen soll. Zum Problem wird Angst allerdings, wenn sie scheinbar grundlos das Leben belastet, wenn man die Angst nicht mehr unter Kontrolle hat. Angst lähmt. Angst macht unfähig, die notwendige Aktivität zu entwickeln. Wer Angst hat, zieht sich in ein emotionales Gefängnis zurück. Ängstliche flüchten vor den harten Realitäten, sie wagen sich nicht mehr aus ihrer Komfortzone heraus. Sie haben:

- Angst vor unbekannten Situationen,
- Angst, falsche Entscheidungen zu treffen,
- Angst, Fehler zu machen,
- Angst vor Ablehnung.

Versuchen Sie, mutiger zu werden! Was kann Ihnen im schlimmsten Fall passieren? Versuchen Sie, Risiken sachlich zu analysieren, um ihnen den Schrecken zu nehmen. Fehler passieren auch erfolgreichen Menschen. Auch sie werden kritisiert. Nur lernen sie daraus und flüchten nicht.

» Aktion ist der größte Feind der Angst! «

Erfolgsbremse Perfektionismus

Perfektionisten leiden. Sie sind nie zufrieden. Sie verschwenden Energie mit Nebensächlichkeiten, denn selbst die sollen perfekt gelingen. Perfektionisten können nur schwer Kompromisse schließen. Sie verzetteln sich, werden nie fertig. Wenn dadurch Abgabetermine verpasst werden, hat das böse Folgen. Meist scheitern sie an ihren hoch geschraubten Ansprüchen – und stellen prompt ihre ganze Person in Frage. Perfektionisten können sich selbst über Erfolge nicht freuen. »Es hätte ja noch besser sein können.« Der Perfektionist wird sich selbst zum Feind. Er lässt andere nicht an sich heran.

Aber: Nobody ist perfect! Wenn Sie zum Perfektionismus neigen, entwickeln Sie mehr Gelassenheit im Umgang mit sich und anderen:

- Messen Sie sich nicht ständig an noch »erfolgreicheren« Menschen. Sie sind wer – diese Gewissheit sollte reichen.
- Sie haben panische Angst vor Fehlern? Dann hilft nur eines: Welche machen und zwar ganz bewusst und wohl dosiert! Damit Sie erfahren, dass Fehler keine Katastrophe sind.
- Überprüfen Sie Ihre Kriterien, die zu überzogenen Wertmaßstäben führen. Fragen Sie Freunde und Kollegen, wie diese bestimmte Situationen bewerten. Dann sehen Sie die Dinge realistischer.
- Versuchen Sie beim nächsten Projekt »das Pferd von hinten aufzuzäumen«. Legen Sie zunächst fest, welches Ergebnis Sie erzielen wollen – und dann erst wählen Sie die Schritte zum Ziel.
- Voraussetzung für lockeren Umgang mit Zielvorgaben ist, dass man Prioritäten setzen kann. Listen Sie also auf, was sofort erledigt werden muss – und was warten kann.
- Seien Sie kompromissbereiter.
- Befreien Sie sich von zwanghaften Denkmustern.
- Vergessen Sie über Ihrer Detailbesessenheit nicht die wirklich wichtigen Zusammenhänge.
- Stellen Sie sich den Super-GAU vor, ehe Sie ein neues Projekt beginnen. Was könnte schlimmstenfalls passieren? Wären die Konsequenzen wirklich so unerträglich?
- Machen Sie den Wert Ihrer Person nicht allein von Ihrer Arbeit abhängig.
- Lernen Sie, auch einmal »nein« zu sagen.

» Wer Erfolg haben will, muss seine persönlichen Erfolgsbremsen erkennen, eingestehen und lösen. Er muss den Mut haben, die Komfortzone zu verlassen. «

Begeisterung – der Brennstoff für erfolgreiches Handeln

Woher nimmt ein Michael Schumacher nur seine Motivation? Einer, der doch schon alles erreicht hat, was es im Motorsport zu erreichen gibt? Einer, der soviel Geld verdient hat, dass er es im Leben nicht mehr ausgeben kann? Warum geht er noch Risiken ein? Die Antwort ist einfach: Schumi liebt, was er tut. Er ist glücklich hinter dem Steuer seines Ferraris, seine Arbeit begeistert ihn.

Was unterscheidet Siegertypen von anderen Menschen? Ganz sicher die Hingabe, die Leidenschaft und der Enthusiasmus, mit dem sie ihre Ziele verfolgen. Wer begeistert ist, kann Unglaubliches schaffen. Wer begeistert ist, entwickelt enorme Ausdauer, reißt andere mit, spornt sie an, bewegt sie. Das wiederum hilft, die eigenen Ziele zu erreichen. Denn das setzt ungeahnte Kräfte, neue Energien frei.

Begeisterung – das ist der Glanz in den Augen, das ist der Schwung, das ist die Vorfreude und Lust für eine Sache, die wir für sehr wichtig halten. Deshalb ist es so wichtig, auf die eigenen Talente zu setzen und sie zu Stärken zu kultivieren. Denn wer seine Talente lebt, entwickelt dabei ein gutes Gefühl – mehr noch: Begeisterung. Ein Talent ist der Versuch der Natur, ein Perpetuum mobile für erfolgreiches, begeisterndes Handeln zu schaffen.

» Begeisterung ist der Brennstoff für erfolgreiches Handeln. Wer gerne tut, was er tut, hat die besten Erfolgsaussichten. «

Der Aktionsturbo: die magische 72

In meiner Praxis als Trainer hat sich eine Zahl besonders bewährt – die »magische 72«. Diese Zahl gilt auch für die Verwirklichung Ihrer Ziele: Alles, was Sie innerhalb von 72 Stunden umsetzen, hat eine über 90-prozentige Erfolgsaussicht. Wohlgemerkt: Sie müssen es zunächst nur anstoßen, nicht schon abschließen. Das ist ja oft gar nicht machbar.

Möglich ist jedoch, innerhalb einer Zeitspanne von 72 Stunden einen Aktionsplan zu erstellen und auf den Weg zu bringen. Eine ganz wichtige Rolle in diesem Aktionsplan spielen die Fragen: Wer? Was? Bis wann? Die Antworten auf diese Fragen führen direkt zur Handlung. Das gilt übrigens immer auch für Telefonate und Besprechungen.

Wollen Sie schon seit geraumer Zeit mit dem Rauchen aufhören? Entscheiden Sie es jetzt. Wollen Sie eine Fremdsprache lernen? Dann entscheiden Sie jetzt, auf welchem Weg und bis wann. Wollen Sie Ihrer Beziehung neuen Schwung geben? Beginnen Sie jetzt damit. Um gleich Ihren »Entscheidungsmuskel« zu trainieren, wählen Sie bitte drei Dinge aus, die Sie definitiv in den nächsten 72 Stunden in Angriff nehmen werden.

Das bringe ich in den nächsten 72 Stunden ins Rollen:

1. ....

....

....

2. ....

....

....

3. ....

....

....

» Alles, was Sie innerhalb von 72 Stunden in Angriff nehmen, hat eine über 90-prozentige Erfolgschance. «

Der Weg über den Rubikon *oder*: die sieben Phasen der Veränderung

Als Cäsar im Jahr 49 vor Christus mit seinem Heer den Rubikon, im Altertum der Grenzfluss zwischen Italien und der Provinz Gallien, überschritt, löste er damit wissentlich einen Bürgerkrieg aus. Cäsar musste sich entscheiden: Ohne seine Legionen nach Rom zurückzukehren, wie es die römische Verfassung verlangte, bedeutete wirtschaftlichen und politischen Ruin. Oder aber er ließ sich von seinem Heer begleiten – das wäre Hochverrat, und der römische Konsul Pompeius könnte mit all seiner militärischen Truppenmacht gegen ihn vorgehen. Cäsar entschied überzusetzen. »So wollen wir gehen, wohin die Zeichen der Götter und die Ungerechtigkeit der Feinde rufen. Der Würfel ist gefallen. Alea iacta est!« Ein Zurück gab es nicht mehr.

Fragen Sie sich: Was ist mein Rubikon? Welche definitiven Entscheidungen sollte oder besser muss ich treffen?

»Den Rubikon überschreiten« – diese Redewendung steht heute für kalkuliertes Risiko, für mutiges Handeln nach klarer Analyse der eigenen Stärke und entsprechend der eigenen Ziele. Die Handlungsforscher Heinz Heckhausen und Peter Gollwitzer haben ihrem Modell der Verhaltensänderung diesen geschichtsträchtigen Namen gegeben. Die Ideen dieses Modells und die des seit Jahrzehnten bewährten »Stages-of-Change«-Modells der Psychologieprofessoren James O. Prochaska, John Norcross und Carla Di Clemente habe ich in einem Modell der »sieben Phasen der Veränderung« vereint.

Schreiben Sie Ihre persönliche Wunschliste. Stellen Sie sich vor, eine gute Fee gewährt Ihnen die Erfüllung Ihrer sehnlichsten Wünsche. Gehen Sie in sich, träumen Sie ... Was möchten Sie sich beruflich und privat in den kommenden Jahre erreichen? Fixieren Sie Ihre Wünsche schriftlich.

Formulieren Sie Ihre Wahlmöglichkeiten. Manche Wünsche halten einer kritischen Prüfung nicht stand – entweder sie sind nicht erfüllbar oder nicht erfüllenswert. Manche Wünsche stehen sich gegenseitig im Weg. Oder die Verwirklichung eines Wunsches liegt gar nicht in Ihrer Macht. Werten Sie Ihre Wunschliste dahingehend aus, und formulieren Sie Ihre Wahlmöglichkeiten.

Entscheiden Sie sich. Tagtäglich müssen wir zahlreiche Entscheidung treffen. Doch wenn Entscheidungen mit einem Risiko oder einer Veränderung verbunden sind, dann fallen sie schwer, oft richtig schwer. Sich entscheiden bedeutet Verantwortung für das eigene Leben zu übernehmen. Denn mit jeder Entscheidung bestimmen Sie Ihr Schicksal. Schreiben Sie eine Pro- und Contra-Liste. Fragen Sie sich, welche Alternative Ihren Stärken am ehesten entspricht. Treffen Sie im Anschluss daran eine Entscheidung, machen Sie ein »commitment«, und überschreiten Sie Ihren persönlichen Rubikon.

Planen Sie Ihre Vorgehensweise. Planen heißt, auf Basis der getroffenen Entscheidungen die Zukunft zu gestalten. Erstellen Sie einen realistischen Aktionsplan. Welche Schritte sind zu tun? Welche einmaligen Maßnahmen sind möglich und nötig? Wann werden Sie was tun?

Beginnen Sie, Ihren Aktionsplan umzusetzen. Denken Sie an Ihren Aktionsturbo. Soll Ihr Vorhaben erfolgreich sein, müssen Sie es innerhalb von 72 Stunden auf den Weg gebracht haben. Jetzt kann es losgehen!

Bleiben Sie am Ball! Wenn sich Ihnen Probleme in den Weg stellen, wenn Sie ans Aufgeben denken, wenn Sie vom Weg abgekommen sind … Sagen Sie laut: Stopp! Rufen Sie sich noch einmal Ihre Entscheidung in Erinnerung! Gehen Sie Ihren Aktionsplan noch einmal genau durch. Rufen Sie sich Ihr Ziel vor Augen. Bleiben Sie hartnäckig!

Bewerten und protokollieren Sie Ihre Erfahrungen. Etwas aufzuschreiben ordnet die Gedanken. Schreiben prägt das Unterbewusstsein und setzt eine Kettenreaktion in Gang. Es hilft Ihnen dabei, Ihre Ziele zu verwirklichen, wenn Sie Ihre Erfahrungen und Wahrnehmungen bewerten und notieren. So kontrollieren Sie auch das Ergebnis Ihrer Bemühungen. Was hat sich bislang verändert? Wie konnte ich meinen Aktionsplan verwirklichen? Studien zeigen, dass die Motivation am größten ist, wenn Sie Feedback erhalten, mit dem Sie Ihren möglichen Fortschritt messen können.

Dieses Modell bietet allen Menschen Unterstützung, die Veränderungen in ihrem Leben einleiten wollen, denn es gibt dem notwendigen Handeln Struktur. Es sorgt so für Orientierung und hilft dabei, an etwaige Probleme systematisch heranzugehen. Gerade, wenn mehrere Ziele parallel verfolgt werden und deren Erreichen unterschiedlich weit fortgeschritten ist, hilft das Modell, den eigenen Status quo zu finden und zu erkennen, was als nächstes zu tun ist.

Zwischenbilanz eines starken Lebens

Kultivieren Sie Ihre Stärken? Nutzen Sie Ihre Stärken – beruflich und privat? Setzen Sie Ihre Stärken wirklich zielorientiert ein? Antworten auf diese Fragen kann nur eine ehrliche Zwischenbilanz geben, aus der sich zwangsläufig Aufgaben für die Zukunft ableiten lassen. Die folgenden Checklisten unterstützen Sie dabei.

Stärken kultivieren

Sie wissen ja: Ihre Talente an sich können Sie nicht verändern, doch Sie können am Wissen, Können und Wollen, also an Ihren Stärkenfaktoren arbeiten.

Checkliste »Wissen«

- Wo stehe ich mit meinem Wissen?
- Welches Wissen habe ich mir bisher angeeignet oder antrainiert, obwohl es mir weder Spaß macht noch meinen Talenten entspricht?
- Welches angeeignete Wissen hat bisher gezielt auf meinen Talenten aufgebaut?
- Was will ich überhaupt wissen?
- Wo oder wie kann ich mein Wissen erweitern?
- Welche Seminare können mein Wissen erweitern?
- Welche Bücher können mir helfen, mehr zu wissen?
- Welche Audioprogramme, also Hörbücher bringen mich voran?
- Welche Personen kenne ich, von denen ich lernen kann?
- Wo will ich mit meinem Wissen in einem Jahr stehen?

Checkliste »Können«

- Wo stehe ich mit meinem Können?
- Wo habe ich bisher an meinen Talenten vorbeitrainiert?
- Wo habe ich bisher talentorientiert trainiert?

- Was will ich können?
- Wie und wo kann ich es lernen?
- Welche Könner sollte ich genau analysieren?
- Wie häufig sollte ich trainieren?
- Welche Trainer oder Coaches bringen mich voran?
- Wo will ich mit meinem Können in einem Jahr stehen?

Checkliste »Wollen«

- Will ich wirklich einen stärkenorientierten Weg gehen?
- Wie viel Zeit will ich investieren?
- Wie viel Zeit kann ich dafür realistisch investieren?
- Was motiviert mich durchzuhalten?
- Sind mir meine Werte, meine Vision, Lebensrollen und Ziele bewusst?
- Wo können Probleme auftauchen?
- Finde ich in der Partnerschaft, der Familie, bei Freunden Unterstützung?
- Muss ich Dinge, die mir wichtig sind, zurückstellen?

Stärken im Beruf und im Privatleben nutzen

Ein starkes Leben zu führen, das bedeutet aber nicht nur die individuelle Kultivierung von Stärken. Sie müssen diese Stärken auch nutzen – im beruflichen ebenso wie im privaten Bereich.

Checkliste »Beruf«

- Welche meiner Talente und Stärken sollte ich beruflich nutzen?
- Habe ich Spaß in meinem Beruf?
- Welchen besonderen Nutzen kann ich anderen Menschen durch meine Stärken geben?
- In welchem Bereich kann ich anderen Menschen mit meinen Stärken spürbar mehr Nutzen geben als andere?

- Wie lautet das größte Problem meiner Kunden oder meiner Firma, das ich mit meinen Stärken lösen kann?
- Welches Aufgabengebiet ist, auf Basis meiner Stärken, im Unternehmen besonders geeignet für mich?
- In welchem Zukunftsmarkt werden meine Stärken gefragt sein?

Checkliste »Privater Alltag«

- Welche meiner Talente und Stärken fördere und nutze ich im privaten Alltag?
- Welche meiner Stärken sollte ich zukünftig mehr fokussieren?
- Welche Freizeitaktivitäten würden mir richtig Spaß machen?
- Welchen Lieblingsaktivitäten möchte ich mehr Zeit einräumen?
- Von welchen Rollen und Aufgaben sollte ich mich verabschieden, weil sie zuviel Zeit und Energie kosten?
- Was gibt mir besondere Lebensfreude?
- Durch welche meiner Stärken kann mein privates Umfeld profitieren?

Stärken zielorientiert einsetzen

Soviel steht fest: Ihre Stärken müssen mit Ihren Zielen harmonieren. Sie werden aber andererseits Ihre Ziele auch schneller erreichen, wenn Sie Stärken dafür gezielt einsetzen.

Checkliste »Ziele und Stärken«

- Welche Ziele habe ich?
- Wie lauten meine fünf wichtigsten Ziele, die ich zwingend in den nächsten zwei Jahren erreichen muss?
- Und warum?
- Stimmen diese Ziele mit meinen Stärken überein?
- Muss ich meine Ziele entsprechend meiner Stärken verändern?
- Wie kann ich meine Stärken nutzen, um meine Ziele zu erreichen?

Glück bedeutet, nach den eigenen Stärken zu leben

Was ist Glück? Gesundheit, Unabhängigkeit, Karriere, Familie oder reichlich Geld? Egal wie wir Glück definieren: Es ist kein Zufall. »Glück musst du dir verdienen«, hat Franz Beckenbauer einmal gesagt.

Klar: Es gibt Dinge, auf die wir wenig oder keinen Einfluss haben. Unsere Talente etwa werden uns in die Wiege gelegt. Aber: Wir alle haben Potenziale. Wir haben die Möglichkeit, das Beste aus uns herauszuholen, unser Potenzial auszuschöpfen. Wenn Sie Ihre Stärken erkennen und sie für sich und Ihren Erfolg einsetzen, haben Sie es in der Hand, das zu erreichen, was Sie sich vornehmen. Fangen Sie an!

Jörg Löhrs Spezialtipp

Wenn ich Ihnen nur einen einzigen Tipp geben könnte, so wäre es dieser: Machen Sie sich Ihr eigenes Potenzial bewusst, entwickeln Sie aus Talenten echte Stärken, stecken Sie sich Ziele, die Ihren Stärken entsprechen, und haben Sie Spaß an deren Verwirklichung.

Packen Sie Veränderungen an. Innerhalb von 72 Stunden nach Ihrer Entscheidung sollten Sie einen Aktionsplan erstellt und erste Schritte in der Umsetzung getan haben. Visualisieren Sie Ihre Ziele am besten täglich. Mit dem Zielfoto im Kopf finden Sie Ihren Weg.

Mehr von Jörg Löhr:

- Einfach mehr vom Leben (mit Ulrich Pramann). München 2000.
- 30 Minuten für mehr Erfolg (mit Ulrich Pramann). Offenbach 2000.
- Lebe deine Stärken! (mit Ulrich Pramann). München 2004.

Monika Matschnig

ist Psychologin und Expertin für Körpersprache, Wirkung und Performance. Während ihres Studiums verband die Leistungssportlerin die wissenschaftlichen Erkenntnisse mit einer umfangreichen Trainerausbildung. Ihre Erfahrungen setzte Monika Matschnig in ihrer anschließenden Trainertätigkeit im Bereich der Persönlichkeits- und Personalentwicklung in die Praxis um. Seither gibt die Expertin ihr Wissen im Dienst verschiedener namhafter Institute, Unternehmen und Organisationen europaweit an Teams, Führungskräfte und Mitarbeiter weiter.

Weitere Informationen:
www.matschnig.de

Monika Matschnig

Wirkung. Immer. Überall.

Lassen Sie Ihre Leistungen sichtbar werden!

Es gibt viele Situationen, in denen Sie andere überzeugen müssen – zum Beispiel wenn Sie ein Produkt oder ein Ergebnis präsentieren, in Verhandlungen, bei Vorträgen. Dies geschieht nicht allein durch Worte, sondern zu einem großen Teil durch Ihr Auftreten und Ihre Körpersprache. Wirken Sie selbstsicher oder verletzlich? Strahlen Sie Kompetenz oder Unwissen aus? Fühlen Sie sich wohl in der Situation, oder möchten Sie lieber flüchten? Monika Matschnig verrät Ihnen, was Ihre Körpersprache über *Sie* aussagt, und zeigt, wie Sie durch einfache Tricks künftig noch besser auf andere wirken. So können Sie bereits bei Ihrer nächsten Präsentation Ihre Zuhörer noch wirkungsvoller überzeugen und steigern langfristig Ihre Souveränität beim Auftritt vor größeren Gruppen.

Die Macht einer überzeugenden Darstellung

Kürzlich war ich bei einem internationalen Unternehmen zur Präsentation eines außergewöhnlichen, ja luxuriösen Produktes eingeladen. In naher Zukunft sollte es in allen größeren Zweigstellen des Unternehmens in Form eines atemberaubenden Events potenziellen

Kunden vorgestellt und so in den Markt eingeführt werden. Es wurden wirklich alle Register gezogen, um Glanzpunkte zu setzen, welche die geladenen Gäste niemals vergessen sollten. Die dafür entwickelten Ideen waren grandios, und in das Ereignis wurde enorm viel Energie hineingesteckt: meisterhafte Einladungen, einwandfreie Zielgruppenauswahl, überzeugende Pressemitteilungen, Einladung vieler Journalisten, stilvolle Örtlichkeit und so weiter und so fort. Ich war sicherlich nicht die einzige, die dem großen Abend und der Präsentation des neuen Produkts entgegenfieberte. Dann war es soweit: Es war alles bis auf das kleinste Detail durchorganisiert. Alles lief wie am Schnürchen. Ein gelungener Abend. Bis ... ja, bis zur Präsentation. Nach nur wenigen Minuten war das Interesse des Publikums an dem Produkt stark gesunken: Allein Körperhaltung und Mimik der Zuschauer sprachen Bände. Der ansteigende Gesprächspegel tat sein Übriges. Die Präsentation war – deutlich gesprochen – miserabel. Was war passiert?

Das lässt sich leicht benennen, denn das gleiche passiert in vielen Unternehmen und bei vielen Reden zu vielen Anlässen. Dem Drumherum wird große Aufmerksamkeit geschenkt, der eigentliche Hauptpunkt aber – die Präsentation – leider meist vernachlässigt. Von der Person und dem Auftreten des Redners hängt viel ab! Er muss die Zuhörer in seinen Bann ziehen, er muss sie überzeugen und mitreißen. Trotz detaillierter und absolut korrekter fachlicher Informationen hatte es dieser Redner nicht geschafft. Was war schief gelaufen? Warum verlor er innerhalb kürzester Zeit die Aufmerksamkeit seines Publikums? Für mich persönlich war diese Veranstaltung eine der lehrreichsten überhaupt. Der Redner hatte alles verkehrt gemacht, was er verkehrt machen konnte: Er hat die Zuhörer mit technischen Details »totgeredet«, statt das Produkt für sich sprechen zu lassen. Er stand dort auf der Bühne – steif, ohne Begeisterung, ohne Blickkontakt zu seinem Publikum, ohne Gestik, nur mit seinem Redemanuskript vor der Nase. Seine Körpersprache vermittelte nicht die Begeisterung, die mit dem neuen Produkt beim Publikum geweckt werden sollte.

» Ein guter Referent ist jemand, der bewirkt, dass die Menschen mit den Augen zu hören vermögen. «

Was ich Ihnen damit aufzeigen möchte, ist der hohe Stellenwert der Präsentation der eigenen Person, eines Unternehmens, Produktes oder einer Dienstleistung, um es an den Mann, die Frau zu bringen, um Aufmerksamkeit, Wirksamkeit und Sympathie zu erzeugen. Das ist wahrlich nichts Neues. Dennoch kümmern sich viele nicht darum, sich oder die Produkte personenorientiert darzustellen.

Uns sollte auch klar sein, dass wir uns nicht nur präsentieren, wenn wir auf einer Bühne stehen. Nein! Wir präsentieren uns immer und überall, sobald wir in Kontakt mit einer anderen Person treten. Denn wir können – ob wir es wollen oder nicht – nicht nicht kommunizieren. Das stellte der weltbekannte Psychologe und Psychiater Paul Watzlawick in seinen Kommunikationsaxiomen schon im Jahre 1967 fest.

Der Markt ist übersättigt von gleichen oder ähnlichen qualitativ hochwertigen Produkten. Wir sind oftmals gar nicht mehr in der Lage, objektive Bewertungen vorzunehmen. Zusätzlich steigt die Informationsflut durch Satellitenfernsehen und Internet. Ein Beispiel: Ein Manager bekommt im Durchschnitt täglich 85 E-Mails, in der Woche nimmt er an etwa zehn Besprechungen teil, muss sich im Jahr 4800 Folien oder PowerPoint-Charts ansehen und liest jeden Tag 20000 Anschläge in Zeitungen oder Zeitschriften. Dazu kommen die Werbe- und Produktinformationen, die ihn und uns alle in unserem gesamten Umfeld tagtäglich unterschwellig erreichen. Die Folge: Bei dieser Flut von Informationen richten wir unsere Aufmerksamkeit vorwiegend auf Objekte, die uns einen emotionalen Zugang ermöglichen. Und der Mensch ist und bleibt die beste Möglichkeit, um eine Beziehung zu einer Person aufzubauen. Vorausgesetzt, wir schaffen es, souverän, überzeugend und selbstsicher aufzutreten.

Nun ist nicht jeder für die Bühne geboren. Wer sich vor Publikum nicht wohlfühlt, sollte zu einem Auftritt nicht gezwungen werden. Sie sollen aber auch keine große Samstagabend-Show vor einem Millionenpublikum moderieren. Ich möchte Ihnen lediglich zeigen, wie Sie in bestimmten Situationen überzeugender, selbstsicherer und erfolgreicher wirken können. Das ist gar nicht so schwer. Das Wichtigste dabei ist der *Wunsch*, andere Menschen zu begeistern und sie in den Bann zu ziehen. Sie müssen Ihre Zuhörer davon überzeugen *wollen*, dass das Produkt, die Dienstleistung oder die Idee, die Sie vorstellen, das einzig Wahre für sie ist. Sie müssen voll hinter dem stehen, was Sie sagen. Sie selbst müssen begeistert sein, um andere zu begeistern. Aber: nicht zu dick auftragen! Denn nur wer authentisch bleibt, wirkt glaubwürdig. Darum mein wichtigster Rat: Reden Sie! Üben Sie das Reden! Nur so kann das größte Hindernis überwunden werden: die Scheu vorm Reden.

Der erste Eindruck – die entscheidenden 150 Millisekunden

Sie kennen folgende Situation: Sie sind auf einer Party eingeladen und betreten einen Raum mit vielen fremden Leuten. Nach nur wenigen Augenblicken sind Ihnen bestimmte Personen sympathisch, und andere bemerken Sie erst gar nicht richtig.

Auch im größten Trubel ist unsere »Beurteilungsmaschine« immer aktiv. In dem Augenblick, in dem Sie die Partygäste zum ersten Mal sehen, sind 100 Milliarden Nervenzellen aktiv. Schon ein einziges Signal – ein spitzes Kichern, ein unsicherer Blickkontakt, eine arrogante Macho-Pose – bestimmen unseren Eindruck von dieser Person. Der viel zitierte erste Eindruck entsteht übrigens zwischen sagenhaften 150 Millisekunden und 90 Sekunden. Und dieser erste Eindruck ist entscheidend. Denn wer als sympathisch eingestuft wird, dem wird gleichzeitig Kompetenz zugeschrieben. Wer im ersten Moment unsympathisch wirkt, dem wird nicht selten Unfähigkeit unterstellt; er muss viele Argumente liefern, um uns vom Gegenteil zu überzeugen. Auch wenn es niemand gern zugibt: Wir beurteilen andere Menschen zuerst nach dem Aussehen, dann nach ihrer Ausstrahlung und Haltung. Worte spielen in den ersten Sekunden eine untergeordnete Rolle.

» You never get a second chance for a first impression. «

Welche Faktoren sind für den so genannten ersten Eindruck entscheidend?

Kleidung – Kleider machen Leute: Zuallererst bemerken wir Menschen, die uns wegen ihres Kleidungsstils auffallen: Bei nachlässiger Kleidung und ungepflegtem Äußeren schließen wir unwillentlich auf Unzuverlässigkeit und Willenlosigkeit. Ein Soßenfleck auf der Krawatte oder eine Hochsteckfrisur, die langsam aber sicher in ihre Bestandteile zerfällt, sind also keine gute »Visitenkarte«. Sorgfältige Kleidung und ein adrettes Äußeres lassen uns in den Augen anderer dagegen pflichtbewusst und zielstrebig erscheinen. Männern im Dreiteiler oder Frauen im Business-Kostüm wird eher Kompetenz zugeschrieben als Personen in Baggyhosen und bauchfreiem T-Shirt. Generell ist es daher empfehlenswert, je nach Situation und Branche angemessen gekleidet zu sein. Dass Hemd und Hose ordentlich gebügelt sind, versteht sich von allein.

Attraktivität – der offene Empfehlungsbrief, der die Herzen im Voraus für uns gewinnt: Attraktive Menschen haben es leichter. Wir beurteilen sie beim ersten Eindruck häufig als intelligent, talentiert, kompetent, erfolgreich und schreiben ihnen oftmals einen höheren Status zu, als wir ihn selbst besitzen. Das haben Studien bewiesen. Was jedoch als attraktiv empfunden wird, liegt bekanntlich im Auge des Betrachters.

Haltung und Gestik – Menschen sprechen mit der Stimme, verständigen sich jedoch mit dem Körper: Menschen mit einer aufrechten Haltung und offenen Gesten gelten als extrovertiert und aufgeschlossen.

Ihnen fällt es zum Beispiel besonders leicht, Blickkontakt herzustellen. Menschen mit einer gebückten Haltung und verschlossener Gestik wirken introvertiert und weniger aufgeschlossen. Ineinander verknotete Finger und verschränkte Arme wirken auf das Gegenüber nicht gerade einladend.

Blickkontakt – ein Blick sagt mehr als tausend Worte: Die Augen sind ein entscheidender Faktor für die erste Kontaktaufnahme – nicht nur in Liebesdingen, sondern bei allen Gelegenheiten, bei denen wir andere Menschen kennen lernen. Übersieht uns jemand im wahrsten Sinn des Wortes, so heißt das indirekt: »Du bist Luft für mich.« Werden wir allerdings länger als nur einen »flüchtigen Blick« lang angesehen, ist dies das erste Anzeichen von Interesse.

Stimme und Sprechweise – die Stimme erzeugt Stimmung: Menschen mit tiefer Stimme wird häufig Kompetenz zugeschrieben. Sprechen Sie darüber hinaus flüssig und formulieren sie ihre Sätze besonders sauber, schätzen wir sie zusätzlich als intelligent ein. Frauen tendieren besonders in emotionalen Situationen dazu, ihre Stimme regelrecht hochzuschrauben. Im Geschäftsbereich gilt es, in diesem Moment einen kühlen Kopf zu bewahren, denn eine zu hohe Stimme wirkt inkompetent. Eine piepsige Stimme klingt im Privatleben mütterlich, fürsorglich, sollte aber im Geschäftsbereich nur bei Bedarf verwendet werden.

Geruch – Sympathie geht durch die Nase: Die natürlichen Körpergerüche jedes Menschen sind – ob wir es wollen oder nicht – Ausdruck unserer stummen Körpersprache. Auch sie entscheiden, ob wir jemanden als anziehend oder abstoßend empfinden. Sie haben sicherlich schon Menschen kennen gelernt, die Sie »nicht riechen« konnten. Je unterschiedlicher der Körpergeruch des Gegenübers von dem eigenen ist, umso attraktiver beziehungsweise erregender empfinden wir diese Person. Gegensätze ziehen sich also an. Hier ist noch der Urinstinkt des Menschen aktiv: Die Vorliebe für einen anders riechenden Partner ermöglicht einen »natürlichen« Schutz vor Inzucht und soll den Nachkommen ein stärkeres Immunsystem verleihen. Unbewusst nehmen wir ebenfalls wahr, ob uns der Körpergeruch eines anderen Furcht und Unsicherheit vermittelt. Frauen sind darüber hinaus in der Lage, den Geruch eines Mannes mit verbundenen Augen zu erkennen. Männer dagegen sind unterschiedlich begabt. Sehr wohl aber reagieren sie vermehrt auf weibliche Pheromone während des Eisprungs. Verantwortlich für diese Fähigkeit ist die Amygdala – ein winziger Gehirnbereich, der enorme Dinge vollbringt.

Wie kann ich Sympathiepunkte gewinnen?

Vieles an unserem Auftreten gibt uns unser Naturell vor. Schauspielereien würden hier nur gekünstelt wirken und unser Gegenüber nicht überzeugen. Folgende Faktoren können Sie jedoch ganz einfach umsetzen:

- Tragen Sie eine der Situation angemessene Kleidung.
- Nehmen Sie stets eine aufrechte Haltung ein.
- Nehmen Sie Blickkontakt mit Personen auf, die ihnen sympathisch sind.
- Verbannen Sie negative Gedanken, und ersetzen Sie diese durch positive.
- Lachen Sie richtig: Ziehen Sie nicht nur die Mundwinkel nach oben, sondern strahlen Sie über das ganze Gesicht. Ihre Augen müssen mitlachen. Die Krähenfüße dürfen ruhig sichtbar sein, denn sie wirken sympathisch. Lächeln steckt an wie eine Grippe und macht abhängig wie eine Droge. Nutzen Sie diese Macht. Mit einem einzigen aufrichtigen Lächeln zur Begrüßung können Sie bei Ihrem Gegenüber positive Pluspunkte ernten.

» Lachen Sie! Das entspannt nicht nur, es steckt auch an. «

Lampenfieber positiv nutzen – aber wie?

Ein Vortrag vor Ihren Kollegen, eine Festtagsrede auf einer Jubiläumsfeier oder das erste Date mit der neuen Flamme – und Sie sind furchtbar aufgeregt? Das Lampenfieber wächst von Minute zu Minute? Ihnen laufen Schweißperlen übers Gesicht, die Knie sind wackelig, und der Kloß im Hals wird immer größer? Machen Sie sich nichts draus, das geht vielen so – mir übrigens auch.

Selbst US-Talkmaster Dick Cavett bekennt, dass er vor jeder Fernsehsendung Lampenfieber hat. Mal mehr, mal weniger. Sein Rat lautet: »Nehmen Sie Lampenfieber nicht so tragisch! Es dringt weniger nach außen, als Sie denken. Sie sollten einfach wissen: Von dem, was Sie fühlen, sieht der Zuschauer nur ein Achtel. Wenn Sie innerlich ein bisschen nervös sind, sieht das kein Mensch. Wenn Sie innerlich sehr nervös sind, sehen Sie nach außen ein bisschen nervös aus. Und wenn Sie innerlich total außer Kontrolle geraten sind, wirken Sie vielleicht ein wenig bekümmert. Nach außen dringt alles weit weniger krass, als Sie es selbst empfinden. Jeder, der in einer Talkshow erscheint, sollte sich selbst daran erinnern: Das, was er tut, sieht besser aus, als er es empfindet ... Ihre Nerven mögen Ihnen tausend Elektroschocks verpassen, der Zuschauer sieht bloß ein paar Zuckungen.«

Lampenfieber ist eine irrationale Angst. Wir fürchten zu versagen und entwickeln völlig unkontrolliert ein Gefühl der Panik. Diese hat gravierendere Symptome als die Angst. Bei Panik entstehen Beklemmungsgefühle in der Brust, Sie verspüren einen Kloß im Hals, haben das Gefühl, nicht genügend Luft zu bekommen, und aktivieren ungewollt eine Flucht- oder Kampfreaktion. Nicht umsonst spricht die klinische Psychologie »vom kleinem Tod«.

» Lampenfieber ist nichts anderes als Achtung vor sich selbst und vor dem Publikum. «

Wenn wir verstehen, was in diesem Moment in unserem Körper geschieht, werden wir die Nervosität und das Lampenfieber mit anderen Augen betrachten. Die Kampf- und Fluchtreaktion ist ein Urinstinkt des Menschen. Sobald sich in grauer Vorzeit ein Mensch in einer Gefahrensituation sah, wurde das hormonelle System aktiviert – dies war die einzige Möglichkeit zu überleben. Hörten unsere Vorfahren vor Tausenden von Jahren ein Rascheln im Dickicht, dann hatten sie nicht die Zeit, sich in aller Seelenruhe umzusehen und zu überlegen: »Ist das ein harmloses, ängstliches Reh oder ein wilder, heißhungriger Säbelzahntiger, der sich sein Futter schamlos schnappen will?« Eine mögliche Gefahrensituation musste in Sekundenschnelle erkannt werden, um flüchten zu können. Zur Flucht braucht es wiederum Kraft und Energie. Diese stellt unser Körper in Millisekunden mit einem enorm komplizierten Vorgang zur Verfügung. Unsere Nebennierenrinde produziert dass Stresshormon Adrenalin. Dieses wird zum Gehirn weitergeleitet, wodurch die Muskeln zu Hochleistungen bereit sind. Zur Flucht benötigen die Muskeln mehr Sauerstoff. Deshalb atmen wir schneller, das Herz pumpt mehr Blut durch unseren Körper, der Blutdruck steigt. Das Ergebnis: Wir sehen und hören besser.

Auch wenn es höchst unwahrscheinlich ist, dass uns ein Säbelzahntiger angreift, reagiert unser Körper noch heute auf dieselbe Art und Weise. Das gesamte Blut wird in die Muskulatur und ins Gehirn gepumpt, unnötiger »Ballast« muss dringend abgeworfen werden. Das ist übrigens der simple Grund, warum viele Menschen in stressigen Situationen mehr Zeit auf dem Örtchen verbringen. Die Schwierigkeit – zum Beispiel bei einer Präsentation – besteht nun darin, dass unser Körper zwar fort will, unser Verstand uns das aber verbietet. Das Ergebnis: ein blasses Gesicht, ein zappelnder Körper und verkrampfte Arme. Das ganze Desaster wird ergänzt durch eine bleierne Mimik und eine abgehetzte oder monotone Stimme.

Bei Nervosität und Unsicherheit können Sie folgende Symptome spüren:

- trockener Mund,
- zittrige, wackelige Knie,
- die Stotter- oder Piepserstimme,

- nervöses Zappeln oder körperliche Erstarrung,
- zu schnelles oder zu monotones Sprechen,
- hohe Schweißabsonderung,
- der bekannte Kloß im Hals – der uns die Luft abschnürt,
- fehlender Augenkontakt – wird oft als Arroganz oder Unsicherheit interpretiert,
- zu schnelle Handbewegungen – oder Verkrampfung der Hände,
- Konzentrationsschwäche bis hin zum Blackout,
- Herzrasen,
- Schwindelgefühle, Blähungen, Krämpfe und Durchfall.

Machen Sie das Beste aus Ihrem Lampenfieber

Lampenfieber kann zwar sehr unangenehme Auswirkungen haben, dennoch verbergen sich dahinter viele Vorteile. Dies bestätigt die bereits aus dem Jahr 1908 stammende Studie von Yerkes & Dodson. Die beiden Wissenschaftler erkannten schon damals den Zusammenhang zwischen Stress und Leistung. Die Kernaussage des Yerkes-Dodson-Gesetzes lautet folgendermaßen: Geringe körperliche und geistige Anspannung bremst die Leistungsfähigkeit. Körperliche und geistige Anforderungen dagegen bedingen eine höhere Leistung – aber nur bis zu einem bestimmten Punkt. Wird dieser überschritten, kommt es zum bekannten Blackout.

Wer kennt das nicht: Wenn uns ein Vortrag oder ein Projekt egal ist, dann investieren wir nicht all unsere Kräfte, um eine hervorragende Leistung zu bringen, ja wir strengen uns nicht einmal besonders an. Dementsprechend miserabel ist meist auch das Ergebnis. Liegt uns jedoch unser Vortrag oder unser Projekt sehr am Herzen, investieren wir sehr viel mehr. Die größere Anspannung in unserem Körper verhilft uns zu besseren Leistungen. Ist jedoch unser Vorhaben zu hoch gesteckt, dann reagiert unser Körper mit einem abrupten Leistungsabfall – wir geben auf oder erleben einen typischen Blackout.

Die Leistungskurve

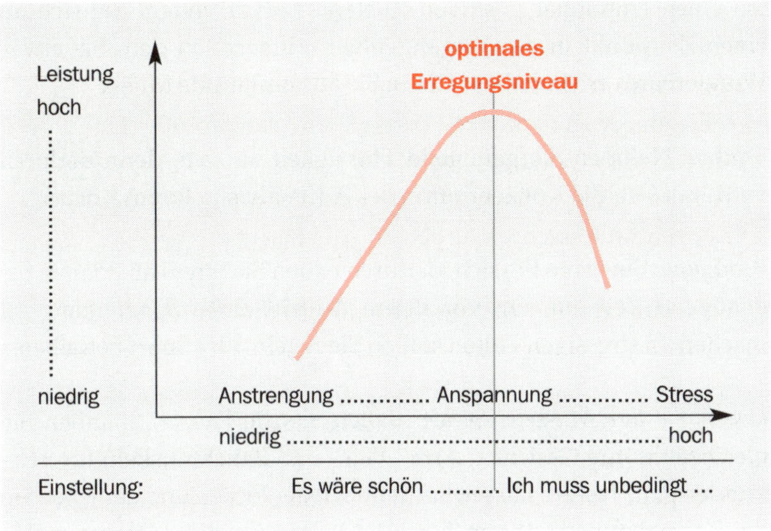

Quelle: http://members.chello.at/guenther.holmann/stress/stress.doc (03-01-24)

» Lampenfieber ist notwendig, um bessere Leistungen zu erzielen. Die höhere Spannung im Körper gibt uns mehr Kraft, das Adrenalin hält uns wach und fit. Lampenfieber ist also ein erlaubtes und hilfreiches Aufputschmittel. «

Lampenfieber ist also eine durchaus gute Sache. Problematisch wird es erst, wenn wir es nicht mehr unter Kontrolle haben und den so wichtigen ersten Eindruck bei unseren Zuhörern vermasseln. Deshalb möchte ich Ihnen einige Tipps geben, wie Sie übertriebenes Lampenfieber »bekämpfen« können.

Vorbereitung: Eine gute Vorbereitung ist der halbe Erfolg. Sie erzeugt in unserem Körper Sicherheit und macht uns gelassener.

Mentalhygiene: Think positive! Wie werden Sie auf Ihrer Bühne glänzen? Was werden Sie alles tun? Denken Sie an Ihre Stärken? Positives

Denken können Sie mit Entspannungstechniken unterstützen: Rufen Sie einen emotional positiven Zustand hervor, indem Sie sich an einen Zeitpunkt in der Vergangenheit erinnern, an dem Sie etwas Wunderbares erlebt haben. Hören Sie aufmunternde Musik.

Trinken: Nehmen Sie genügend Flüssigkeit zu sich, denn dadurch verdünnt sich die Konzentration des Adrenalins in Ihrem Körper.

Bewegung: Bewegen Sie sich, dadurch bauen Sie Stress ab. Planen Sie genügend Zeit ein, um vor Ihrem Auftritt einen Spaziergang zu machen. In stressigen Zeiten sollten Sie regelmäßig Sport betreiben.

Lassen Sie Ihre Muskeln spielen: Ballen Sie die Fäuste. Spannen Sie gleichzeitig Ihre Gesichts-, Arm-, Bein- und Bauchmuskeln für 5 Sekunden ganz fest an. Lassen Sie dann wieder locker, und genießen Sie die Entspannung in Ihrem Körper. Machen Sie diese Übung mehrfach hintereinander – Sie werden sich besser fühlen.

Atmen Sie tief durch: Am besten gehen Sie an die frische Luft und tanken reichhaltig frischen Sauerstoff. Das lässt uns wieder klar denken. Stellen Sie sich bei jedem Atemzug vor, dass Sie Stress und Aufregung aus- und Ruhe und Gelassenheit einatmen.

Stift zwischen die Zähne: Versuchen Sie diesen einfachen Trick, um innerhalb von einer Minute Ihre Laune zu verbessern: Halten Sie einen Stift mit den Zähnen fest, ohne ihn mit den Lippen zu berühren. Das beansprucht die Gesichtsmuskulatur ähnlich wie ein Lächeln und führt zu einer Hormonausschüttung im Gehirn, die tatsächlich die Laune verbessert. Das ist sogar wissenschaftlich bewiesen.

Denken Sie daran: Fehler sind erlaubt! Es ist noch kein Meister vom Himmel gefallen, und kleine Ausrutscher wirken oft sogar sympathisch. Nicht umsonst sagt man: Fehler sind menschlich!

Körper und Psyche – eine untrennbare Einheit

Eine gute Freundin hatte vor geraumer Zeit einen neuen Traummann kennen gelernt – durch eine Kontaktanzeige im Internet. Nächtelang wurden E-Mails geschrieben, es folgten stundenlange Telefonate, und das Handy kündigte ständig neue SMS an. Sie schwärmte von seinen Komplimenten und sagte, sie ließen sie förmlich dahin schmelzen. Ihr Herz schlage allein schon bei dem Gedanken an ihn schneller, höher und – sie sei ganz sicher – sogar weiter. Das heiß ersehnte Date blieb natürlich nicht aus – und war eine Enttäuschung. Irgendetwas stimmte nicht, meinte sie im Nachhinein zu mir. Die Sätze seien zwar die gleichen geblieben, doch so recht konnte sie ihm nicht glauben. Irgendetwas verwirrte sie. Er sagte zum Beispiel: »Genauso habe ich mir dich vorgestellt.« Dabei sah er sich im Restaurant um und suchte nach dem Kellner. Um das zu verstehen, muss man nicht unbedingt Psychologe sein: Er meinte nicht, was er sagte. Das fiel ihr natürlich auf. Denn sein Körper und sein Mund sprachen verschiedene Sprachen. Sie glaubte ihm kein Wort mehr!

Was ist passiert? Der Körper eines Menschen reagiert in Bruchteilen von Sekunden, noch bevor jemand das erste Wort ausgesprochen hat. Noch dazu nimmt der Zuhörer zunächst die Körpersprache war und erst dann die Worte. Dies ist leicht zu erklären: Unsere Augen reagieren 17-mal schneller als unsere Ohren. Der amerikanische Psychologieprofessor Albert Mehrabian hat in den 60er Jahren bereits herausgefunden, dass wir uns zu 55 Prozent über Körpersprache, zu 38 Prozent über die Stimme und nur zu 7 Prozent über Worte verständigen! Eine Erkenntnis, die dem einstigen Traummann meiner Freundin sicherlich unbekannt war.

Aber es wird noch spannender, wenn wir diesen Sachverhalt psychologisch näher betrachten: Jeder Gedanke hat unmittelbar Auswirkungen auf unseren Körper. Gleichzeitig können wir auch umgekehrt durch unseren Körper wiederum Einfluss auf unser Denken und unser Gefühlsleben nehmen. Das kann in manchen Situationen sehr hilfreich sein. Körper und Seele beeinflussen sich immer gegenseitig – ob wir es wollen oder nicht.

Mit Sicherheit haben Sie sich schon einmal sehr mutlos gefühlt. In solchen Momenten spiegelt sich unsere Gefühlslage direkt in unserem Körper wider und wird nach außen hin sichtbar. Ein mutloser Mensch redet langsam, leise und monoton. Seine gesamte Motorik wirkt wie eingeschlafen, sein Gesichtsausdruck ist wie versteinert, seine Körperhaltung gebeugt. Es fällt ihm schwer, Blickkontakt aufzunehmen. Auf den Boden oder durch jemanden hindurch zu sehen, ist in diesem Moment viel einfacher für ihn. Die Energiereserven sind aufgebraucht, man lebt quasi wie auf Sparflamme.

Nun das Gegenteil: Sie waren mit Sicherheit schon einmal euphorisch. Sie hätten am liebsten die ganze Welt umarmt und einen Luftsprung gemacht. Ihre Körperhaltung hat in dieser Situation automatisch Spannung erzeugt. Sie sind aufrecht und erhobenen Hauptes umhergegangen. Ihre Stimme war kräftig und bestimmt. Sie haben andere Menschen angestrahlt und angelacht. Ihre Handbewegungen waren ausladend. Sie haben sich voller Energie und selbstbewusst gefühlt.

Wir können bewusst Einfluss auf unsere Gedanken und auf unsere Körperhaltung nehmen. Wenn Sie Ihre Stimmung ändern wollen, dann denken Sie an ein schönes Erlebnis oder hören Sie Ihr Lieblingslied. Automatisch wird sich Ihr Körper aufrichten, und Sie werden mehr Energie verspüren. Sie können es aber auch anders herum anfangen, indem Sie eine aufrechte Körperhaltung einnehmen und ein fröhliches Gesicht aufsetzen. Ihr Gehirn wird folgenden Befehl erhalten: »Achtung: aufrechte Haltung + fröhliches Gesicht = gute Stimmung«. Automatisch wird Ihr hormonelles System aktiviert, Endorphine werden ausgeschüttet – und die sorgen für eine gute Stimmung. Garantiert!

» Damit Ihr Mund und Ihr Körper sich künftig nicht mehr widersprechen, sollten Sie die wichtigsten Signale der Körpersprache kennen und richtig einsetzen: Mimik, Gestik und Körperhaltung. «

Der Blick – das zweite Rückgrat – Mimik

Unser Gesicht hat etwa 30 Muskeln. Das sind die meisten Muskeln auf der kleinsten Fläche. Deshalb können wir die komplette Bandbreite unserer Gefühle über das Gesicht ausdrücken – gewollt oder ungewollt. Der Gesichtsausdruck verrät also am meisten über uns. Weltweit wurden etwa 250000 verschiedene Gesichtsausdrücke gezählt. Und überall auf der Welt neigen die Menschen dazu, aus dem Gesichtsausdruck ihres Gegenübers unbewusst auf seine Eigenschaften, Gewohnheiten und den dahinter verborgenen Persönlichkeitstypus zu schließen. Denn: Aus dem Gesicht eines Menschen können wir am schnellsten auf seine Gefühlslage schließen. Welche Emotionen herrschen gerade vor? Ist er fröhlich, überrascht, ängstlich, wütend, traurig oder interessiert? Dazu müssen wir ihn nicht einmal besonders gut kennen.

Die Augen

Von großer Bedeutung in der nonverbalen Kommunikation ist der Blickkontakt. Wie wir andere anschauen, spielt bei der Kontaktaufnahme und bei der Kommunikation eine entscheidende Rolle, dies kann die Situation positiv oder negativ beeinflussen:

- Schaut jemand angestrengt auf den Boden, gehen wir häufig davon aus, dass er sich in sich selbst zurückgezogen hat und gar nicht an anderen interessiert ist.
- Der flüchtige Blick – wenn uns jemand nur kurz in die Augen schaut – bedeutet: »Ich habe Sie gesehen und respektiere Sie!«
- Sehen wir Menschen mit offenen Augen einen Gedanken lang an, signalisieren wir Interesse.
- Einen Menschen mit angespanntem Blick zu fixieren, wird häufig als Angriffslust oder Aggression interpretiert. Sollten Sie also eine Brille oder Kontaktlinsen benötigen, vergessen Sie diese lieber

nicht. Müssen Sie Ihr Gegenüber fokussieren, um »das Ziel scharf zu stellen«, könnte dies als unangenehm empfunden werden.

- Werden wir zu intensiv und zu lange angeschaut, empfinden wir dies häufig als aufdringlich. So ein Blick kann uns geradezu »durchbohren«. Wir fragen uns: »Warum starrt der mich so an?« Man fühlt sich in diesem Moment unwohl und möchte den Ort des Geschehens so schnell wie möglich verlassen.

Wenn wir die Umgebung berücksichtigen und die beabsichtigten Ziele unseres Gegenübers kennen, können wir aus dem Blick eines Menschen vieles ablesen. Aber nicht nur der Blick ist entscheidend. Achten Sie einmal auf die Kopfhaltung und die Mundstellung der Menschen um Sie herum.

Zusammengepresste Lippen und eine aufrechte starre Kopfhaltung signalisieren Wut und auf alle Fälle kein Einverständnis. In dieser Situation ist es unmöglich, dem anderen etwas zu »verkaufen«. Ist der Mund verschlossen, ist der andere nicht bereit, etwas aufzunehmen. Diese Person muss sich zunächst von überschüssigen Emotionen befreien, quasi Luft rauslassen. Das geht natürlich nicht wie bei Comicfiguren, die aus Ohren und Nasenlöchern Rauch ausstoßen. Aber Sie können Ihrem Gegenüber helfen. Neigen Sie Ihren Kopf, und zaubern Sie ein Lächeln auf Ihre Lippen. Ein schräg gehaltener Kopf und ein leichtes Lächeln bedeuten: »Ich bin nicht gefährlich.« Wer seine verwundbarste Stelle, die Halsschlagader, zeigt, signalisiert dem Gegenüber: »Du kannst mir vertrauen.« Probieren Sie es aus! Es wirkt Wunder.

Der Mund

Ein Lächeln sagt mehr als 1000 Worte. Dieses Sprichwort ist die reine Wahrheit, denn die Stellung der Mundwinkel gibt die gesamte Lebenseinstellung eines Menschen wieder. Hochgezogene Mundwinkel – ein Lächeln also – strahlen Optimismus aus. Diese Menschen betrachten das Leben immer von der Sonnenseite, ihnen gelingt fast alles, was sie anfassen.

Herabhängende Mundwinkel dagegen sind typische Kennzeichen für Pessimismus. Bei Menschen, die viele negative Erfahrungen gemacht haben, spiegelt sich ihre Verbitterung in den Mundwinkeln wider. Im Wort »Verbitterung« verbirgt sich übrigens das Wort »bitter« – eine schöne Eselsbrücke. Denn wenn wir etwas Bitteres essen, dann ziehen sich automatisch unsere Mundwinkel nach unten. Ändern wir dagegen den Blickwinkel, sehen wir das Leben als etwas Spannendes und Aufregendes oder denken auch nur kurz an etwas Positives, gehen die Mundwinkel automatisch nach oben. Ein Anblick, der auch anderen gefällt.

Die Kopfhaltung

Achten Sie darauf, Ihre Nase nicht zu hoch zu tragen. Ein Rat, den Sie bestimmt schon oft gehört haben, der aber durchaus seine Berechtigung hat. Eine von oben herabblickende Person wird häufig als arrogant eingestuft. Lassen Sie den Kopf aber auch nicht hängen, sonst wirken Sie schüchtern, oder man vermutet, dass Sie etwas zu verbergen haben. Sie müssen sich aber nicht verstecken, wenn Sie gut vorbereitet und kompetent sind. Versuchen Sie Ihren Kopf stets aufrecht zu halten. Das spricht für Selbstvertrauen und macht es Ihnen leichter, von Ihrem Gesprächspartner akzeptiert zu werden.

» Egal ob Sie zuhören oder selbst sprechen: Suchen Sie den Blick Ihres Gesprächspartners, und halten Sie circa einen Gedanken lang – also etwa 3 Sekunden – Blickkontakt. Ihre Kopfhaltung sollte dabei gerade sein. Ein kleiner Tipp: Stellen Sie sich vor, dass Sie ein Buch auf Ihrem Kopf balancieren. Mit einer geraden Kopfhaltung und angemessenem Blickkontakt vermitteln Sie Sicherheit und Aufmerksamkeit. «

Überzeugen ohne Worte – Gestik

Was wir sagen, unterstreichen wir immer mit einer bestimmten, so genannten sprachbegleitenden Gestik. Unsere Gestik kann aber auch sprachunabhängig Aufschluss über Stimmungen wie zum Beispiel Aggression, Friedfertigkeit, Sympathie und Ablehnung geben. Darüber hinaus kennt jede Kultur andere Gesten. Mehr als 5000 wurden bisher weltweit gezählt.

Die enorme Bedeutung der Gestik

Was jemand sagt, wird schnell vergessen. Die visuelle Wahrnehmung aber bleibt in den Köpfen länger hängen. Als ich mich letztens in einer kleinen Boutique umsah, kam eine Verkäuferin auf mich zu, verschränkte die Arme vor der Brust, lehnte sich an den Verkaufstresen und sagte: »Wenn Sie die Hose in einer anderen Größe brauchen, helfe ich Ihnen gerne.« Ich war überzeugt, dies sei eine Lüge. Denn wenn sie hätte helfen wollen, hätte sie handeln müssen. Und dazu hätte sie ihre Hände benötigt. Wie soll das gehen mit verschlossenen Armen? Ähnlich misstrauisch sollten Sie sein, wenn jemand die Finger fest ineinander verkeilt und dann verspricht: »Ich bin für alles offen.« Der gaukelt Ihnen etwas vor. Ist jemand offen für alles, dann nur mit geöffneten Händen.

Wenn Sie beobachten, welche Hand Ihr Gesprächspartner zum Gestikulieren einsetzt, können Sie eine Menge über ihn erfahren. Ist es die linke, haben Sie es wahrscheinlich mit einem Gefühlsmenschen zu tun. Ist es dagegen die Rechte, ist es meist ein Vernunftmensch. Die einfache Erklärung: Unsere rechte Körperhälfte wird von der linken Gehirnhälfte gesteuert und umgekehrt – im Fachjargon spricht man von der »contralateralen Steuerung«.

Menschen, die vorwiegend Handbewegungen ausführen, die vom Körper wegführen, sind häufig zugängliche, offene und aufrichtige Menschen mit viel (Mit-)Gefühl. Werden die Handbewegungen jedoch vorwiegend von außen zum Körper hin ausgeführt, wird es sich eher um eine verschlossene, zurückhaltende Person handeln.

Ständiges Händereiben, Spielen mit dem Kugelschreiber, zu schnelle und flüchtige Handbewegungen lenken die Aufmerksamkeit unseres Gegenübers vorwiegend auf die Hände und verraten nicht nur unsere Nervosität, sondern machen unter Umständen auch den anderen nervös. Das bedeutet aber nicht, dass wir wie erstarrt unsere Hände neben unseren Körper hängen lassen müssen, denn auch das wirkt auf Dauer langweilig. Gesten müssen zum eigenen Persönlichkeitstypus passen. Wenn ich eher eine sachlich orientierte Person bin, sollte ich nicht wild gestikulieren.

So können Sie Handbewegungen wirkungsvoller nutzen:

- Optimal ist es, wenn Ihre Hände immer sichtbar sind. Sie können beispielsweise Ihre Hände in der Bauchnabelgegend locker zusammenlegen.
- Verstecken Sie Ihre Hände nicht hinter dem Rücken. Das vermittelt Unsicherheit. Vergraben Sie Ihre Hände auch nicht in den Hosentaschen, das könnte als zu leger gewertet werden.
- Die Größe Ihrer Gesten ist abhängig von der Raumgröße. Sie wollen Ihre Gesprächspartner ja nicht im wahrsten Sinn des Wortes »erschlagen«. Wenn Sie mit nur einer Person in Ihrem Büro kommunizieren, verzichten Sie auf weit ausholende, überschwängliche Handbewegungen. Sprechen Sie jedoch vor einem größeren Auditorium, müssen Sie große Gesten einsetzen, damit auch die letzte Reihe ihre Handbewegung sieht.
- Vermeiden Sie es möglichst, mit den Händen von oben nach unten zu gestikulieren. Negativgesten wirken ablehnend. Machen Sie es andersherum: von unten nach oben.
- Deuten Sie nie mit dem Zeigefinger oder einem Stift auf eine Person. Das wird unbewusst als Bedrohung interpretiert. Zeigefinger oder Stift wirken wie eine Waffe.

»Je häufiger Sie Ihre Hände benutzen, um Ihre Aussagen zu unterstreichen, desto schneller wird es zur Gewohnheit. Beobachten Sie andere Menschen, und erweitern Sie so Ihr Repertoire. Abgucken ist erlaubt!«

Gang und Haltung verraten mehr als Worte – die Körperhaltung

Unsere Erfahrungen prägen sich tief ein, vor allem wenn sie mit starken Emotionen verbunden sind. Sie beschäftigen nicht nur unsere Seele und unser Denken, sie beeinflussen auch unsere Körperhaltung. William James, ein Psychologe, der der viktorianischen Zeit angehörte, klassifizierte vier Typen, die folgende Körperhaltungen einnehmen:

Annähern: Diesen Typus kennzeichnet eine vorwärts gerichtete Körperhaltung, die auf Interesse und eine offene Persönlichkeit schließen lässt.

Zurückziehen: Dieser Typus ist das Gegenteil zum Annähern. Er ist reserviert, abwehrend und vorsichtig.

Ausdehnen: Diese Menschen haben eine aufrechte Körperhaltung, sind selbstsicher, dominant und stolz.

Zusammenziehen: Diesen Typus kennzeichnet eine zusammengesunkene Haltung. Das lässt auf Entmutigung, Untertänigkeit und Bekümmernis schließen.

Die gewohnheitsmäßige Körperhaltung eines Menschen hält vergangene Erinnerungen fest. Eine Person, die beispielsweise einen geliebten Menschen verloren hat, behält für längere Zeit eine niedergedrückte, hoffnungslose, trauernde Haltung bei. Man sieht förmlich die schwere Last auf ihren Schultern ruhen. Eine aufrechte Körperhaltung ist ein Hinweis auf eine stabile, selbstsichere Persönlichkeit und erzeugt eine charismatische Ausstrahlung. Viele Jugendliche dagegen laufen mit hängenden Schultern, vorgeschobenem Bauch, gesenktem Kopf und schleifendem Gang durch ihr junges Leben. Das wirkt nicht sehr lebenslustig. Die Körperhaltung ändert sich aber, sobald sie ihre eigene Persönlichkeit entdeckt haben.

» **Ein zusammengesunkener Oberkörper signalisiert Antriebsmangel und eine trübselige Stimmung. Deshalb: Kopf hoch, atmen Sie mit einem kräftigen Atemzug den Brustkorb förmlich »empor«, Schultern leicht nach hinten ziehen, den Blick in horizontaler Ebene ausrichten. Bringen Sie Spannung in den Körper. Sie wirken vital, energiegeladen und voller Antrieb. Nein, Sie wirken nicht nur so! Sie werden sich auch dementsprechend fühlen. Erzeugen Sie aber nicht zu viel Spannung im Körper. Verlieren Sie auch nicht den Boden unter den Füßen: Stehen Sie in Beckenbreite mit beiden Beinen fest am Boden und »erden« Sie sich.** «

Die Art und Weise, wie jemand steht oder sitzt, erlaubt Rückschlüsse auf seine Stimmung und die Einstellung zum Gesprächspartner:

- Der nach vorn geneigte Oberkörper, der zudem dem Gesprächspartner zugewandt ist, deutet auf Interesse am Gegenüber.
- Jemand steht vor Ihnen und zeigt Ihnen die nackte Schulter? Das kann bedeuten, dass die Person (noch) kein Interesse hat oder Ihnen (noch) nicht vertraut.
- Ein zurückgelehnter Oberkörper kann zwei Gründe haben: 1. Die Person hat Bedenken, ist kritisch oder hat eine innere Abneigung. 2. Haben Sie versucht, Ihr Gegenüber zu überzeugen, kann es sein, dass Sie Ihr Ziel erreicht haben und er sich von seinen eigenen Ideen verabschiedet hat. Den tatsächlichen Beweis erhalten Sie, wenn er nickt.

- Steht jemand mit wackeligen Beinen vor Ihnen und tänzelt von einem Fuß auf den anderen oder sitzt er auf der Stuhlkante, heißt das, er ist »auf dem Sprung« und hat keine Zeit.
- Hebt eine Person die Fußspitze beim Stehen oder Sitzen, so deutet dies auf Abwehr hin.
- Zeigt die Fußspitze zum Gesprächspartner, kann dies wiederum als Interesse gedeutet werden. Werden die Fußspitzen jedoch abgewandt, so zeugt dies von Differenzen.
- Das so genannte »Fluchtbein« – die Fußspitze zeigt meistens zu einer Raumöffnung (Tür, Fenster) – demonstriert innere Anspannung. Wenn jemand so steht, möchte er am liebsten aus dieser unbehaglichen Situation flüchten.
- Zusammengepresste Beine lassen meistens auf Unsicherheit schließen.

Sie sollten sich immer vor Augen halten, dass jede plötzliche Veränderung der äußeren Haltung eine Veränderung der inneren Haltung – der Gefühle – widerspiegelt.

Das körpersprachliche Verhalten eines Menschen ist zum größten Teil angeboren beziehungsweise wurde während unserer Entwicklung, durch Beobachtung von anderen Personen, übernommen. Der große Vorteil daran ist, dass wir die Bedeutung der Körpersprache nicht erst lernen müssen, sondern sie intuitiv verstehen. Entscheidend ist, dass wir unserer Intuition wieder größere Beachtung schenken und unser Beobachtungsvermögen sensibilisieren. Denn das Verstehen der Körpersprache ist eine der wichtigsten Fähigkeiten bei der zwischenmenschlichen Kommunikation. Ein gültiges Patentrezept zur Interpretation der Körpersprache gibt es allerdings nicht. Um eine richtige Deutung zu gewährleisten, müssen wir immer den Gesamtkontext berücksichtigen: die Ziele, die vorherrschende Umgebung und unsere Auswirkungen auf unser Gegenüber. Denn nicht immer heißt ein Verschränken der Arme, dass unser Gegenüber sich zurückzieht.

Monika Matschnigs Spezialtipp

Wenn ich Ihnen nur einen einzigen Tipp geben könnte, dann wäre das: Wenn Sie überzeugend, souverän und selbstsicher auftreten wollen, dann sollten Sie zwei Faktoren beachten:

1. Gehen Sie mit offenen Augen durch die Welt, und beobachten Sie die Menschen, die authentisch und charismatisch wirken. Probieren Sie die eine oder andere Haltung, Gestik oder Mimik aus. Übernehmen Sie nur neue körpersprachliche Verhaltensweisen, in denen Sie sich wohl fühlen.
2. Pflegen Sie regelmäßig Ihre Seele, denn Ihre innere Zufriedenheit strahlt auch nach außen!

Mehr von Monika Matschnig in:

- Salto vitale. In 24 Stunden das Leben einfach umkrempeln. Hg. von Marion Grillparzer. München 2004.
- Von den Besten profitieren IV. Erfolgswissen von 12 bekannten Management-Experten. Hg. von Hermann Scherer. Offenbach 2004.

Reinhold Messner

geboren 1944 in Südtirol, gilt als der berühmteste Bergsteiger und Abenteurer unserer Zeit. Er hat etwa 100 Erstbesteigungen durchgeführt, alle 14 Achttausender bestiegen und zu Fuß die Antarktis und Grönland, Tibet und die asiatische Wüste Takla Makan durchquert. Es gelang ihm, als Quereinsteiger EU-Abgeordneter zu werden. Heute lebt Messner auf seiner Burg Juval in seiner Heimat Südtirol, arbeitet an einem Museumsprojekt und betreibt Bio-Landwirtschaft. Er führt jedoch weiterhin Expeditionen durch. Reinhold Messner hat zahlreiche Bücher veröffentlicht, darunter *Berge versetzen. Das Credo eines Grenzgängers* (5. Auflage 2004).

Weitere Informationen:
www.reinhold-messner.de

Reinhold Messner

Berge versetzen

Von den Erfahrungen eines Grenzgängers profitieren

Reinhold Messners Abenteuer spiegeln Erfolge und Niederlagen im Grenzbereich des Möglichen wider. In diesem Beitrag vermittelt er, wie wichtig es ist, sich immer wieder neue Ziele zu setzen, wie man sich mental auf ein Projekt vorbereitet und wie man das Scheitern als Chance nutzt. Schon bei Ihrem nächsten anspruchsvollen Ziel können Sie seine Anregungen umsetzen – und sich inspirieren lassen, sich mutig ins Ungewisse zu wagen.

Immer wieder neu aufbrechen

In den Himmel ragende Berge sind ein greifbares Ziel, die Verkörperung der Herausforderung. Es gibt nicht viele Menschen, die zu ihren Gipfeln hinauf möchten. Aber für einige, zum Beispiel für mich, ist ein Berg wie der K2 – der zweithöchste Berg der Welt, der als besonders schwer zu besteigen gilt – vor 25 Jahren das Ziel schlechthin gewesen. Vom Mount Everest ganz zu schweigen.

Ich bin immer dem nachgegangen, was mir am meisten Freude gemacht hat, und habe, weil ich meiner Begeisterung folgen konnte, ein zufriedenes Leben führen können. Was ich tat, machte ich mit ganzer Konzentration. Ich lebte und lebe zwischen Selbstverschwendung – ich habe immer all meine Energie, Mittel und Zeit in das jeweilige Projekt gesteckt – und der möglichen Selbstzerstörung, dem Tod bei einer meiner Expeditionen. Dass ich erfolgreich geworden bin, liegt meiner Ansicht nach daran, dass ich nach jedem Scheitern öfter als jeder andere wieder aufgestanden bin und es noch einmal versucht habe – ein drittes, ein viertes Mal, bis ich es endlich geschafft hatte.

Ich habe in meinem Leben immer wieder etwas Neues begonnen, weil ich nur dann stark bin, wenn ich mit Neugierde an meine Ziele herangehe. Meine erste Lebensphase verbrachte ich zwischen den steilen Felsgraten der Dolomiten, in der vertikalen Welt sozusagen. Dort bin ich aufgewachsen, dort wurde ich zum besessenen Felskletterer. Die zweite Phase wurde eingeleitet durch einen Unfall: Ich erfror mir nach einer Expedition am Nanga Parbat die Füße, einige meiner Zehen mussten amputiert werden. Dadurch hatte ich nicht mehr die Geschicklichkeit zum Klettern, und damit ist mir ein Teil meiner Begeisterung für diese Tätigkeit abhanden gekommen.

Als nächstes widmete ich mich den höchsten Bergen der Welt. Dort ist das Klettern sekundär, es kommt mehr auf Ausdauer, Willenskraft, Logistik und Leidensfähigkeit an. Man trägt schwere, plumpe Stiefel, schleppt viel Ausrüstung und steigt langsam hinauf in die Todeszone, die 8000-Meter-Region. Dort oben ist der Sauerstoffpartialdruck so gering, dass man kaum noch Leistung bringen kann und es sich anfühlt, als wäre das Hirn mit Watte gefüllt.

Lange haben mich diese großen Berge fasziniert. Diese zweite Lebensphase hat mich auch bekannt gemacht, weil ich die Gipfel des Himalaja in einem neuen, durch seine Einfachheit revolutionären Stil – so wenig Ausrüstung wie möglich – gemeistert habe.

Mit gut 40 Jahren hatte ich alle höchsten Gipfel der Welt bestiegen. Aber ich war noch zu jung, um mit einer Flasche Bier vor dem Fernseher auf eine Rente zu warten, die ich mangels Einzahlungen sowieso nicht bekommen hätte. Ich stellte mir sofort eine neue Aufgabe und durchquerte zu Fuß Eis- und Sandwüsten, darunter die Antarktis. Die vierte Phase meines Lebens löste wieder ein Unfall aus: Ich brach mir das Fersenbein. Natürlich nicht am K2, sonst hätte ich diesen Beitrag nicht schreiben können, sondern daheim. Wir Menschen stolpern nicht über Berge, sondern über Maulwurfshügel. Ich bin über die Mauer meiner Burg Juval gestiegen, um die Tür aufzusperren, die versehentlich von innen verriegelt worden war. Dabei rutschte ich aus und stürzte in der Dunkelheit. Einige Jahre lang war ich Invalide – und nutzte die Zeit, um Mythen aufzuklären. Ich bin dem Yeti »nachgestiegen«, war im Europäischen Parlament und durchquerte eine große asiatische Wüste, 2000 Kilometer weit.

Inzwischen hat die sechste Phase meines Lebens begonnen. Ich habe ein neues Projekt, das mit meinen früheren Abenteuern nichts mehr zu tun hat. Seit Jahren arbeite ich daran, in Südtirol eine museale Struktur mit fünf Häusern zu schaffen, um zu erzählen, was eigentlich passiert, wenn Mensch und Berg sich begegnen. Finanziell ist das ein großes Projekt. Wenn ich dabei einen Fehler mache, bin ich wirtschaftlich am Ende. Ich riskiere wieder einmal alles.

Im Gegensatz zum Haben wird das Tun nie langweilig. Deshalb stelle ich Taten in den Mittelpunkt meines Lebens. Grenzsituationen sind es, die mich immer gelockt haben. In kritischen Momenten entscheidet allein der Instinkt, die Summe aus Wissen, Erfahrung und Selbsterhaltungstrieb, also der Einzelne und sein Geist; alle festgefahrenen Verhaltensmuster zerbrechen. Es ist die mentale Kraft, die uns bestehen lässt, die Begeisterung, die uns die Motivation liefert, unsere großen selbst gesteckten Ziele wieder und wieder anzupacken.

In diesem Beitrag berichte ich, wie ich mich weitergebracht habe, erzähle von meinen Erfahrungen und hoffe, dass Sie in diesem Credo eines Grenzgängers ein paar Punkte finden, die Sie für sich übernehmen können.

Erfolg beginnt im Kopf

Als Schüler und Student, beim Felsklettern in den Dolomiten mit meinem jüngeren Bruder Günther, wagte ich viele Erstbegehungen. Wir suchten uns die Routen selbst, immer wieder neue, schwierigere.

Dabei hatten wir oft Glück. Auch die Angst gehörte zu diesen Touren dazu; jeder von uns wurde wenigstens einmal von einem Steinschlag verletzt. Aber eine Woche später kamen wir wieder. Trotz aller Gefahren – wir wollten hinauf, wir wollten es versuchen. Wir waren ehrgeizig und brannten darauf, unsere Grenzen zu erfahren. Wir wollten nichts beweisen und uns auch nicht mit anderen Bergsteigern messen. Wir wollten durchkommen und bestehen, wollten unseren eigenen Ansprüchen gerecht werden. Das Klettern wurde eine Leidenschaft, die ich bis zur Besessenheit weiterentwickelte.

In dieser Zeit vertiefte ich nicht nur mein Können als Kletterer. In der vertikalen Welt aus Fels, immer in der Gefahr abzustürzen, lernte ich, mich dem Zufall auszusetzen. Ich lernte, auch bei großen Schwierigkeiten selbst die Verantwortung zu übernehmen. Denn obwohl Günther mich sicherte, wäre es sehr gefährlich für uns beide gewesen, wenn ich beim Vorausklettern gestürzt wäre. Und bei meinen Solo-Touren war ich ganz auf mich selbst angewiesen.

Viel später erst, als ich selbst schon alle Kontinente bereist hatte, ahnte ich, dass das Abenteuer nicht von fernen Ländern und nicht von Gipfelhöhen abhängt, sondern einzig und allein von der Bereitschaft, den häuslichen Herd gegen eine ungewisse Lagerstätte zu vertauschen. Die Ungewissheit, so wurde mir klar, war die Triebfeder für mein Tun. Ich wäre unfähig gewesen, für ein Expeditionsziel all meine Kräfte einzusetzen, wenn ich mir des Erfolgs von vornherein hätte sicher sein können.

Sehr wahrscheinlich geht es auch in Ihrem Leben darum, mit der Ungewissheit umzugehen. Die neue Arbeitswelt ist riskant, schnelllebig, von Unsicherheit geprägt. Eigenverantwortung ist also heute wichtiger denn je, sich der Führung eines Vorgesetzten zu überlassen funktioniert nicht mehr. Wenn Sie dies nicht gewohnt sind, werden Sie sich vielleicht nach Sicherheit zurücksehnen. Doch vielleicht gelingt es Ihnen auch, von dieser Situation zu profitieren. Nutzen Sie Ungewissheit und Eigenverantwortung, statt sie zu fürchten! Nehmen Sie sich die Freiräume, die sich Ihnen nun bieten, wenden Sie sich Herausforderungen zu, statt Erreichtes zu bewahren. Allein durch dieses Umdenken gewinnen Sie neue Kraft. Sie werden merken, wie viel leichter es nun fällt, kreativ zu werden.

In den Dolomiten habe ich gelernt, mich auf meine Ziele voll und ganz zu konzentrieren. Und ich habe die wichtige Fähigkeit geschult, jede Tour schon im Voraus im Kopf zu durchleben. Unter der Woche trafen Günther und ich uns und diskutierten, was wir am Wochenende klettern würden. Nachdem wir uns mehrere Tage mental mit unserer Tätigkeit beschäftigt hatten, sind wir – wenn das Wetter es erlaubte – losgegangen und konnten uns nun auf die wenigen Quadratmeter Fels konzentrieren, die vor uns lagen. Denn wo das Ziel lag, wie die Route verlief, das hatten wir bereits verinnerlicht. Unsere Konzentration war so stark, dass wir alles andere ausschalten und vergessen konnten. Wir haben uns nicht nur mit dem Gipfel identifiziert, sondern mit jedem Griff und Tritt, der uns höher brachte. Dabei ist das eingetreten, was man auch den *Flow-Zustand* nennt – in dieser absoluten Konzentration wurde das Klettern für uns etwas ähnliches wie das Fliegen für den Vogel und das Schwimmen für den Fisch.

Die Vorstellungskraft ist extrem wichtig, wenn man anspruchsvolle Ziele erreichen will. Für mich beginnt jedes neue Projekt mit einem Tagtraum. Daraus wächst eine Idee. Indem ich mich auf sie konzentriere und an ihr arbeite – wochenlang, monatelang, jahrelang – entsteht ein Ziel. Im Vorfeld der Expedition wird diese Herausforderung oder diese Idee zu einer echten Vision – und zwar zu einer bis ins Detail ausgefeilten Vision. Ich habe eine sehr genaue Vorstellung von dem, was ich machen werde, bevor ich es tue. Erst dann setze ich meinen Plan um. Diese intensive mentale Vorarbeit empfinde ich nicht als Arbeit – ich gebe dafür nur meine Begeisterung her. So ist es auch bei meinem Museumsprojekt: Ich habe das ganze Konzept in allen Einzelheiten im Kopf. Sollte ich allerdings vor der Fertigstellung umkommen, wird das Vorhaben untergehen – noch ist es ein ungeborenes Kind, existiert nur in mir. Erst wenn ich es schaffe, meine Ideen umzusetzen, ist das Museum fertig und anschließend ohne mich lebensfähig.

» Bereiten Sie sich mental intensiv auf Ihre Projekte vor. «

Was man wirklich will, kann man schaffen

Ich unterstelle, dass viele Menschen – Erfahrung vorausgesetzt, mit entsprechendem Training, im richtigen Alter – auf den Mount Everest hätten steigen oder durch die Antarktis laufen können. Wenn sie es mit der gleichen Vehemenz wie ich gewollt, mit der gleichen Besessenheit betrieben hätten. Es gibt berühmte Bergsteiger, die eher schmächtig sind – man würde ihnen nicht zutrauen, was sie vollbracht haben. Aber ich weiß inzwischen, dass es oft weniger auf die Muskelkraft ankommt als auf etwas, das ich – abgeleitet vom englischen Wort für Antriebskraft – »Momentum« nenne. Das ist die Summe von Motivation und Willen, die entsteht, wenn ich mich lange Zeit mit einer Idee beschäftige und sie in mir trage. Immer stärker wird dadurch der Schwung, die Energie, die Begeisterung, bis sie mich zusammen bis zum Erfolg tragen können.

Diese Kraft brauchen Sie, denn auf einem schwierigen Weg gibt es immer Hindernisse. Ein Mensch, der nicht genügend Momentum in sich aufgebaut hat, kapituliert vielleicht beim dritten, beim fünften, beim zehnten Hindernis. Nur wenn jemand sich über lange Zeit vorbereitet hat, kann er dementsprechend weiterkommen. Deswegen ist mir die Auseinandersetzung mit meiner Vision genauso wichtig wie das physische Training. Natürlich: Wenn jemand auf den Everest will, muss er auch trainieren. Auch Herz und Lunge müssen es schaffen. Aber viel wichtiger ist die mentale Vorbereitung, der Geist. Mit der richtigen Einstellung kann ich auch das hundertste Hindernis bewältigen.

» Machen Sie Ihre Tagträume zu einer starken Vision, die Sie vorantreibt. «

Besonders im Himalaja habe ich jedes Quäntchen dieses Momentums gebraucht. Ich hatte mir vorgenommen, den Mount Everest, den höchsten Berg der Welt, in einem neuen Stil zu besteigen. Damals, in den 70er Jahren, war es üblich, dass man große Berge mit einem enormen Aufwand anging – 20 Bergsteiger, ein paar Tonnen Ausrüstung, Hundertschaften von einheimischen Trägern. Und all das nur, damit zwei oder drei Menschen es bis zum Gipfel schafften. Ich dagegen wollte auf einfache Strukturen, ein kleines Team und Schnelligkeit setzen, denn in den Bergen verändern sich die Wetterbedingungen rapide. Wer seine Chancen nutzen will, muss schnelle Entscheidungen treffen.

Doch dieser neue Stil war nur machbar, indem ich auf Sauerstoffgeräte verzichtete. Allein die Gasflaschen wogen damals pro Person 50 Kilogramm – niemand kann so viel Gewicht auf seinen Schultern vom Basislager in die Gipfelregion des Everest tragen. Hatte ich aber Helfer, brauchte ich für diese Helfer eine Infrastruktur. Damit war wieder die extrem teure, schwerfällige Expedition notwendig, von der ich mich verabschieden wollte. Wenn ich den Everest in meinem Stil besteigen wollte, musste ich es ohne Maske schaffen. Doch das galt als unmöglich. Darin waren sich Ärzte und Höhenbergsteiger einig.

Im Vorfeld hatten mein Partner Peter Habeler und ich zum Training viele Bergläufe gemacht. Wir waren fähig, 1 000 Höhenmeter in 35 Minuten bergauf zu rennen – normalerweise braucht man für diese Strecke zwei bis drei Stunden. Im Gipfelbereich des Mount Everest haben wir für 50 Höhenmeter mehr als eine Stunde gebraucht. Bei maximalem Willenseinsatz. Damit erschien uns das letzte Stück zum Gipfel als schier unendlich weit. Jetzt galt es wirklich Berge zu versetzen. Aber nur in unserem Bewusstsein. Wir wussten aus unserer Vorbereitung, dass wir da oben langsam sein würden, weil der Sauerstoffmangel uns bremste. Hätten wir der Hoffnungslosigkeit nachgegeben, wären wir umgekehrt. So aber bewegten wir uns hartnäckig ganz langsam weiter voran. Schritt – Rastpause – wieder einen Schritt – Rastpause. Wir wussten, dass wir in zwei Stunden 100 Höhenmeter bewältigen konnten, auch wenn der Gipfelgrat unendlich weit aussah. So ist es uns gelungen, das letzte Stück bis zum Gipfel zu schaffen – erstmals ohne Maske. Damit hatte ich die Möglichkeit, alle Berge der Welt in meinem schnellen, flexiblen »Alpenstil« zu besteigen.

Bald nach dem Abstieg vom Everest begann ich, vom nächsten Schritt zu träumen. Davon, den höchsten Berg der Welt allein zu besteigen. Diesmal in der schlimmsten Jahreszeit, der Monsunzeit, und über eine neue Route. Als ich bei der Regierung in Nepal 1979 um eine Genehmigung nachfragte, sagten die Behörden sofort: »Niemals. Zu gefährlich.« Doch ich habe mein Ziel nicht aufgegeben. Ich bin nach Peking gereist, und die Kommunisten genehmigten mir den Aufstieg zum Everest – der ja ein Grenzberg zwischen China und Nepal ist – von Norden her. Allerdings für den Preis von 80 000 US-Dollar. Das war für mich eine große Summe Geld, und niemand hätte mir damals auch nur eine Mark geliehen, um auf den Everest zu steigen. Dasselbe galt für die Antarktis-Durchquerung. Denn es konnte ja niemand wissen, ob ich wieder zurückkomme, um die Schulden zu begleichen. Ich verkaufte also alle meine beweglichen Güter, inklusive meines Porsches, und versuchte so den Everest im Alleingang.

In der Monsunzeit aber, im Sommer, hatte es ständig geschneit, die Hänge waren lawinengefährdet. Ich musste sechs volle Wochen abwarten, bis das Wetter günstiger wurde. Mitte August war es soweit. Um Mitternacht begann ich, ausgerüstet mit einer Sturmlampe, vom Basislager aus den Aufstieg. Ich stieg in Richtung Nordsattel; knapp darunter musste ich eine Gletscherspalte überqueren, die den ganzen Hang über mehrere Kilometer zerriss und an manchen Stellen zehn Meter breit war. Ich suchte mir also eine schmale Stelle, die mit einer Schneebrücke zugedeckt war. Doch als ich sie überquerte, spürte ich, wie der Schnee unter mir nachgab – ich hatte einen winzigen Fehler gemacht, den talseitigen Fuß ein paar Millimeter zu weit an den Spalteninnenrand gestellt. Sofort breitete ich die Arme aus, um mich zu fangen, aber die Schneebrücke war zu dünn und brach ein. Ich fiel ins Bodenlose. Als ich wieder Schnee unter den Füßen hatte, war es dunkel, meine Lampe war kaputt. Ich tastete mich ab, um festzustellen, ob ich verletzt war, und schwor mir: »Wenn ich noch hinaufkomme, gehe ich nach Hause!«

Als ich hochsah, erkannte ich 8 Meter hoch über mir das baumstammdicke Loch, durch das ich gebrochen war. Aber es war unerreichbar. Handys gab es damals nicht – kein Mensch konnte wissen, dass ich in Not war. Mir war klar, dass niemand mich hier herausholen würde. Ob ich verhungerte oder erfror, wenn ich nicht einen Weg nach oben fand, war sekundär, nur aufgeben durfte ich mich nicht. Schon am Nanga Parbat hatte ich gelernt, dass der Mensch, völlig erschöpft, ohne zu essen und zu trinken, mehrere Tage lang weiterkommt, wenn er sich nicht aufgibt. Ich nutzte also meine einzige Chance und ging die Spalte entlang, die sich wie ein eisiges Bergwerkstollensystem vor mir erstreckte. Manchmal kroch ich, manchmal kletterte ich. Wie durch ein Wunder führte die Spalte nach oben. Ich kam an die Oberfläche. Die Sonne ging gerade auf.

Ich hatte mir zwar vorgenommen zurückzugehen, doch ich tat es nicht. Ich hatte mehr als zwei Jahre lang mit dieser Idee »Everest im Alleingang« gelebt; in dieser Zeit war kein Tag vergangen, an dem ich nicht an diese Besteigung gedacht hätte: Was tue ich, wenn …? Was nehme ich mit? Fast noch wichtiger: Was nehme ich nicht mit? In dieser Zeit bin ich Abend für Abend mit dieser Idee eingeschlafen und mit ihr aufgewacht. Damit sind mir Begeisterung und Energie zugewachsen, denn ich habe mich mit meiner Idee, dem Ziel, mit dem Aufstieg, identifiziert. Dieses Momentum war stärker als die Entscheidung aufzugeben, die ich in der Notlage getroffen hatte. Ich kletterte also weiter.

» Nutzen Sie die Kraft der Begeisterung, um große Ziele zu verwirklichen. Denken Sie daran: Unser Leben wird mehr durch unser Bewusstsein geformt als durch die Umstände! «

Es war die anstrengendste Tour meines Lebens. Ich bin mit allerletzter Kraft zum Gipfel gekommen. Ich war so kaputt, dass ich mich schwer wie ein Stein mit geschlossenen Augen in den Schnee fallen ließ. Zum Glück fand ich nach einer Stunde des Rastens die Kraft, um aufzustehen und abzusteigen. Ich brauchte zwei Tage für den Rückweg. Erst als ich heraus war aus dieser Kälte und Einsamkeit und zurückkehrte in die Menschenwelt – zu den ersten Insekten, dem ersten fließenden Wasser, zu den ersten Vögeln und menschlichen Gesichtern – ist das ausgebrochen, was Sie sich vielleicht unter Gipfeleuphorie vorstellen. Wir steigen gar nicht auf Berge, um den Gipfel zu erreichen. Wir steigen auf, um zurückzukommen.

Ohne Scheitern kein Erfolg

Wie oft aber bin ich gescheitert? Wer einen Grenzgang wagen will, der sollte lernen, mit Angst und Zweifeln umzugehen und das Scheitern als Chance für seine persönliche Entwicklung zu nutzen. Leicht ist das nicht. In unserer Gesellschaft sind Niederlagen verpönt; wer erfolgreich sein will, tut sich schwer, sein Scheitern einzugestehen. Auch in den Unternehmen ist es üblich, falsche Entscheidungen zu bestrafen – inzwischen aber sprechen sich immer mehr Experten für eine positive »Fehlerkultur« aus, in der auch aus falschen Entscheidungen gelernt werden darf. Meiner Meinung nach ein guter Ansatz. Wer etwas riskiert, wird zwangsläufig auch Fehler machen und einmal scheitern.

Durch Grenzgänge wachsen

Ich bin überzeugt, dass jeder Mensch in schwierigen Situationen über sich selbst hinauswachsen kann. Wir können alle mehr, als wir uns zumuten, weil wir gar nicht wissen, was in uns steckt. An die letzten Reserven kommen Sie nur heran, wenn Sie sich dem Risiko aussetzen, wenn Sie wirklich bis an Ihre Grenzen gehen. Wenn Sie es wagen, dann und wann zu sagen: »Ich mache das jetzt.« Wenn Sie das Glück haben, in eine Grenzsituation zu kommen oder geführt zu werden, sich bewähren zu müssen, werden Sie wahrscheinlich merken: Es ist viel mehr möglich, als Sie vermutet haben. Vor allem, wenn Sie aktiv werden, all Ihre Fähigkeiten einsetzen und hohe Ansprüche an sich selbst stellen. Ich stelle Ansprüche an mich, nicht an eine Organisation oder den Staat. Auch Sie alle haben die Möglichkeit, das zu tun und sich dadurch selbst zu begegnen.

Natürlich wäre es nicht klug, sich dauernd ein Ziel zu setzen, dem Sie nicht gewachsen sind. Herauszufinden, was man gerade noch kann – das ist dagegen genau das Richtige. Ich selbst habe immer wieder versucht, an der Grenze dessen, was allgemein als Tabu definiert war, zu rütteln und zu sagen: Es geht auch ein bisschen mehr.

Denken Sie daran: Grenzen kann man nur in vielen kleinen Schritten verschieben, nicht in Siebenmeilenstiefeln. Aus jedem gelungenen Schritt, aus jedem kleinen Erfolg, schöpft man neue Motivation, neues Selbstvertrauen. Dieses Selbstvertrauen können Sie für Ihr weiteres Leben nutzen. Und Sie werden wahrscheinlich feststellen, dass Sie von Ihren gestrigen Erfolgen seelisch nicht leben können und dass es befriedigender ist, immer neue Ansprüche an sich zu stellen.

» Gehen Sie hin und wieder an den Rand Ihrer Möglichkeiten, um Ihre wahren Fähigkeiten und Kraftreserven auszuloten. «

Bei meinem heutigen Projekt habe ich gemerkt, wie abgehärtet ich durch meine Touren bin. Bei meinem Museumsprojekt rechnete ich anfangs nicht mit großen Schwierigkeiten, stieß aber auf so große bürokratische und praktische Hürden, dass der ganze Plan zu scheitern drohte. Durch meine Erfahrungen als Grenzgänger am Süd- und Nordpol aber ist es mir gelungen, auch diese Probleme Schritt für Schritt auszuräumen. Dass ich mich gegen Politiker und Verhinderer aller Art, die sich vorgenommen hatten, das Projekt zu stoppen, durchsetzen konnte, hat mich nochmals stärker gemacht.

Zweifel überwinden und mit der Angst leben

Wenn man Risiken eingeht, entstehen immer Ängste: Kann ich das schaffen? Was passiert, wenn ich versage oder wenn etwas schief geht?

Ohne Ängste wird nichts Starkes entstehen. Vor so mancher schwierigen Erstbegehung habe ich die Nacht vorher wachgelegen und mich beunruhigt gefragt, ob das, was ich vorhabe, überhaupt möglich ist. Je höher der Berg vor mir, um so größer der Zweifel, die Angst in mir. Und nie zuvor bin ich in meinem Leben von so vielen Zweifeln geplagt worden wie kurz vor der Antarktis-Durchquerung, die ich drei Jahre lang vorbereitet habe. Angstträume jede Nacht. Wir hätten ja dem gleichen Schicksal wie einst Robert F. Scott erliegen können, der mit all seinen Männern auf der Rückkehr vom Südpol zugrunde ging. Immer wieder sah ich mich im Traum gefesselt, empfand mich als gelähmt. Ich hatte der Weite, der Unendlichkeit der Antarktis nichts entgegenzusetzen. Erst mit dem Aufbruch lösten sich die Zweifel auf. Jetzt wurde harte Wirklichkeit, was vorher Tagtraum gewesen war. Und tatsächlich: Es gelang mir mit Arved Fuchs in 92 Tagen diese enorme Entfernung zurückzulegen. Sie entspricht dem Weg von Berlin nach Moskau und zurück. Durch Eis und Spaltenzonen, bei Temperaturen zwischen 30 und 40 Grad minus.

Lassen Sie sich, wenn Sie ein großes Projekt planen, nicht von der Angst lähmen. Wenn man alle vorhersehbaren Schwierigkeiten ausgeschaltet hat, muss man den Mut haben loszugehen. Oft wird es Ihnen so gehen wie mir, dann verlieren sich alle Zweifel im Tun. Und das ist auch gut so, man kann nicht unentwegt gegen Zweifel ankämpfen – das kostet zuviel Kraft. Die Angst, dass es an dieser oder jener Stelle Schwierigkeiten geben könnte, bleibt dagegen oft bis zuletzt. Sie mildert sich etwas ab, wenn ich losgehe, aber sie verschwindet nie ganz.

Aber das schadet nicht. Es gibt keinen Mut ohne Angst. Das Bild vom furchtlosen Helden täuscht, es ist ein Fantasieprodukt. Ohne Angst lebt kein Grenzgänger lange. Ich respektiere die gewaltige Kraft der Natur und mein eigenes Begrenztsein – das gibt mir die nötige Vorsicht, die mich trotz aller Gefahren hat überleben lassen.

» Akzeptieren Sie Ihre Angst, aber lassen Sie sich nicht von ihr lähmen. Lassen Sie die Zweifel beim Aufbruch hinter sich. «

Aus dem Scheitern lernen

Wenn man ein Projekt plant, sollte man sich gedanklich auch mit dem Scheitern auseinander setzen. Ich bin häufig gescheitert. Heute bin ich froh darüber, weil ich beim Scheitern mehr gelernt habe als bei den Erfolgen. Wenn wir erreichen, was wir wollen, wissen wir oft gar nicht, warum wir erfolgreich sind. Aber beim Scheitern merken wir, was wir falsch gemacht haben. Wir können uns korrigieren und dadurch immer besser werden.

Ich bin oft gescheitert. Um alle 14 Achttausender zu besteigen, habe ich 31 Versuche gebraucht. Stark in Erinnerung habe ich auch meinen katastrophalen Versuch, nach der Antarktis nun mit meinem Bruder Hubert die Arktis zu durchqueren. Das sind nur 2000 Kilometer, aber über viel schwierigeres Gelände. Bei der Antarktis hatte ich es mit Festland zu tun, auf dem ein Eispanzer liegt. Am Rand der Arktis ist jedoch im Sommer nur Wasser, im Winter eine dünne Eisschicht, die man überqueren muss, um überhaupt auf dickes Eis zu kommen.

Eine erste gemeinsame Reise mit Hubert der Länge nach durch Grönland zeigte, dass unsere Zusammenarbeit gut funktionierte. Mit dem Know-how, das wir in Grönland gewonnen hatten, glaubten wir, ein bisschen überheblich, auch die Arktisüberquerung zu »packen«. Anfang März gingen wir los. Es herrschte noch arktische Nacht. 20 Stunden Dunkelheit, 4 Stunden Zwielicht. Das Thermometer zeigte 52 Grad minus. Ein Hubschrauber setzte uns an der sibirischen Küste ab. Wir gingen los, obwohl leichter Nordwind herrschte. Vom Pol her blies uns der Wind ins Gesicht, und wir mussten Nasen und Wangen mit Masken schützen, sonst hätten wir Erfrierungen erlitten. Das Eis, auf dem wir liefen, war nur 15 Zentimeter dick, alles wackelte. Nach zwei Tagen waren wir in der Mitte des Gürtels, der um das zentrale Eis um den Nordpol herumlag. Also balancierten wir an der gefährlichsten Stelle entlang. Wir lagerten vor einer Eisbarriere, im Windschatten, als plötzlich das Chaos um uns herum ausbrach. Es begann, im Eis zu krachen und zu hämmern und zu quietschen. Wie in einer Metallfabrik. Wir krochen hastig aus dem Zelt heraus und merkten, dass das Eis um uns herum aufbrach!

Wir hatten nicht einmal Zeit, das Zelt abzubauen. Wir rissen es aus dem Boden heraus und brachten unsere Ausrüstung auf eine größere Eisscholle. Es war noch immer dunkel, nur wenig aufgehellt durch das Mondlicht. Um uns erstreckte sich das riesige Polarmeer. Und wir hatten keine Ahnung, was passierte. Erst später ist uns klar geworden, was genau wir erlebt hatten. Der Wind, gegen den wir aufgebrochen waren, war inzwischen viele Kilometer entfernt zum Sturm angewachsen. Das hatte mächtige Eisschollen, die so groß wie ein Bundesland waren, zur Küste hingedrückt. In dieser Nacht wurde das dünne Eis am Rande zusammengeschoben wie eine Ziehharmonika. So entstanden Wasserrinnen und Eisplatten. Dieses sandwichartig zusammengepackte Eis wurde immer dicker, aber gleichzeitig wurden die Schollen immer kleiner.

Wir waren in dieser Situation völlig auf uns allein gestellt. In dieser Nacht hätte uns niemand retten können. Natürlich sind wir nicht weiter zum Pol, sondern zurückgegangen. So gut es noch ging.

Im Grunde ist dieses Packeis ähnlich wie die schnelllebige, sich schnell wandelnde Welt, in der Sie sich heute bewegen. Wer glaubt, in einer solchen Situation überleben zu können, indem er sich hinhockt und sagt: »Es wird schon gut werden«, der kommt sicher nicht heraus. Wir haben instinktiv versucht, von einer Eisinsel auf die andere zu springen und unsere Habseligkeiten mitzunehmen, um nicht zu erfrieren und zu verhungern, wenn wir längere Zeit auf den einzelnen Schollen hätten aushalten müssen. Wenn Sie sich also Tag für Tag, Schritt für Schritt im Chaos der globalisierten Welt zurechtzufinden versuchen, werden Sie feststellen, dass Kreativität und Ihre Flexibilität Ihnen zumindest eine Chance geben, weiterzukommen.

Wir haben in dieser Nacht einen Schlitten verloren, und mein Bruder ist ins Wasser gefallen – bei dieser Temperatur war das sehr gefährlich. Aber wir sind schließlich aus dem Eis herausgekommen. Als wir kurz darauf Wissenschaftler auf einer Expedition begleiteten, wagten wir es, einen Abstecher zum Nordpol zu machen. Dabei stellten wir fest, was wir alles falsch gemacht hatten: Wir hätten nicht gegen den Wind ins Eis gehen dürfen. Außerdem waren unsere Schlitten beim ersten Anlauf zu dünnwandig, um über 2000 Kilometer kantiges Eis gezogen zu werden.

Außerdem waren wir zu langsam. Wir hatten damit gerechnet, dass wir 25 Kilometer pro Tag schaffen würden. Doch selbst im April, bei Tag, schafften wir höchstens 20 Kilometer. Damit wäre unsere Rechnung nicht aufgegangen, und wir wären nicht rechtzeitig in

Kanada angekommen, wir hätten also zu wenig Nahrungsmittel gehabt. Ich sagte zu meinem Bruder: »Lass uns diese Fehler korrigieren und es noch einmal versuchen.« Dann allerdings bin ich in Südtirol von der Mauer gefallen und war einige Jahre lang außer Gefecht.

Zum Glück habe ich in meinem Leben die Möglichkeit gehabt, oft genug zu scheitern und daraus zu lernen. So konnte ich auch als Invalide weiterleben. Bis ich wieder fit war. Mein kostengünstiger »Alpenstil« erlaubte es mir, all meine Expeditionen zu den großen Bergen selbst zu finanzieren. Früher konnte ich es mir nur leisten, alle zwei bis drei Jahre einmal bei einer großen Tour dabei zu sein, denn jeder Teilnehmer musste ja einen finanziellen Beitrag leisten. Dank des neuen Stils konnte ich pro Jahr zwei bis drei Expeditionen zu den Achttausendern durchführen. Und ich konnte mir das Scheitern leisten, weil nicht so viel Geld auf dem Spiel stand. Nur so konnte ich durch Versuch und Irrtum an die Grenze des Machbaren herankommen. Der Erfahrungsvorsprung, den ich dabei gewonnen habe, hat mir in dieser Sparte des Bergsteigens ein weltweites Leadership ermöglicht. Das hat mich natürlich beflügelt.

Erfolg ist auf Dauer nur möglich, wenn man auch scheitern darf. Sonst drohen Realitätsverlust und Selbstüberschätzung. Nutzen Sie die Chance, aus Ihren Misserfolgen zu lernen. Und versuchen Sie, die verständliche Angst vor Versagen und Imageverlust in den Griff zu bekommen. Mir bedeutet das Image weniger als die gewonnene Erfahrung.

Sagen Sie sich immer wieder: Abbruch ist kein Makel. Dass Sie diesmal gescheitert sind, wird Ihnen beim nächsten Mal vielleicht zum Erfolg verhelfen, weil es Sie frei macht hat für neue Ansätze.

» Wagen Sie die »Versuch-und-Irrtum«-Methode – aus Erfahrungen lernt man am effektivsten! «

Keine Fehler macht nur der, der nichts wagt. Ob aus Vorsicht oder Angst vor Versagen bleibt sekundär. Die panische Angst zu scheitern bremst nicht nur die Tat, sondern auch den Erfahrungsprozess im

Leben. Deshalb werden Menschen, die handeln und scheitern, auf lange Sicht mehr Erfolg haben als Zögerer, Zweifler, Abwarter.

Ich selbst bin ein Spieler. Ich setze alles ein, um ein Ziel zu erreichen: meine Möglichkeiten, meine Kreativität, meine Erfahrung, mein Know-how. Nicht, dass ich mein Leben wegwerfen wollte, aber ich spiele. Zum Glück habe ich bisher öfter gewonnen als verloren.

Die Entscheidung, umzukehren

Oft regt das Scheitern zu neuen Kombinationen in der Lösung von Problemen an. Das »Nicht-mehr-ein-noch-aus-Wissen« wird zum Ausgangspunkt einer neuen, schöpferischen Idee.

Aus diesem Grund fasziniert mich der Polarforscher Ernest Shackleton, eine sehr interessante Persönlichkeit. Keines seiner Ziele hat er erreicht. Aber wie er nach dem Versuch, die Antarktis von Meer zu Meer zu durchqueren, und dem schrecklichen Schiffbruch seine Männer nach Hause gebracht hat, ist unglaublich. Damit ist er berühmt geworden. Shackleton wurde immer erst am *point of no return* richtig gut, vorher war er eher ein Zögerer und kein besonders guter Organisator. Er hätte 1914 nicht ins Weddell-Meer hineinfahren dürfen, viele Leute hatten ihn vor dem Packeis gewarnt. Es war nicht besonders klug, dass er trotzdem weiterfuhr. Aber als das Schiff feststeckte und man feststellte, dass es nicht mehr zu retten war, erwies sich Shackleton als hervorragende Führungspersönlichkeit in dieser Notsituation. Die Mannschaft hat ihm viel Vertrauen gegeben, und umgekehrt ist Shackleton dem Vertrauen, das seine Leute in ihn gesetzt haben, gerecht geworden.

Wenn Sie bei Ihrem Projekt den *point of no return* erreichen, wenn also ein Zurück nicht mehr möglich ist, gibt es auch keine Zweifel mehr. Wenn Sie dann anfangen zu zögern, sind Sie tot oder Ihr Projekt geht den Bach runter. Sie können nur noch die Flucht nach vorne antreten – und wenn Sie genug Energie, Know-how und Können haben, wird es Ihnen gelingen, sich mit Ihren Leuten aus der schlimmsten Situation herauszuschlagen. Oft genug ist mir das beim Felsklettern so gegangen. In manchen Situationen glaubte ich, in einer glatten Felswand am Ende meiner Möglichkeiten zu sein. Es ging nichts mehr. Zurückzuklettern war unmöglich, sonst hätte ich es getan. Und jedes Mal fand ich einen Griff, eine fingerbreite Leiste, auf der ich stehen konnte, und zuletzt konnte ich weiterklettern.

Wie schon berichtet hatte ich nach meinem Sturz in die Gletscherspalte am Everest beschlossen, zurückzukehren, trotzdem bin ich weitergeklettert. Doch wenn die Situation wirklich aussichtslos ist, akzeptiere ich das und kehre um. So ging es mir zum Beispiel, als ich im Himalaja die Dhaulagiri-Südwand erkletterte und mit Neuschneelawinen zu kämpfen hatte. Ich hatte mich während der Vorbereitungszeit mit der Möglichkeit des Scheiterns auseinander gesetzt, und nun war sie eingetroffen – wie eine Selbstrettung. Wer allerdings nach einer solchen Entscheidung mit dem Schicksal hadert, verschwendet die Kraft, die er für seinen nächsten Versuch braucht.

Eine Expedition abzubrechen bedeutet in diesem Zusammenhang nicht nur weiterzuleben, es bedeutet auch einen Zuwachs an Überlebensinstinkten. Die Erkenntnis »Bis hierher und nicht weiter« kommt oft spontan, instinktiv, nicht selten in Bruchteilen einer Sekunde. Ich gebe ihr nach.

» Belächeln Sie Ihre Instinkte nicht und achten Sie gerade bei wichtigen Entscheidungen auf Ihr »Bauchgefühl«. «

Der Mensch denkt nicht nur mit dem Hirn, sondern auch über die Haut, die Sinne. Wir können viele Dinge nicht begreifen, sondern nur ahnen. Ich bin überzeugt davon, dass die Instinkte, die vielfach aus unserer evolutionären Entwicklung stammen, noch in uns liegen. Sie sind uns rational nicht zugänglich, aber sie helfen uns im Notfall. Man sollte sie nicht als »minderwertig« oder »tierisch« abtun. Ich halte sie für genauso wichtig wie den Verstand. Hören Sie, wenn es um schwierige Entscheidungen geht, genauso auf Ihre Instinkte, auf Ihr »Bauchgefühl«, wie auf die rationalen Argumente Ihres Verstandes!

Auf der Suche nach neuen Lösungen

Besonders in schwierigen Situationen sind Sie auf Ihre Kreativität angewiesen, um neue Lösungen zu finden und das drohende Scheitern abzuwenden. Aber auch wegen des schnellen Wandels. Wichtig ist, sich immer wieder neue Visionen und Ziele zu suchen. Kreativität halte ich für einen entscheidenden Schlüssel zum nachhaltigen Erfolg. Kompetenz kommt nicht vom Lernen oder Haben. Auch Besitz von Wissen ist langweilig. Deshalb hier ein paar Tipps, wie Sie sich das kreative Denken und Träumen erleichtern können:

- Unter freiem Himmel sind auch die Gedanken weiter.
- Im Gehen denkt es sich klarer.
- Vermeiden Sie Gedanken, um Ihre Gedanken zu klären. Entspannen Sie Ihren Geist, wenn Sie sich auf eine schwierige Situation vorbereiten.
- Wenden Sie die Aufmerksamkeit nach innen, auf sich selbst und Ihre Visionen. Lassen Sie sich dabei nicht von äußeren Dingen ablenken.
- Visualisieren Sie Ihre Realutopien immer wieder, am besten auch im Halbschlaf.
- Stellen Sie sich geplante Veränderungen im entspannten Zustand vor.
- Lernen Sie durch direkte Erfahrung und Schlussfolgerungen.
- Zwei Dinge können nicht gleichzeitig Priorität haben.

Oft werde ich gefragt, warum ich nach so vielen Gefahren und schwierigen Momenten immer wieder zurückkehre in Regionen der Erde, in denen jeder Fehler tödlich sein kann. Meine Antwort ist dann gewöhnlich: Man kann Lebensfreude nicht kaufen, obwohl sie überall angeboten wird. Auch Existenzerfahrung wird uns nicht geschenkt. Das alles muss man erleben. Ich kann es am besten in der Wildnis. Ich bestehe aus Erinnerungen. Mehr noch bestehe ich aus Tagträumen. Vielleicht gelingt es mir deshalb so leicht, schwierige Momente zu vergessen und neuen Grenzgängen Sinn zu geben.

Reinhold Messners Spezialtipp

Wenn ich Ihnen nur ein einzigen Tipp geben könnte, dann wäre es: *Leben Sie Ihr eigenes Leben!* Der Mensch hat von Natur aus keinen Beruf, sondern höchstens eine Berufung. Ich bin überzeugt davon, dass ein Mensch, der in seiner Sache aufgeht, weiterkommen wird – aus Begeisterung, nicht aus irgendeiner Verpflichtung heraus.

Ich habe gelesen, dass in der modernen Industriegesellschaft nur 20 Prozent der Menschen ihren eigenen Weg gehen. Es ist tragisch, dass die allermeisten Menschen aus gesellschaftlichen oder rein praktischen Gründen ihrer Begeisterung nicht nachgeben können und fremdbestimmt leben. Ein selbstbestimmtes Leben, so relativ unsere Freiheit auch sein mag, ist nicht einfach zu erreichen. Wie oft ist mir vorgeworfen worden, ich würde mit meinen Klettertouren vor der Realität flüchten. Ich aber hatte vielmehr das Gefühl, *in* die Realität zu flüchten: Wenn ich da oben war, besonders in einer Grenzsituation, stand ich in der Mitte meines eigenen Lebens.

Diese Erfahrung wünsche ich auch Ihnen.

Mehr von Reinhold Messner:

- Mount Everest. Expedition zum Endpunkt. München 2003.
- Die weiße Einsamkeit. Mein langer Weg zum Nanga Parbat. München 2003.
- K2 Chogori. Der große Berg. München 2004.
- Berge versetzen. Das Credo eines Grenzgängers. München ^{5}2004.

Dr. Marco Freiherr von Münchhausen

Jurist und Verleger, gibt Seminare und hält Vorträge zu den Themen Motivation, Selbstmanagement und Work-Life-Balance. Bei der Recherche zu den psychologischen Hindernissen auf dem Weg zu privater Zufriedenheit und beruflichen Spitzenleistungen begegnete er immer wieder dem inneren Schweinehund.

Weitere Informationen: www.vonmuenchhausen.de

Marco von Münchhausen

Friedlich leben mit dem inneren Schweinehund

Vom ärgsten Feind zum besten Freund

Sie kennen das: Zum Jahreswechsel hat man sich die besten Vorsätze gefasst – endlich mit dem Rauchen aufhören, mehr Sport, eine gesunde Lebensweise, den Keller entrümpeln und und und. Mit viel Energie startet man in den ersten Tagen; doch schon bald kommt etwas dazwischen: Das Lauftraining muss wegen dringender Termine verschoben werden, der Diätplan kann aufgrund des opulenten Geburtstagsmahls der Oma nicht durchgehalten werden, die Kellersäuberungsaktion wird wegen des überraschenden Besuchs lieber Freunde nicht in Angriff genommen. Und prompt: Alle guten Vorsätze verschwinden nach und nach im hintersten Gedankenstübchen. Unser innerer Schweinehund hat es wieder einmal geschafft, unsere Pläne zunichte zu machen. Dieser kleine Saboteur – unser ärgster Feind? Marco von Münchhausen wird Ihnen zeigen, wie Sie es schaffen, aus dem Verhinderer einen Verbündeten in Sachen dauerhafter Verhaltensänderung zu machen. Sie werden staunen: Schon bald kann aus dem böswilligen kleinen Störer ein echter Freund fürs Leben werden, der Ihnen hilft, Ihre persönlichen Ziele mit weniger Anstrengung und mehr Erfolg zu erreichen.

Der Schweinehund im Alltag

Es geschah am Abend – da hat er wieder zugebissen! Ich wollte endlich wieder mal nach der Arbeit joggen, hatte schon Sportklamotten und Pulsuhr aus dem Schrank geholt – aber mein innerer Schweinehund hat sich so an mir festgebissen und mich aufs Sofa gezerrt, dass ich nicht mehr nachgeben konnte – ich blieb zu Hause. Die Folge: Jetzt plagt mich das schlechte Gewissen, weil ich so schwach bin!

Ach, Sie kennen das, den Kampf mit dem inneren Schweinehund? Das ist dieser unsägliche innere Widerstand, den wir immer wieder überwinden müssen, wenn wir etwas in unserem Leben verändern wollen.

Was ist das nur für eine Kraft, die uns oft abhält, etwas Neues anzugehen? Wieso sind so viele unserer guten Neujahrsvorsätze schon Mitte Januar »Schnee von gestern« geworden? Natürlich, es ist der innere Schweinehund! *Er frisst unsere Vorsätze! Daher ist Neujahr auch das »Festival der Schweinehunde«!* All die guten Vorsätze, die wir fürs neue Jahr fassen, lassen ihnen das Wasser in den Mäulern zusammenlaufen: So viel Futter ist ihnen selten vergönnt.

Die meisten Menschen kennen die Verführungskünste ihres eigenen inneren Schweinehunds! Doch ist es nicht langsam an der Zeit, den beschränkenden Einfluss dieses kleinen Saboteurs auf uns zu mindern und die unsichtbaren Grenzen dort zu überschreiten, wo es um die Verwirklichung unserer Vorhaben und um unser persönliches Wachstum geht?

Dafür gilt es als Erstes klar zu erkennen, in welchen Lebensbereichen uns dieser Saboteur immer wieder austrickst. Und das ist erfahrungsgemäß von Mensch zu Mensch sehr verschieden und beruht wohl darauf, dass unsere Schweinehunde unterschiedliche Begabungen und »Ausbildungen« besitzen. Infolgedessen haben sie sich – wie wir Menschen auch – spezialisiert. Zwar wird jeder Schweinehund in mehreren Alltagssituationen aktiv, aber fast alle haben – je nach Struktur und Persönlichkeit ihres Herrchens oder Frauchens – ein oder zwei Hauptaktionsfelder.

Die Übersicht »Wo der Schweinehund regiert« zeigt die häufigsten Aktionsbereiche des inneren Schweinehundes. Anhand der nachfolgenden Checkliste haben Sie dann die Möglichkeit, das *Tätigkeitsprofil Ihres eigenen Schweinehundes* zu ermitteln: *wo* er Ihnen im Alltag begegnet und *wie stark* er Sie dort beeinträchtigt. So können Sie sich nicht nur bewusst machen, in welchen Bereichen des Alltags Sie den Angriffen dieses Saboteurs immer wieder ausgesetzt sind, sondern auch, wie viele Dinge Ihnen persönlich *nicht* schwer fallen, während andere damit zu kämpfen haben.

Wo der Schweinehund regiert

	Bereich	Insbesondere
1	**Gesundheit und Ernährung**	• Gesundheitschecks beim Arzt • Gesunde Ernährung, Abnehmen • Aufgeben ungesunder Gewohnheiten
2	**Fitness und Bewegung**	• Regelmäßige Bewegung, z. B. Joggen, Fitnessstudio und sonstiger Sport • Verzicht aufs Autofahren
3	**Berufsalltag**	• Regelmäßige Zeitplanung • Ablage abarbeiten • Ehrlichkeit und Integrität • Fortbildung
4	**Projekte über die Bühne bringen**	• Ausbildung • Prüfungsvorbereitung • Abschlussarbeiten und Promotion • Präsentationen
5	**Neues anpacken oder lernen**	• Umgang mit Computer/Internet • Tanzkurs • Musikinstrument • Fremdsprache

Bereich	Insbesondere
6 **Aufräumen und Ordnung halten**	• Keller, Speicher, Garage • Gartenarbeit • Bügeln • Schreibtisch, Schubladen, Schränke • Akten und Ordner
7 **Vor wichtigen Entscheidungen**	• Berufswahl oder -wechsel • Wohnungswechsel • In Beziehung und Partnerschaft
8 **Kontakte mit anderen**	• Wichtige Briefe und Telefonate • Fällige Einladungen und Besuche • Rückgabe entliehener Sachen • Ehrlichkeit in Familie, Partnerschaft, Freundeskreis
9 **Zivilcourage**	• In der Öffentlichkeit für eine Person oder Sache Partei ergreifen • Eine Rede halten • Engagement in Politik, Sozialem und Umwelt
10 **Bildung und Kultur**	• Mehr lesen/weniger fernsehen • Theater, Konzerte, Vorträge und Ausstellungen besuchen • Innehalten und Ruhen
11 **Innehalten und Selbstbesinnung**	• Meditieren • Zeiten der »Einkehr« • Auch mal nichts tun
12 **Allgemein**	Bei allem, wozu wir uns aufraffen und überwinden müssen, oder wann immer wir einer Gefahr ins Auge blicken sollen

Der nächste Schritt ist festzustellen, mit welchen Mitteln Schweinehunde am Werk sind. Der nächste Abschnitt gewährt Ihnen einen nahezu umfassenden Einblick in die Trickkiste dieser Scharlatane.

Tricks und Taktiken der Schweinehunde

An einem geheimen Ort, fernab jeglicher Zivilisation, soll sich in einer großen Höhle die Schweinehunde-Schule befinden. Dies jedenfalls wird von einer Reihe nicht unbedeutender Schweinehunde-Forscher berichtet. Während ihre späteren Herrchen und Frauchen noch in den Kinderschuhen stecken, erhalten die jungen Schweinehunde dort eine solch perfekte Ausbildung wie ein Geheimagent. Sie lernen nicht nur alle möglichen Tricks und Taktiken, sondern vor allem, »im Untergrund« zu arbeiten, also weitgehend unbemerkt zu agieren. Einer der Grundsätze ihrer Ausbildung lautet folglich: »Solange du nicht bemerkt wirst, kannst du ungestört agieren.«

Und das scheinen die kleinen Saboteure mit den ach so raffinierten Tarnkünsten hervorragend zu beherrschen. Die meisten Menschen erkennen erst hinterher, dass sie daran »gehindert wurden«, ein Vorhaben zu verwirklichen oder sich zu überwinden, etwas Schwieriges anzugehen. Sie werden sich des inneren Schweinehundes fast immer erst bewusst, wenn er schon »zugeschlagen« hat, beispielsweise einen Vorsatz erfolgreich sabotiert (= gefressen) hat. Viele Erwachsene geben, wenn man sie nach ihrem inneren Schweinehund fragt, zu: Ja, ja, natürlich hätten sie einen (den hätte doch wohl jeder) – aber bewusst spüren? Selten!

Ob die Theorie von der Schweinehunde-Schule wirklich stimmt oder alles nur ein Märchen ist? Wer weiß! – Es spricht jedoch einiges für deren Existenz, denn fest steht: Der innere Schweinehund ist einer der raffiniertesten Geheimagenten, die es gibt. Wie ist das nur möglich, wie können wir uns als erwachsene, intelligente Menschen so austricksen lassen, ohne es richtig zu bemerken? Dafür gibt es *zwei Hauptursachen*:

- Wir haben uns an unseren inneren Schweinehund schon so *gewöhnt*, ja, das Aufschieben oder Unterlassen von Dingen geschieht bereits so *automatisch*, dass wir es oft gar nicht mehr bemerken.

- Schweinehunde sind *Meister der Verkleidung* und können sich tatsächlich hervorragend verstecken. Man kann sie nicht einmal riechen. (Es stinkt einem erst, wenn sie erfolgreich waren!) Vor allem aber sind sie hoch intelligent und äußerst kreativ im Produzieren von *Ausreden*, insbesondere in der beliebten Ja-aber-Form. Oft geht es dann wie im bekannten »Hase-und-Igel-Wettlauf«: Der Schweinehund ist mit seinen Einwänden und Ausreden immer schon da!

Wenn wir dieser Situation ein Ende setzen und uns nicht weiter sabotieren lassen wollen, ist der erste entscheidende Schritt, die verschiedenen *Tricks und Taktiken* unseres inneren Schweinehundes *kennen zu lernen*. Dann bemerken wir ihn leichter, wenn er uns wieder einmal ins Handwerk pfuschen will. Gegen einen unsichtbaren Gegner hat man nämlich kaum Chancen – erst wenn man weiß, wo er steht und mit welchen Tricks er operiert, ist es möglich, ihm wirksam entgegenzutreten!

Unser Schweinehund kann unsere Vorhaben *zu unterschiedlichen Zeitpunkten sabotieren*:

- Er kann bereits *im Vorfeld den Entschluss* zum Handeln verhindern.
- Er kann dafür sorgen, dass der Wurm *in der Entscheidung selbst* steckt.
- Und wenn er damit immer noch nicht erfolgreich war, wird er sich darauf verlegen, *die Ausführung* zu sabotieren, um uns *hinterher* unser Bewusstsein zu vernebeln und uns bei jedem aufkeimenden Zweifel tröstend »einzulullen«.

Wie wird Ihr Schweinehund aktiv? Mit welchen Sprüchen und Taktiken überzeugt er Sie, lieber auf dem Sofa zu lümmeln, als ein kompliziertes oder unangenehmes Unterfangen anzugehen? Machen Sie sich seine Verführungskünste anhand der folgenden Checkliste bewusst.

Die beliebtesten Sprüche und Taktiken Ihres Schweinehundes

Sie können für jeden Spruch bzw. jede Taktik 0 (= Gibt's bei mir nicht!) bis 6 Punkte (= Kenn ich nur zu gut!) verteilen. Markieren Sie anschließend die zehn häufigsten Tricks Ihres Schweinehundes, um sie separat notieren zu können.

Spruch/Taktik	Schweinehund-Aktivität					
	gering					*stark*
1 Im Vorfeld der Entscheidung	**1**	**2**	**3**	**4**	**5**	**6**
»Ich kann nicht!«						
»Ich schaff das nicht!«						
»Das geht doch gar nicht!«						
»Das kann doch kein Mensch!«						
»Das ist viel zu schwierig!«						
»Das lohnt sich nicht!«						
»Das hat doch sowieso keinen Sinn!«						
Vermeintliche Pflichterfüllung						
Falsche Rücksichtnahme						
»Das tut man nicht!« (Moral)						
»Ich müsste, sollte, könnte ...«						
»Eigentlich dürfte ich nicht so viel ...«						
»Mann sollte, man müsste ...«						
»Ich kann noch nicht, ich müsste erst noch ...«						
»Das macht doch nichts!«						
»Das ist doch nicht so wichtig!«						
»Andere tun's ja auch (nicht)!«						
»Das ist nicht unsere Aufgabe!«						
»Dafür bin ich nicht verantwortlich!«						
»Was geht mich das an!?«						
»Das können andere besser!«						
»Das war schon immer so!«						
»Das hab ich nie (so) gemacht!«						

	1	2	3	4	5	6
»Wo kämen wir hin, wenn ...!?«						
»Lieber nichts riskieren!«						
»Was, wenn es schief geht?«						
»Besser den Spatz in der Hand ...«						

	gering					*stark*
❷ In der Entscheidung	**1**	**2**	**3**	**4**	**5**	**6**
»Ich will/werde versuchen ...«						
»Ich will gesünder leben.«						
»... weniger arbeiten.«						
»... häufiger Sport treiben.«						
»... sparsamer leben.«						
»... mehr Geld verdienen.«						
»... bald mal ...«						
»Irgendwann muss ich mal ...«						
Keine Pläne						
Keine Termine						
»Jetzt pack ich's aber an!«						
»Jetzt räum ich mal richtig auf!«						
»Jetzt zeig ich's ihnen aber!«						
»Jetzt will ich's aber wissen!«						
Zu viel auf einmal vorgenommen						

	gering					*stark*
❸ Sabotage der Ausführung	**1**	**2**	**3**	**4**	**5**	**6**
»Ich bin einfach (noch) nicht in Stimmung!«						
Erst etwas aufräumen						
»Nur noch kurz ...«						
Mal eben telefonieren/Post sichten/einkaufen						
»Das hat noch genug Zeit!«						
Oder sonstige Ablenkung						
»Einmal ist keinmal!«						

»Nur heute ausnahmsweise!«						
»Bei dem besonderen Anlass ...!«						
»Das kostet doch viel zu viel Kraft!«						
»Das bringt doch nichts!«						
»Man lebt doch nur einmal!«						
»Lass es doch sein!«						
»Die/Der macht ja auch Pause!«						
»Die/Der hat das auch noch nicht gemacht!«						
»Die/Der unterbricht ja auch die Diät!«						
»Es ist nicht meine Schuld ...«						
»Ich kann nichts dafür ...«						
»Ich schaffe sowieso nichts!«						
»Es hat sowieso alles keinen Sinn!«						

Sehr hilfreich ist es, sich im Anschluss ans Ausfüllen die wichtigsten Taktiken nochmals auf einem extra Blatt Papier zu notieren (sozusagen die »Top 10«, also die Tricks, denen Sie Ihrer Meinung nach am häufigsten auf den Leim gehen). Wenn Sie sich diese Taktiken einmal so richtig bewusst gemacht haben, wird Ihnen wahrscheinlich in Zukunft viel leichter und häufiger auffallen, wann Sie sich gerade wieder mal etwas vormachen.

Solch eine persönliche »Hitliste« der Tricks und Taktiken leistet eine wertvolle Hilfe: Einige Teilnehmer meiner Seminare konnten berichten, es habe ihnen geholfen, ihre »Top 10«-Liste immer dabeizuhaben, um bei jedem weiteren Sabotageversuch ihres Schweinehundes sofort zu reflektieren: »Na, mit welchem Spruch oder Trick wollen wir's denn heute wieder mal probieren?« Und einmal ertappt, habe der Schweinehund häufig das Feld geräumt. Manche Seminarteilnehmer trugen ihre Hitliste eine Zeit lang in der Hosentasche bei sich, andere hatten sie auf eine Seite in ihrem Zeitplanbuch geschrieben, und die Technikfreaks, wie sollte es auch anders sein, hatten sie in ihren PC-Organizer eingegeben. Ein Freund von mir hatte sich gar ein Poster fürs »stille Örtchen« gebastelt, und zwar aus seinen »Top 10« und einem – zuvor eingescannten – Bild des schelmisch grinsenden Schweinehundes. Sie sehen, auf dem Weg zur Bewusstwerdung sind der Fantasie keine Grenzen gesetzt. Und das könnte sogar Ihrem kleinen Begleiter Spaß machen, denn an Humor mangelt es den Schweinehunden nicht!

Strategien im Umgang mit dem Schweinehund

Jetzt geht's zur Sache, nämlich um die Frage, wie Sie am sinnvollsten mit diesem eigenartigen Lebensgefährten zurechtkommen, der Ihnen so häufig zu schaffen macht.

Vorab gilt es allerdings, bestimmte *Gesetzmäßigkeiten* im »Zusammenleben« mit dem Schweinehund zu erkennen und anzunehmen, zumindest wenn man sich viel vergebliche Mühe und anstrengende Umwege ersparen will. Hier die vier Grundregeln im Umgang mit dem kleinen Saboteur:

1. *Wir können vor dem Schweinehund nicht weglaufen …* Diese Spezies ist extrem anhänglich und ihrem jeweiligen Herrchen oder Frauchen immer ergeben und treu. Schweinehunde folgen Ihnen stets auf dem Fuße und lassen sich nicht abschütteln. Sie mögen noch so schnell laufen oder in die entferntesten Regionen dieses Planeten fliegen – Ihr Schweinehund wird Sie als blinder Passagier begleiten. Schon so mancher Reisender dachte, er habe es geschafft und sei endlich alleine unterwegs. Doch schon als er sich nicht traute, der hübschen Stewardess ein Kompliment zu machen, merkte er: Sein kleiner Begleiter war mit an Bord!

   … und auch vertreiben lässt er sich nicht! Schweinehunde kommen immer zurück. Mögen sie auch noch so unsanft aus dem Hause gejagt worden sein, nach kurzer Zeit sind sie wieder da, und sei es durch die Hintertür. Verschmitzt wird Ihr kleiner Schweine-

hund durch den Türspalt grinsen, während Sie vielleicht schon feiern, endlich Ihr Leben alleine zu regieren. Irrtum! Und versuchen Sie es bitte auch gar nicht erst mit irgendwelchen Sicherheitsvorkehrungen. Ein Schweinehund kennt alle Tricks, sich wieder einzuschleichen. Noch dazu ist er ein Meister der Verkleidung und des Sich-unsichtbar-Machens. Es kann also vorkommen, dass er schon wieder eine ganze Weile an Ihrer Seite ist, bis Sie es bemerken.

2. *Wir können den Schweinehund nicht auf Dauer einsperren.* Viele Menschen versuchen, ihren inneren Schweinehund in den tiefsten Verliesen ihrer Persönlichkeit hinter Schloss und Riegel zu bringen, indem sie ihr Leben »in den festen Griff eiserner Disziplin pressen«. Doch damit ist der kleine Feind keineswegs besiegt – im Gegenteil: Er ist nur ins »Schattenreich der Persönlichkeit« verbannt und wird dort (unsichtbar und somit umso gefährlicher) wie jeder Gefangene alles daransetzen, auszubrechen und gegebenenfalls sogar Rache zu üben – je nachdem, wie unbarmherzig und hart die Haft im inneren Kerker für ihn war. Und eines weiß er: Auf Dauer ist strengste Disziplin nicht durchzuhalten. Wer seinen Schweinehund also einsperrt, muss notgedrungen immer wieder mal »die Sau rauslassen« …

3. *Wir dürfen dem Schweinehund nicht die Herrschaft überlassen.* In einem Staat, der jedem Widerstand nachgibt, entsteht Anarchie. Übertragen auf uns heißt das: Wenn wir willenlos unserem inneren Schweinehund folgen, werden wir früher oder später gar nichts mehr »auf die Reihe« bekommen, sondern stattdessen »vor die (Schweine-)Hunde gehen«! Das ist also mit Sicherheit nicht die Lösung, so einfach sie auch erscheinen mag. Sie müssen ihm also Paroli bieten – wie, das lernen Sie gleich.

4. *Wir müssen lernen, mit unserem Schweinehund zu leben – ihn zu zähmen.* Das bedeutet zunächst, den kleinen Saboteur als sogar not-

wendigen Lebensbegleiter zu akzeptieren, den Wunsch zu entwickeln, uns intensiv und ehrlich mit ihm auseinander zu setzen, um dabei klar zu erkennen, bei welchen Gelegenheiten und mit welchen Tricks er uns ins Handwerk pfuscht. Gleichzeitig geht es natürlich darum, Strategien und Mittel zu finden, die es uns ermöglichen, trotzdem (ja sogar Hand in Hand mit unserem kleinen Begleiter) unsere Ziele und Vorhaben zu verwirklichen. Auf diese Weise kann er sogar vom ärgsten Feind zum besten Freund werden.

Den Schweinehund akzeptieren

Wie kann das funktionieren – ein Leben in Freundschaft mit dem Schweinehund? Schließlich ist er es ja, der unseren Seelenfrieden durch seine Sabotagetricks untergräbt. Da scheint es im ersten Moment nur logisch, unseren ständigen Begleiter mit allen Mitteln zu bezwingen. Doch nach der heute überwiegenden Ansicht der Psychologie geht es nicht darum, etwas in uns zu bekämpfen, zu unterdrücken, zu »verteufeln« oder gar abzutöten, sondern vielmehr darum, es wahrzunehmen und zu *integrieren*. Denn:

» Solange wir einen Teil von uns bekämpfen, bekämpfen wir uns selber. Erst wenn wir es schaffen, diesen Teil anzunehmen und zu integrieren, kommen wir weiter! «

Der innere Schweinehund ist nun mal ein *Teil unserer Persönlichkeitsstruktur*, und es bleibt uns gar nichts anderes übrig, als dies zur Kenntnis zu nehmen und zu akzeptieren – ob uns das nun passt oder nicht. Ebenso wie so manche andere Seite von uns, die uns vielleicht nicht gefällt und unter der wir leiden. *Wachstum und Entwicklung der Persönlichkeit* sind grundsätzlich nur infolge von *Selbstannahme* möglich – nicht aber durch Bekämpfen eines Persönlichkeitsanteiles. »Annehmen« bedeutet daher auch nicht, dass ich mich gänzlich mit diesem

Teilaspekt von mir identifiziere beziehungsweise mich auf diesen reduziere! Es bedeutet im Gegenteil, sich zu sagen: »Ich *habe* wohl einen inneren Schweinehund, aber ich bin nicht mit diesem *identisch.*«

Nehmen wir einmal an, unsere *Persönlichkeit* bestehe aus *verschiedenen Anteilen*, die wir je nach ihrer Funktion unterschiedlich benennen. So finden wir einerseits den *Planer* in uns, die *Disziplinierte*, den *Strategen*, die *Kämpferin*, aber auch den *Genießer* in uns, die *Sinnliche*, den *Kreativen*, die *Traurige*, den *Fröhlichen* und viele weitere. Und neben all diesen und möglichen anderen Facetten unserer Persönlichkeit begegnet uns hin und wieder eben auch ein Teil, der uns zu schaffen macht und unsere Vorhaben zu sabotieren scheint: der innere Schweinehund.

Je länger und intensiver man sich nun mit diesem äußerst kuriosen Persönlichkeitsaspekt auseinander setzt, desto unausweichlicher wird die Erkenntnis, dass es sich hierbei sogar um einen *notwendigen* Teil unserer Persönlichkeitsstruktur handelt. Einer, der sogar eine sehr *sinnvolle* Funktion in unserem Leben erfüllen soll. »Böse« wird der Schweinehund ja nur, wenn man ihn nicht würdigt und ihm keinen Spielraum lässt – oder wenn wir ihn (und damit uns) zu sehr unter Druck setzen.

Doch wie sieht denn nun der »wahre Charakter« des kleinen Saboteurs aus? Vielfältige Charakterstudien an unzähligen Schweinehunden lassen etwa folgendes, hoch interessantes Profil mit unterschiedlichen, zum Teil widersprüchlichen (ambivalenten) Aspekten erkennen:

- Dem ersten Anschein nach *sabotiert* unser kleiner Feind *unsere Vorhaben*, trickst uns aus, verhindert unsere Vorsätze und agiert als störender Widersacher und Bremser im Leben.
- In vielen Fällen will der Schweinehund uns jedoch *vor Überforderung, Überarbeitung und Überanstrengung bewahren* und verhindern, dass wir durch unsinnige Auswüchse heutiger Leistungsmentalität unsere eigenen Grenzen auf uns selbst schädigende Weise überschreiten.

- Im Grunde genommen will unser Begleiter *nur unser Bestes*. Insbesondere möchte er dafür sorgen, dass es uns sofort, just in diesem Augenblick und so schnell wie möglich (wieder) gut geht; er trachtet also danach, unsere Grundbedürfnisse auf die einfachste und naheliegendste Weise zu befriedigen. Er lebt dabei im Hier und Jetzt, hat *keine Vorstellung vom Phänomen »Zukunft«*. Auch *abstrakten Ideen und Plänen* ist er *nicht zugänglich*.
- Im Übrigen ist der Schweinehund *wie ein kleines Kind*. Er will es möglichst gemütlich haben, spielen, verrückte Dinge tun, auch mal chaotisch sein, naschen, kuscheln, ausruhen, faulenzen und so manches, was kleine Kinder eben sonst noch so mögen. Wie ein Kind ist er schelmisch, verspielt, versucht uns auszutricksen, ist manchmal widerspenstig und selten folgsam. Doch dies in erster Linie nicht, um uns zu schaden, sondern nur, weil er in der Gegenwart seinen und unseren Spaß haben und Wohlbefinden verbreiten will und sich folglich allem widersetzt, was dem entgegenzuwirken scheint.

Dieses Charakterprofil beschert uns völlig *neue Aspekte*, wie wir *mit unserem inneren Schweinehund* umgehen können. Allerdings nur, wenn wir ihm wachsam und bewusst begegnen:

1. Wir können *auf ihn achten*, wenn er uns auf *sinnvolle Grenzen* in unserem Leben hinweisen will (insbesondere, wenn wir wieder mal im Begriff sind, uns zu überfordern). Wie Tom DeMarco in seinem Buch *Spielräume. Projektmanagement jenseits von Burn-out, Stress und Effizienzwahn*, so postuliert auch unser Schweinehund in vielen Fällen ein sinnvolles »Recht auf Schlaffheit«. Dies bedeutet natürlich zu lernen, *auf uns selber zu achten*.
2. Wir können *von ihm lernen*, ab und zu *wieder einmal Kind zu sein*, also in der Gegenwart zu leben, für unser momentanes Wohlbefinden zu sorgen, es uns einfach gut gehen zu lassen, zu entspannen, zu faulenzen, zu genießen, zu schwelgen, unseren inneren Schelm und Schalk rauszulassen, spontan zu sein, mal wieder etwas Verrücktes zu tun, zu weinen oder zu lachen und unser sonstiges kindliches Potenzial neu zu entdecken.

3. *Trotzdem* gilt es, dem inneren Schweinehund *Grenzen zu setzen*, um unsere sinnvollen Ziele zu verwirklichen, ohne uns von ihm dabei sabotieren zu lassen. Wie bei einem kleinen Kind dürfen wir ihm keine uneingeschränkte Freiheit lassen. Auch er muss lernen, dass es immer wieder darum geht, sich erneut aufzuraffen, sich zu überwinden und auf dem Weg zu einem Ziel durchzuhalten.

Lassen Sie Ihrem Schweinehund eine gewisse Nische, wo er leben darf! Nehmen Sie ihn an die Hand, reden Sie mit ihm und lernen Sie andererseits auch, ihm zuzuhören! Gegebenenfalls verhandeln Sie mit ihm – aber hören Sie auf, ihn ständig zu bekämpfen! Je mehr Sie *ihn* annehmen, desto weniger wird auch er *Ihre* Vorhaben bekämpfen. Und sollten Sie dennoch überzeugt sein, es gehe nicht ohne inneren Kampf, dann betrachten Sie es wenigstens als spielerischen Wettkampf. Und noch ein Tipp:

» Lassen Sie Ihren Schweinehund ruhig ab und zu gewinnen, dann wird auch er Sie gewinnen lassen. «

Auf diese Weise können Sie *aus einem vermeintlichen Gegner einen Verbündeten machen*. Mit der Zeit werden Sie immer schneller erkennen, wann es darum geht, auf den Schweinehund zu hören wie auf einen guten Ratgeber (sozusagen als Botschafter der »weisen inneren Stimme«), und wann es besser ist, ihm Grenzen zu setzen und seinen Widerstand zu überwinden. Versuchen Sie, eine *gesunde Balance zwischen sinnvollen »Schweinehunde-Zeiten« und Aktionszeiten* zu wahren!

Unterforderung und Überforderung – die stärksten Saboteure der Selbstmotivation

Haben Sie sich noch nie gefragt, was dazu führt, dass Zigtausende von Tennisspielern, Fußballern, Surfern, Bergsteigern, Schachspielern, Musikern … so viel Zeit, Energie und Geld investieren, um ihren

Hobbys hoch motiviert nachzugehen? Ganz einfach, werden Sie vielleicht antworten, es macht halt Spaß! Richtig, was aber *genau* den Spaß bewirkt, hat die Motivationspsychologen seit langem immer wieder beschäftigt.

Vor allem einer hat sich dieser Frage besonders gewidmet: Mihaly Csikszentmihalyi, Autor des Buchs *Flow – Das Geheimnis des Glücks*. Er scheint den Schlüssel zur Beantwortung dieser Frage gefunden zu haben, und er kommt zu dem zunächst vielleicht verblüffenden Ergebnis: *Einer der maßgeblichen Faktoren, um Spaß an einer Sache zu haben, ist die Herausforderung!* Entscheidend ist dabei allerdings noch ein zweiter Faktor: *Die konkrete Herausforderung muss mit den eigenen Fähigkeiten in Balance sein!* Ohne diesen zweiten Aspekt kann die Sache übel ausgehen.

Was ist damit gemeint? Drei Szenarien, die hier mittels einer »mathematischen« Gleichung dargestellt werden sollen, sind vorstellbar:

- Herausforderung > Fähigkeiten = Überforderung = Frust und Stress
- Herausforderung < Fähigkeiten = Unterforderung = Langeweile
- Herausforderung = Fähigkeiten = Spaß, Spannung = Flow

Ein Beispiel für den ersten Fall: Ein Windsurfer ist in einer Bucht bei etwa Windstärke 2 auf dem Surfbrett unterwegs. Die Windstärke ist für seine Surffähigkeiten gerade angemessen, er hat Spaß an der Sache und ist an diesem Tag sehr gut drauf, und so surft er in seinem Übermut in rasanter Fahrt aus der Bucht aufs offene Meer hinaus. Dort allerdings weht eine ganz andere Brise, von etwa Windstärke 5, sodass es ihn schnell ins Wasser haut und alle Versuche, das Segel wieder hochzuziehen, fehlschlagen. Während er durch die Strömung mit dem Brett immer weiter vom Ufer abgetrieben wird, muss er feststellen, dass er mit seinen Surfkünsten keine Chance hat: Die Herausforderung ist im Verhältnis zu seinen Fähigkeiten viel zu groß. Das Ergebnis sind höchster Stress und Angst bis hin zur Panik.

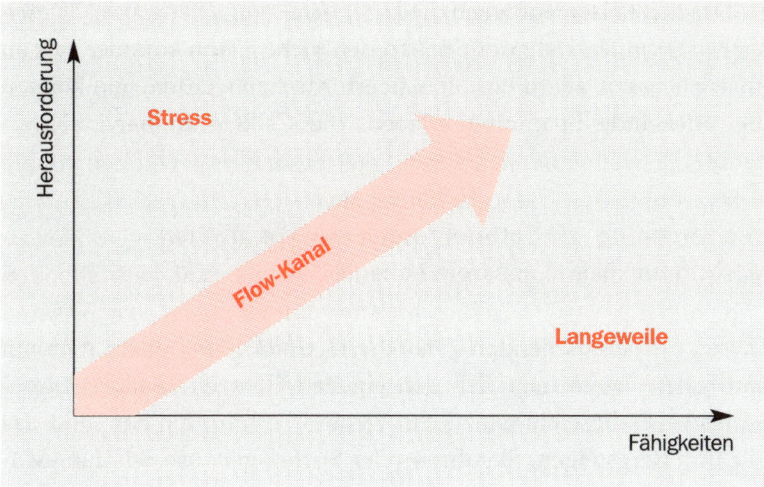

Die Geschichte ist mir übrigens vor etwa zehn Jahren tatsächlich in Griechenland so passiert, doch mit einem guten Ende, da mich ein griechischer Fischer beobachtet und aus dem Wasser gezogen hat. Bis er auftauchte, wurde mein Schweinehund allerdings immer panischer, und fast hätte er mich später nie wieder auf ein Surfbrett gelassen. – Im selben Ferienort gab es allerdings auch wahre Surf-Cracks. Die stellten sich erst bei Windstärke 6 bis 7 aufs Brett. Bei schwachem Wind unterwegs zu sein hätten sie als langweilig empfunden, weil die Herausforderung dann im Verhältnis zu ihren Fähigkeiten viel zu gering gewesen wäre.

Und noch ein Beispiel: Als Tennisspieler hätten Sie vermutlich den meisten Spaß mit jemandem, der etwa gleich gut ist wie Sie, allenfalls noch eine Spur besser, sodass mal der eine, mal der andere gewinnt und das Spielen immer wieder spannend ist. Wären Sie wesentlich schlechter, würde Sie das wahrscheinlich auf Dauer stressen und frustrieren (es sei denn, Ihr Gegenüber spielt Ihnen zuliebe auf Ihrem Niveau). Wären Sie dagegen um Klassen besser, so wäre die Langeweile programmiert. Und damit Sie die Lust am Tennis nicht verlieren, müssten Sie sich bald einen anderen Partner suchen!

Das heißt also: Nur wenn die *Herausforderung den eigenen Fähigkeiten entspricht*, entsteht der *Spaß* an der Sache. Dann kommen wir an unsere *Grenzen*, allerdings ohne überfordert zu werden, und können die prickelnde Spannung erleben, die Csikszentmihalyi »Flow« nennt.

» Überforderung und Unterforderung sind die größten Motivationskiller in unserem Leben! «

Diesen oft berauschenden *Flow*, dieses *Glücksgefühl* erlebt man am häufigsten, wenn man sich den eigenen Grenzen genähert beziehungsweise diese ein ganz klein wenig überschritten hat. Und das gilt fürs Bergsteigen, Skifahren oder Surfen genauso wie fürs Musizieren oder den Beruf. Eine Arbeit, die Sie auf Dauer überfordert oder unterfordert, werden Sie aufgeben – oder Sie gehen vor die (Schweine-)Hunde! Die Aufgaben und auftauchenden Probleme jedoch, die Sie herausfordern und die Sie mit Ihren Fähigkeiten lösen können, die geben Ihrem Berufsalltag die nötige Würze.

In der heutigen »Mega-Leistungsgesellschaft« mit ihrem ständigen »Höher-schneller-weiter-Anspruch« an uns geht es für die meisten Menschen allerdings eher darum, bewusst auf die eigenen Grenzen zu achten und sich nicht kontinuierlich zu überfordern bis hin zum *Burn-out*. Genau vor diesem »Ausbrennen« versucht uns unter anderem unser Schweinehund zu bewahren, zunächst noch sanft. Wenn wir aber nicht hören wollen und uns immer weiter »pushen«, dann wird er bissig und wird alle Sabotageregister ziehen, die ihm zur Verfügung stehen. Wer dennoch bei der Arbeit weiter »im roten Bereich powert«, den lässt er dann abends nicht mehr aus dem Fernsehsessel hochkommen oder in der Kneipe »die Sau rauslassen« und am nächsten Morgen alle Joggingvorsätze vergessen …

Doch natürlich begegnet uns der innere Saboteur auch an der »gesunden« Grenze zur Herausforderung, auch dort gilt es immer wieder, uns (also ihn) zu überwinden, aber eher wie einen Trainingspartner im Spiel. Ihr Schweinehund ist ja von seiner Natur her verspielt (wie sein Charakterprofil oben zeigt). Spielen Sie mit ihm, necken Sie ihn, fordern Sie ihn heraus, ja, trainieren Sie mit ihm. Machen Sie jeden Tag eine kleine Schweinehunde-Übung, etwas, wobei Sie sich ein wenig überwinden müssen. Von Zeit zu Zeit darf die Übung ruhig auch mal schwieriger ausfallen. Das kann sogar Spaß machen – solange Sie sich dabei nicht überfordern, sonst verlieren Sie gegen den kleinen Saboteur. Und je besser Sie werden, desto eher wird auch er in der Schweinehunde-Schule zu den Fortgeschrittenenkursen zugelassen. Keine Sorge, das Spiel wird nie ganz aufhören! Der Schweinehund wächst mit, seine Tricks werden auch immer raffinierter, je bewusster und geübter Sie selbst werden. Aber sonst wäre der Spaß ja auch vorbei. Ein lebenslanges Spiel also! Keine schlechten Aussichten, oder? Die Formel lautet somit:

» Vermeiden Sie Unterforderung, suchen Sie immer wieder (neue) Herausforderungen, aber ohne sich zu überfordern! «

Tipps für dauerhafte Verhaltensänderungen

Dauerhaft eingeschliffene Verhaltensweisen ändern zu wollen ist oft ein schwieriges Unterfangen. Nur allzu leicht kommt einem da der Schweinehund in die Quere, denn Anstrengungen liegen ihm gar nicht. Wie Sie Ihrem treuen Freund mittels bewährter Strategien erfolgreich »einen Maulkorb verpassen«, erfahren Sie nun.

Vielen Menschen fallen Verhaltensänderungen sehr schwer. Trotz zahlreicher Versuche verfallen sie irgendwann doch wieder dem alten Trott. Was die meisten Menschen nicht ausreichend berücksichtigen, ist die *Kraft unserer Gewohnheiten*, besser gesagt, ihre *Widerstands*kraft! Dies ist eine ungeheuer starke Kraft, die wir allerdings zumeist nicht bewusst wahrnehmen. Demzufolge neigen wir auch dazu, sie gewaltig zu unterschätzen. Und so erliegen wir ihr immer wieder. – Um damit auf eine andere Weise umgehen zu können, ist es sinnvoll, sich klar zu machen, wie diese Kraft in uns wirkt.

Wenn man mit einer neuen Tätigkeit beginnt, ist es häufig so, als würde man *gegen den Strom schwimmen*, gegen den Strom der vertrauten Gewohnheiten.

Neues Verhalten, mit dem man zunächst gegen den Strom der alten Gewohnheiten schwimmen muss

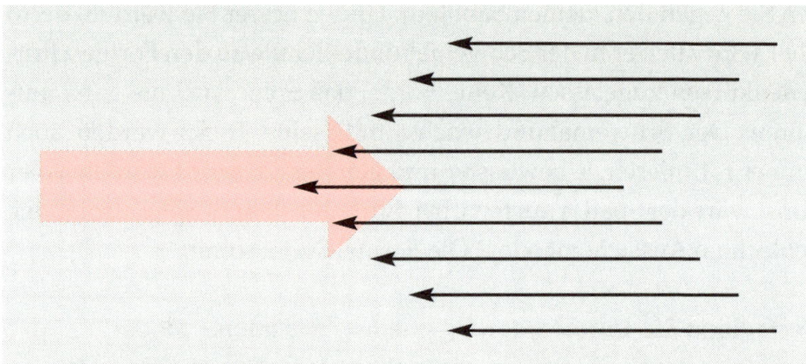

Dieses *Gegen-den-Strom-schwimmen-Müssen* ist äußerst ermüdend. Und so ist es kein Wunder, wenn viele Menschen mehr oder weniger schnell die Flinte ins Korn werfen und aufgeben. Verständlich, aber verhängnisvoll. – Erschöpft, wie wir uns fühlen, schließt uns unser Schweinehund wieder in die Arme.

So, das war die schlechte Nachricht! Aber es gibt auch eine gute: Dieses Problem besteht *nur am Anfang* und löst sich mit der Zeit in Wohlgefallen auf, ja, besser gesagt, in Wohlgefühl! Denn anders als bei einem Fluss, der seine Richtung nie ändern wird, können wir die Richtung, also den »Lauf unserer Programme« in unserem Nervensystem, ändern. Uns sozusagen umprogrammieren und damit unsere Gewohnheiten verändern. Voraussetzung ist allerdings, dass wir dabei die Gesetzmäßigkeiten und Eigenschaften unseres Nervensystems beachten. Nervensysteme mögen zwar hartnäckig erscheinen, aber sie sind keinesfalls »böswillig«. Sie sind durchaus fähig und willens umzulernen, man muss nur wissen wie!

Stellen Sie sich vor, Sie gehen an einem strahlenden Sommermorgen über eine taufrische Wiese. Nach einer Weile drehen Sie sich um, blicken zurück und sehen die Spur, die Sie im nassen Gras hinterlassen haben. Doch die Wirkung dieser Spur ist nicht von langer Dauer: Schon nach kurzer Zeit wird sich das Gras wieder aufgerichtet haben, und es wird nicht mehr erkennbar sein, wo Sie die Wiese überquert haben. Nur wenn Sie immer wieder und immer auf genau derselben Trasse über die Wiese gehen, wird mit der Zeit ein kleiner – zunächst noch schmaler – Trampelpfad, später vielleicht sogar ein Weg entstehen.

Ähnlich funktioniert die Umprogrammierung Ihres Nervensystems: Wenn Sie einen neuen »Verhaltenstrampelpfad« anlegen wollen, dann müssen Sie immer wieder und stets an derselben Stelle, das heißt, *auf die gleiche Weise* und am besten *zur gleichen Zeit,* die neue Tätigkeit ausführen. Zum Beispiel jeden Tag zur selben Zeit auf derselben Laufstrecke joggen. Nach einer gewissen Zeit, wenn Sie einen neuen Trampelpfad in Ihrem Nervensystem angelegt haben, also eine neue Gewohnheit »implementiert« haben, dann schwimmen Sie nicht mehr gegen den Strom, sondern es ist Ihnen gelungen, seine Richtung zu ändern, und Sie schwimmen *mit dem Strom* der neuen Gewohnheit! Das sieht bildlich so aus:

Schwimmen mit dem Strom der neuen Gewohnheiten

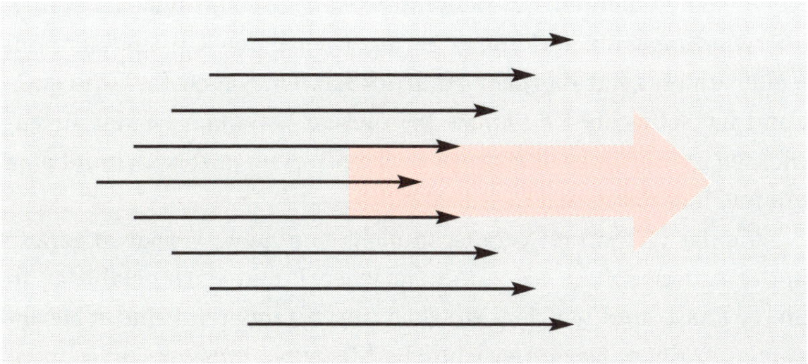

Achtung: Aller Anfang ist schwer – und zwar in doppelter Hinsicht. Zum einen ist das erforderliche Investment am Anfang besonders hoch. Schließlich schwimmen Sie ja noch gegen den Strom Ihrer alten Programmierung – oft ein gewaltiger Kraftakt. Zum anderen kann Ihnen gleichzeitig der »Return on Investment« (also die momentan spürbare Rendite in »Wohlgefühleinheiten«) noch relativ gering erscheinen. So können am Anfang beim Laufen Fußschmerzen, Atemprobleme und Muskelkater überwiegen, ohne dass Sie merken, was Sie für Ihre Gesundheit und Fitness wirklich tun. Wenn Sie sich zum Nichtraucher entwickeln wollen, dann kann es durchaus vorkommen, dass der Frust über den Mangel an Nikotin und der Verzicht auf die vertraute Geste – etwa das Anzünden einer Zigarette nach dem Essen – überwiegen, während die Verbesserung Ihrer Kurzatmigkeit nur schwach spürbar sein mag. Aber das ist eben nur der Anfang.

Wenn Sie kontinuierlich weitermachen und am Ball bleiben, dann erreichen Sie bald den »magischen Punkt«, an dem sich das Verhältnis von Investment und Rendite umkehrt! (Jetzt haben Sie sozusagen den Trampelpfad angelegt und eine neue Gewohnheit geschaffen.) Von nun an wird es Sie nicht mehr so viel Selbstüberwindung und Kraft kosten, während der Profit für Ihr Wohlbefinden und Ihre Fitness stetig zunimmt. Jetzt haben Sie einen wirklich guten »Return on Investment«! Dieser »magische Punkt« ist dann gewissermaßen der »Point of no Return«: Jetzt wird es immer unwahrscheinlicher, dass Sie wieder umkehren, da die Rendite ständig steigt und der Selbstüberwindungsaufwand immer geringer wird! Das Kurvendiagramm weiter unten zeigt das sehr eindrücklich. Und auch Ihr Schweinehund hat schlechte Karten, Sie bei diesem Verhalten wieder auszutricksen – wenn er es überhaupt noch will, denn jetzt schwimmt er ja mit im Fluss der neuen Gewohnheit!

Wie das Diagramm veranschaulicht, sind neue Vorhaben gerade in der Anfangsphase bis zum magischen Punkt stark gefährdet. In dieser Phase sind wir den Attacken unseres inneren Feindes besonders ausgesetzt. Das offensichtliche Missverhältnis von Investment und Rendite liefert ihm eine Fülle von Argumenten, warum wir besser abbrechen, aufgeben und so schnell wie möglich die gewohnte Komfortzone wieder aufsuchen sollten. Diesen »Berg« in der Anfangsphase gilt es zu überwinden! Da wir in diesem »Gebirgszug« oft mit den hinterhältigsten Angriffen unserer Schweinehunde rechnen müssen, trägt er den Namen »Schweinehund-Rücken«!

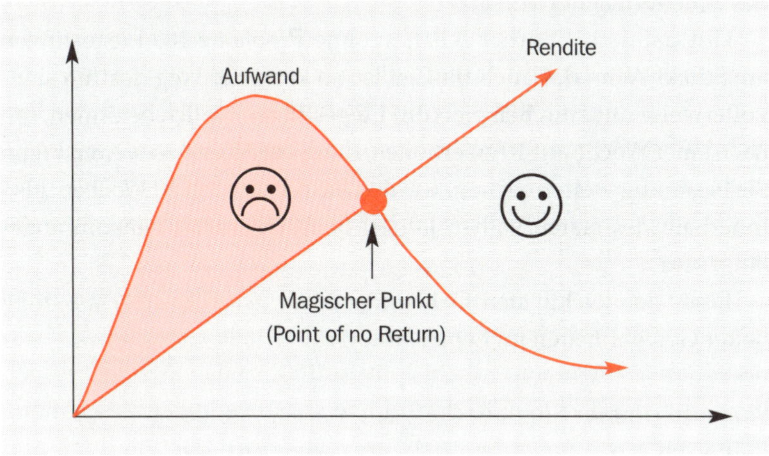

» In der Phase des Schweinehund-Rückens mag die Rendite geringer sein als das Investment. Ab dem »Point of no Return« steigt der »Return on Investment«. «

Um angesichts des Schweinehund-Rückens nicht klein beizugeben und das Feld Ihrem kleinen Saboteur zu überlassen, sollten Sie folgende Tipps beherzigen:

- Machen Sie sich den Anfang leicht!
- Nutzen Sie die Kraft des Rhythmus!
- Bleiben Sie trotz einzelner Ausnahmen stets am Ball!

Da der Anfang das Schwerste ist, sollten Sie ihn sich so leicht wie möglich machen! Eine wichtige Regel lautet:

» Fangen Sie lieber klein an – das bringt am schnellsten Erfolgserlebnisse –, und steigern Sie Ihr Pensum dann nach und nach. «

Und: Entwickeln Sie ein gutes Gespür dafür, wo Ihre *persönliche Leistungsgrenze* liegt, und überfordern Sie sich am Anfang nicht! Es kann gar nicht oft genug betont werden, dass *Überforderung* der *Motivationskiller Nummer 1* ist und somit eine der häufigsten Ursachen für das Scheitern neuer Vorsätze!

Gut trainierte Sportler schaffen ohne Probleme 100 Liegestützen am Stück! Wenn das auch Ihr Ziel ist, so kann der Weg dorthin sinnvollerweise mit zum Beispiel fünf Liegestützen täglich beginnen, um nach einer Woche auf 10 zu erhöhen, dann auf 15 und so weiter. Wenn Sie beständig weitermachen, werden Sie schon nach 20 Wochen, also innerhalb des ersten halben Jahres, beim ersehnten Pensum angelangt sein.

Eines der wichtigsten Geheimnisse zur *dauerhaften Verankerung* neuer Gewohnheiten im Leben lautet:

» Was auch immer Sie dauerhaft tun wollen, tun Sie es möglichst stets zur *selben Zeit*, am *selben Ort* und in der *gleichen Art und Weise*! «

Die *rhythmische Wiederholung ein und derselben Tätigkeit* übt auf unser Nervensystem eine erstaunliche Wirkung aus. Sie ist der Schlüssel zur Neuprogrammierung, sozusagen zur »Installierung« neuer Gewohnheiten »auf Ihrer Festplatte«. Daher kann man die Bedeutung der rhythmischen Wiederholung gar nicht oft genug wiederholen! Und selbst diesen *Satz* müsste man mehrmals wiederholen. Also noch mal:

» Um eine neue Gewohnheit zu schaffen, bedarf es der ständigen, rhythmischen Wiederholung. «

Und wahrscheinlich haben Sie auch dies selbst schon verschiedentlich in Ihrem Leben erfahren: *Je häufiger Sie etwas wiederholen, desto ge-*

ringer werden die inneren Widerstände, die Sie dagegen haben. Nutzen Sie also die Kraft der rhythmischen Wiederholung zu Ihrer Unterstützung!

Laufen Sie (besonders in der Anfangsphase) immer um dieselbe Zeit, zum Beispiel täglich morgens um 6:30 oder abends um 17:30. Am besten, Sie wählen dafür zunächst auch immer die gleiche Strecke aus, die Sie natürlich nach und nach verlängern können. Genau so entsteht Ihr »Trampelpfad auf der Wiese«. In Kürze wird Sie Ihr Nervensystem aufgrund seiner Neuprogrammierung gewissermaßen zum Laufen »rufen«, da Ihre innere Uhr gegen 6:30 (oder entsprechend um 17:30) auf »Laufen« umschaltet. Und wenn Sie dann auf der vertrauten Strecke unterwegs sind, weiß Ihr Nervensystem automatisch, was hier angesagt ist: laufen, laufen, laufen …

Wenn Sie sich vorgenommen haben, täglich zu meditieren, dann legen Sie auch für dieses Vorhaben eine *bestimmte, gleichbleibende Zeit* fest – zu der Sie auch mit großer Wahrscheinlichkeit nicht gestört werden. Am besten wählen Sie auch einen *bestimmten, gleichbleibenden Ort* für Ihre Besinnung. Die Zeit und der Ort werden in Ihrem Nervensystem mehr und mehr zu »Erinnerungsankern«, und Ihr inneres Programm wird zu dieser Zeit, an diesem Ort umschalten auf »Meditation«. – In ähnlicher Weise dienen übrigens auch die Gebetsteppiche den Moslems als »Anker« für ihre Gebetsrituale, die natürlich ebenfalls zu immer denselben Zeiten erfolgen (wie in allen religiösen Traditionen). – Nach und nach, wenn Ihnen die tägliche Meditation zur Selbstverständlichkeit geworden ist, werden Sie keine Schwierigkeiten mehr haben, fast jederzeit und allerorten abzuschalten und in sich hineinzuhören.

Natürlich gibt es immer mal wieder Tage, an denen wir unserem Rhythmus nicht treu bleiben können. Doch sollten wir nicht in die berüchtigte *Ausnahmefalle* tappen: ausfallen lassen – schleifen lassen – sein lassen. Die Ausnahmefalle ist eine der günstigsten Gelegenheiten für Schweinehunde, uns gründlich auszutricksen: Nur zu gerne verführen sie uns dazu, einen äußeren Umstand als Anlass dafür zu nehmen, eine neue Gewohnheit zu unterbrechen, bis sich die Ausnahmen häufen und wir womöglich ganz aufgeben. Jede Ausnahme unterbricht den oben dargestellten Neuprogrammierungsprozess. Deswegen ist es gerade in der Anfangsphase (bis zum »Point of no Return«) so wichtig, auf die Gefahr der Ausnahmen zu achten und am Ball zu bleiben. Dabei können Sie vor allem ein bewährtes Mittel zu Ihrer Unterstützung heranziehen:

Der Fünf-Minuten-Trick: Es kann wirklich immer wieder vorkommen, dass Sie aufgrund zwingender äußerer Umstände erkennen: Ihr normales Programm ist zeitlich nicht zu schaffen. Jetzt heißt es, trotzdem am Ball zu bleiben und nicht locker zu lassen. Auch wenn Sie sonst schon 25 Minuten täglich laufen: Gestehen Sie sich an einem solchen Tag wenigstens fünf Minuten zu, beispielsweise am Morgen den Jogginganzug anziehen und nur einmal um den Block laufen. Das mag Ihrer Fitness nicht gerade den entscheidenden Vorschub verleihen – und genau diesen Einwand wird auch Ihr Schweinehund bringen. Doch das spielt hier keine Rolle. Entscheidend ist, dass Sie es nicht zu einer kompletten Ausnahme kommen lassen. Sie dienen Ihrem Nervensystem und damit sich selber, wenn Sie Ihre Neuprogrammierung nicht durchbrechen. Selbst ein Minimalprogramm ist hier besser als gar nichts. Bleiben Sie dran – es lohnt sich!

In Feindschaft mit unserem inneren Schweinehund zu leben, ist müßig und kann nicht zu einem zufriedenen Leben führen. Dennoch sollten wir ihm nicht einfach das Feld überlassen und resignieren. Um unser Verhalten dauerhaft zu ändern, ist es wichtig, den kleinen Saboteur zu zähmen und ihn sich zum Freund zu machen. Im Umgang mit diesem inneren Begleiter können wir erfahren, dass es im Leben darum geht, immer wieder Herausforderungen anzugehen, ohne uns dabei zu überfordern. Entscheidende Veränderungen im Leben lassen sich selten im »Hauruck-Verfahren« bewirken, sondern sollten langsam, behutsam, in kleinen Schritten und Etappen angegangen werden. Dann wird uns auch der Schweinehund nicht mehr sabotieren.

Bei jedem Menschen äußert sich der Schweinehund anders, bei jedem hat er wohl auch eine andere Funktion. Und so muss jeder auf seine Weise lernen, mit ihm zu leben, und seinen Weg finden, ihn zu zähmen und zum Freund zu machen. Dieser Weg aber kann spannend, befreiend und äußerst bereichernd sein. Versuchen Sie es!

Marco von Münchhausens Spezialtipp

Wenn ich Ihnen nur einen Tipp geben könnte, so wäre es dieser: Der innere Schweinehund ist ein Persönlichkeitsanteil in uns, der uns immer wieder im Weg zu stehen scheint. Dieser kleine Saboteur verfolgt jedoch in vielen Fällen einen positiven Zweck für uns, den es zu entdecken gilt. Er warnt uns vor Überforderungen und ungesunden Grenzüberschreitungen. Darum ist es wichtig, ihn ernst zu nehmen: Akzeptieren Sie ihn, versuchen Sie zu verstehen, was er Ihnen sagen will, und richten Sie ihm eine (begrenzte) Nische in Ihrem Leben ein. So wird aus einem ehemaligen Feind ein Freund fürs Leben.

Mehr von Marco von Münchhausen:

- So zähmen Sie Ihren inneren Schweinehund. Vom ärgsten Feind zum besten Freund. Frankfurt/New York 2001.
- Die kleinen Saboteure. So managen Sie die inneren Schweinehunde im Unternehmen (mit Hermann Scherer). Frankfurt/New York 2003.
- Die vier Säulen der Lebensbalance. Ein Konzept zur Meisterung des beruflichen und privaten Alltags. Berlin 2004.
- Wo die Seele auftankt. Die besten Möglichkeiten, Ihre Ressourcen zu aktivieren. Frankfurt/New York 2004.

Rolf H. Ruhleder

Geschäftsführer des Management Institut Ruhleder in Bad Harzburg, gilt als Deutschlands »härtester und teuerster Rhetorik-Trainer« (*WirtschaftsWoche*). Er führt im Jahr 70 Veranstaltungen zu den Themen Rhetorik und Verkaufsrhetorik durch. Mehr als 1 100 Artikel und 16 Bücher hat er bisher geschrieben. Zu den Themen Lampenfieber und Körpersprache wurden mehrere Rundfunk- und Fernsehsendungen mit ihm durchgeführt. Innerhalb von 27 Jahren schulte er in 2 000 Veranstaltungen mehr als 320 000 Teilnehmer, davon trainierte er allein 120 000 in Verkaufsseminaren.

Weitere Informationen: www.ruhleder.de

Rolf H. Ruhleder

Feuerwerk der Rhetorik

Die Kunst, in allem zu überzeugen

In Gesprächen, bei Verhandlungen oder Präsentationen überzeugend zu wirken, in diesen Situationen Sicherheit auszustrahlen und schlagfertig zu reagieren – das können Sie lernen! Mit den Techniken und Methoden, die Ihnen Rolf H. Ruhleder hier vorstellen wird, werden Sie besser auf andere wirken, andere für sich gewinnen und Hemmungen in der Kommunikation abbauen. Sie wirken souverän, überwinden Lampenfieber und gestalten Ihre Reden lebendig.

Sicherheit durch kompetentes Auftreten

Das Leben, besonders der Berufsalltag bietet viele Situationen, in denen Sie andere Menschen für sich gewinnen oder von etwas überzeugen möchten. Doch manchmal fühlt man sich gehemmt und weiß nicht, wie man sein Anliegen am besten vorbringen kann. Gedanken und Gefühle blockieren, die gewohnte Sicherheit scheint verschwunden zu sein. Doch es gibt einfache Methoden und Techniken, wie Sie dieser Verunsicherung begegnen können.

Denken Sie zunächst nicht zu viel darüber nach, welches Bild andere von Ihnen haben. Machen Sie sich bewusst, dass Sie ein gleichberechtigter Partner sind, der auch etwas zu bieten hat. Signalisieren Sie dies schon durch Ihr Anklopfen und Blickkontakt beim Betreten eines fremden Büros: Wenn Sie sehr zögerlich an die Tür tippen, vermutet Ihr Gesprächspartner womöglich, Sie kämen als Bittsteller. Und Bilder, die wir im Kopf haben, wollen sich auch erfüllen … Betreten Sie ein fremdes Büro mit zu Boden gesenktem Kopf, wirken Sie unsicher und wenig überzeugt. Nehmen Sie Blickkontakt mit Ihrem Gesprächspartner auf – allerdings nicht zu intensiv und zu lange, denn dies könnte er als Bedrohung oder Kampfansage empfinden. Bemühen Sie sich um eine aufrechte Sitzhaltung, denn so strahlen Sie Selbstsicherheit und Kompetenz aus.

Fallen Sie nicht gleich mit der Tür ins Haus – ein wenig lockere Konversation zu Beginn und am Ende des Gespräch ist keine verschwendete Zeit. Der erste Eindruck, den wir von einem Menschen haben, ist ein visueller. Die unverbindliche Einführungsphase gibt uns die Gelegenheit, unser spontanes Bild von unserem Gegenüber zu überprüfen.

So strahlen Sie Souveränität aus

Ob Sie andere für sich gewinnen, hängt von Ihrer Ausstrahlung ab. Besonders wichtig ist ein sicheres Auftreten. Im Folgenden finden Sie Ratschläge, die Ihnen helfen, bei Vorträgen, aber auch bei Verkaufsgesprächen und allen Gelegenheiten, in denen Sie sich unsicher fühlen, Souveränität zu gewinnen.

- Schauen Sie unbedingt Ihren Gesprächspartner beziehungsweise Ihr Publikum an. Tun Sie es nicht, wird man Sie als unsicher oder – schlimmer noch – als arrogant einschätzen. Das Halten des Blickkontakts hilft Ihnen außerdem, den Ablauf des Gesprächs oder Geschehens besser einschätzen zu können.
- Beginnen Sie erst dann zu sprechen, wenn Sie Ihren Standort eingenommen haben. So vermeiden Sie den Eindruck von Hek-

tik oder Unsicherheit. Ein dynamischer Gang – Schultern nicht hängen lassen! – und ein Lächeln verleihen Ihnen Gelassenheit.

- Aufrechtes Stehen oder Sitzen strahlt Selbstvertrauen und Kompetenz aus. Treten Sie dagegen mit zusammengesunkenem Körper vor eine Gruppe oder »hängen« Sie in einem Sessel, dann wirken Sie gehemmt. Eine aufrechte Haltung beeinflusst zudem die Stimme positiv: Sie klingt kräftiger und selbstbewusster!
- Zeigen Sie Ihr Interesse an Ihren Zuhörern, indem Sie öfter in die Runde schauen und Blicke »sammeln«. Sie verschaffen sich so effektiv Aufmerksamkeit.
- Sprechen Sie bitte etwas lauter als normal und behalten Sie Ihre Stimmlage konsequent bei! Menschen, die sehr leise sprechen, werden Führungsqualitäten abgesprochen, und sie gelten als unsicher.
- Zusätzliche Pluspunkte verschafft Ihnen eine freundliche, der Situation angemessene Mimik. Berücksichtigen Sie auch bei Ihrem äußeren Erscheinungsbild den besonderen Anlass. Es erhöht Ihre Sicherheit und Ihr Selbstbewusstsein, wenn Sie sich passend gekleidet fühlen und der Erwartungshaltung Ihres Gegenübers entsprechen.
- Ihre Gesten sollten positiv wirken und signalisieren, dass Sie von der eigenen Sache überzeugt sind. Genau das tun weite Armbewegungen im oberen Körperbereich. Wer unsicher ist, bewegt meist nur die Unterarme (und dies nur im Bereich unterhalb der Gürtellinie). Beherrschen Sie die richtige Gestik nicht, dann lassen Sie sie lieber ganz weg. Auf jeden Fall sollten die Hände bei Verhandlungen stets sichtbar sein.
- Lernen Sie stets Beginn und Ende Ihrer Ausführungen auswendig! Der erste Eindruck ist entscheidend – und der letzte bleibt! Bei Gesprächen sollten Sie sich immer einen starken Einstieg überlegen – wie man startet, so liegt man im Rennen! – und auf einen positiven Schluss achten.

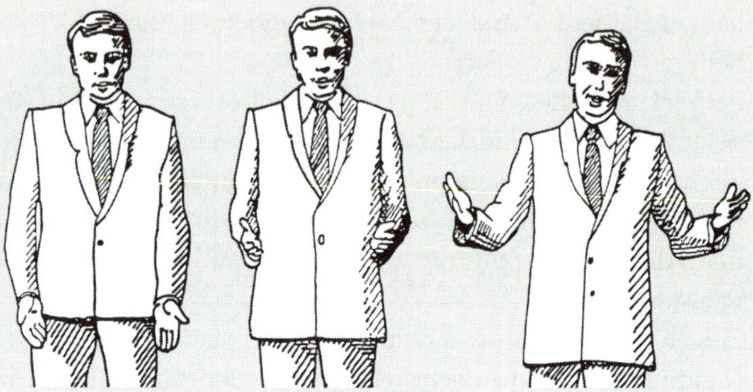

Negative Aussage
- Hände unterhalb der Gürtellinie
- Handflächen nach unten

Neutrale Aussage
- Hände zwischen Gürtellinie und Brusthöhe
- Handfläche senkrecht

Positive Aussage
- Hände in Brusthöhe
- Handfläche nach oben

So gewinnen Sie durch Fragen

Die Frage – die Königin der Überzeugungskunst

Argumentationskraft, rhetorische Begabung und Überzeugungskraft allein reichen oft nicht aus. Sie werden in Gesprächen und Verhandlungen nicht den gewünschten Erfolg erzielen, wenn Sie nicht Fragen gezielt einsetzen. Versuchen Sie, in Zukunft weniger festzustellen und zu behaupten, sondern mehr zu fragen. Schon der antike Philosoph Sokrates (469 bis 399 vor Christus) verstand, durch Fragen zu überzeugen. Noch heute ist die »sokratische Frage« berühmt.

Die Vorteile liegen auf der Hand. Fragen

- geben unserem Gesprächspartner das Gefühl, dass wir ihm interessiert zuhören,
- erleichtern uns, die Gesprächsrichtung zu ändern,

- helfen uns, im Verkaufsgespräch Kaufmotive aufzubauen,
- befähigen uns, Gegenargumente schneller zu erkennen,
- ermöglichen ein diplomatisches Korrigieren des Gesprächspartners,
- schaffen die notwendige Vertrauensbasis beim Partner,
- helfen, den Gesprächspartner leichter einzuschätzen,
- bauen Aggressionen ab,
- machen es einfacher, unfaire Angriffe zu parieren,
- geben uns Zeit, die nächsten Gedanken zu formulieren.

Durch gezielte Fragen aktivieren wir unseren Gesprächspartner, ohne die Gesprächsführung aus der Hand zu geben. Schon der französische Philosoph, Mathematiker und Physiker Blaise Pascal (1623–1662) erkannte: »Man lässt sich gewöhnlich leichter durch Gründe überzeugen, die man selbst gefunden hat, als durch solche, die anderen zu Sinn gekommen sind.«

» Mit einer gekonnten Fragetechnik motivieren Sie den Gesprächspartner. Denn jeder ist davon überzeugt, der Mittelpunkt der Welt zu sein. «

Die zwei Fragemethoden

Unabhängig von inhaltlichen Unterscheidungen lassen sich alle Fragen formal in zwei Hauptgruppen einteilen: in geschlossene und offene Fragen. Auf geschlossene Fragen kann der Gesprächspartner nur mit »ja«, »nein« oder »vielleicht« antworten. Sie beginnen mit einem Hilfsverb oder Verb – ein Beispiel: »Entspricht dieser Artikel Ihren Erwartungen?«

Die offene Frage dagegen beginnt immer mit einem Fragewort: »Bis wann müsste die Lieferung spätestens bei Ihnen sein?« Bei offenen Fragen wird selbst die kürzeste Antwort aus einem vollständigen Satz bestehen. Wer Details erfahren möchte, sollte deshalb möglichst offene Fragen stellen. Der Nebeneffekt: Sie gewinnen Zeit zum Überlegen.

Noch ein Tipp: Ersetzen Sie das Fragewort »warum« durch die Formulierung »aus welchen Gründen«. Dies wirkt verbindlicher und »erschlägt« den Gesprächspartner nicht. Gleichzeitig geben Sie ihm die Gelegenheit, mehrere Möglichkeiten und Gründe zu nennen. Statt Ihren Gesprächspartner mit der Frage »Warum sind Sie gestern zu spät gekommen?« zu bedrängen, erkundigen Sie sich besser: »Aus welchen Gründen sind Sie gestern zu spät gekommen?«

Zehn Arten von Fragen

Sie werden feststellen, dass bei den nachfolgenden Fragemethoden auch die geschlossene Frage auftaucht. Es handelt sich hier jedoch um den Einsatz der geschlossenen Frage als Mittel zur Erreichung einer konkret gewünschten Antwort.

Die Informationsfrage ist eine kurz und bündig formulierte Frage, die das Ziel hat, das Wissen über eine Person oder Sache zu vertiefen (»Welche Tageszeitung lesen Sie?«, »Wie fühlen Sie sich?«).

Die Alternativfrage lässt dem Gesprächspartner nur die Wahl zwischen zwei möglichen Antworten (»Bevorzugen Sie Bier oder Wein?«).

Die Suggestivfrage dient dazu, das Gegenüber in eine bestimmte Richtung zu drängen (»Sie sind doch auch der Meinung, dass …?«).

Die Fangfrage wird auch als indirekte Frage bezeichnet, da man die erwünschte Information lediglich aus der Antwort ableiten kann. (Bejaht ein Stellenbewerber die Frage, ob er einen guten Parkplatz gefunden hat, so hat er vermutlich einen Führerschein.)

Die rhetorische Frage ist eine Frage, bei der sich die Antwort erübrigt. Sie setzt voraus, dass der Gesprächspartner der gleichen Meinung ist (»Wer zahlt schon gerne Steuern?«).

Die Gegenfrage ist eine wirksame Waffe in Sachen Schlagfertigkeit. Mit ihr nehmen Sie Angriffen oder unfairer Kritik den Wind aus den Segeln und gewinnen Zeit zum Nachdenken (»Wie meinen Sie das konkret?«, »Worauf genau beziehen Sie sich?«).

Die motivierende Frage kann dazu beitragen, dass Ihr Gesprächspartner stärker aus sich herausgeht (»Sie haben solche Situationen schon oft erlebt. Welche Lösungen erscheinen Ihnen sinnvoll?«).

Die provozierende Frage lockt Ihren Gesprächspartner aus der Reserve. Häufig lässt er sich zu unvorsichtigen Äußerungen hinreißen. Es besteht allerdings die Gefahr, dass Sie damit die Stimmung des Gesprächs negativ beeinflussen (»Glauben Sie das wirklich?«, »Können oder wollen Sie mir keine Antwort geben?«).

Die Kontrollfrage ist meist eine geschlossene Frage, mit der Sie das Interesse des anderen überprüfen oder eine Bestätigung Ihrer Meinung suchen (»Haben wir nun alle fünf Vorteile aufgelistet?«, »Stimmen Sie mir bis hierhin zu?«).

Die Ja-Fragen-Straße (sokratische Frage) ist eine geschickte Aneinanderreihung geschlossener Fragen mit einer abschließenden Suggestivfrage. Werden die geschlossenen Fragen mit »Ja« beantwortet, gilt das in 70 bis 90 Prozent aller Fälle auch für die letzte, die entscheidende Frage (»Wollen Sie mehr Umsatz erzielen? Sind Sie daran interessiert, Kosten zu sparen? Möchten Sie den reibungslosen Arbeitsablauf in Ihrem Unternehmen gewährleisten? Dann darf ich Ihnen doch diese neue Software empfehlen?«).

Das Karussell der zehn Fragetypen

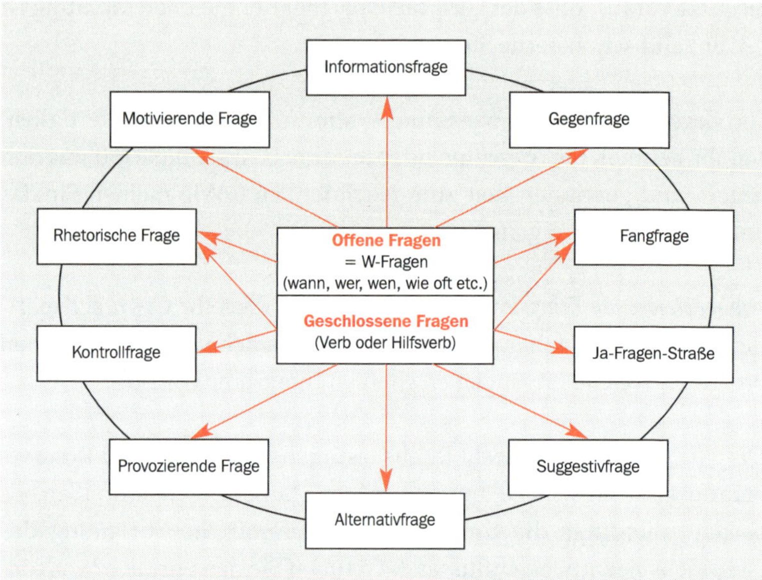

Diese zehn entscheidenden Fragearten sollten Sie künftig in Gesprächen, Verhandlungen und auch Präsentationen einsetzen. Beachten Sie jedoch, dass Sie nicht in das andere Extrem verfallen und in Zukunft alles erfragen. Selbstverständlich darf der Verhandlungs- und Diskussionspartner nicht den Eindruck bekommen, dass Sie selbst nicht bereit sind, Rede und Antwort zu stehen.

Der gezielte Einsatz der Fragetechnik hilft Ihnen, in jeder Verhandlungsrunde und Gesprächssituation einen Vorsprung zu gewinnen, den Ihr Gesprächspartner meist nicht mehr einholen kann.

»Wer fragt, ist für fünf Minuten dumm, wer nicht fragt, bleibt ein Leben lang dumm.« (Chinesisches Sprichwort)

So werden Sie schlagfertiger

Ist die Fragetechnik die Königin der Überzeugungskunst, so kann man die Gegenfrage als die Kaiserin bezeichnen. Mindestens sieben Vorteile sprechen für diese Methode, um in Diskussionen und besonders schwierigen Verhandlungssituationen schlagfertig zu reagieren:

- Sie erhalten zusätzliche Informationen.
- Sie gewinnen Zeit.
- Ihr Gesprächspartner verändert oder korrigiert seine Frage bei der Wiederholung.
- Aggressive Gesprächspartner beantworten ihre Frage selbst.
- Die Beweislast liegt bei Ihrem Gegenüber.
- Sie geben nicht ungewollt Hintergrundinformationen preis.
- Sie wirken souverän und sicher.

Es gibt sechs Möglichkeiten, wie Sie die Gegenfrage erfolgreich einsetzen können:

1. Nachfragen (akustisch oder inhaltlich): »Wie bitte?« oder »Meinen Sie das wirklich ernst?«
2. Interpretation anfordern: »Wie darf ich Ihre Frage verstehen?«
3. Nach den Argumenten fragen: »Wie kommen Sie darauf?«
4. Mögliche Gegenargumente ausloten: »Womit vergleichen Sie …?«
5. Interpretationsalternativen anbieten: »Meinen Sie dies oder das?«
6. Nach einem Detail fragen: »Was verstehen Sie unter …?«

Patentrezepte sind in der Regel rar gesät, doch hier handelt es sich tatsächlich um eines. Wenn Sie die sechs Methoden beherrschen, können Sie sich aus jeder unfairen und aggressiven Situation retten. Natürlich ist es nicht sinnvoll, eine faire, ernst gemeinte Frage mit einer Gegenfrage zu beantworten. Setzen Sie Gegenfragen nur ein, wenn Ihr Gegenüber mit aggressiven Unterstellungen beziehungsweise ungerechten Behauptungen reagiert oder wenn Sie sich unsicher fühlen und sich vor »Sprachlosigkeit« schützen möchten (Zeitgewinn).

So reagieren Sie schlagfertig bei böswilligen Kommentaren

Wenn Sie unfair angegriffen werden, antworten Sie nicht: »Wenn Sie meinen, Sie könnten mich mit Ihrem Kommentar verwirren …« Ihr Gesprächspartner wird dann wahrscheinlich antworten: »Sie sind doch schon längst verwirrt …« Auf diese Weise hat der Störenfried die Lacher auf seiner Seite. Auch aggressive Formulierungen wie: »Denken Sie erst nach, bevor Sie etwas sagen …« oder »Das verbitte ich mir!« sollten Sie lieber vermeiden.

Nutzen Sie die zu Beginn genannten acht Ratschläge, um Sicherheit auszustrahlen, und versuchen Sie unter allen Umständen, ruhig und verbindlich zu bleiben.

Die besten Chancen, schlagfertig auf provozierende Fragen zu reagieren haben Sie, wenn Sie

- Ich-Botschaften senden: »Ich bin überrascht über Ihre Frage …«, »Ich bin enttäuscht, dass …«, »Ich bin betroffen …« Diese Reaktion verfehlt bei den übrigen Zuhörern selten ihre Wirkung. Ebenso erfolgreich können Sie diese Methode in einem Gespräch unter vier Augen einsetzen. Befinden Sie sich in einer Verhandlung mit einer oder mehreren Personen, so suchen Sie stets Gemeinsamkeiten. Und die gibt es in der Regel in jeder Gesprächssituation.
- an die Fairness des Gegenübers appellieren und darum bitten, Ihre Ausführungen erst beenden zu dürfen: »Bitte lassen Sie uns doch auf der Sachebene bleiben. Ich komme gerne auf Ihren Einwand zurück, sobald ich diesen Gedanken zu Ende geführt habe.«
- es vermeiden, sich auf ein Streitgespräch einzulassen. Nehmen Sie lieber direkten Blickkontakt mit dem unangenehmen Gesprächspartner auf, und legen Sie bewusst eine Pause ein. Die entstehende Stille und die Aufmerksamkeit aller trifft den Provokateur weit empfindlicher, und Sie demonstrieren Ihre Souveränität.

So begegnen Sie Einwänden – zwölf entscheidende Methoden

Ist es Ihnen auch schon passiert, dass Sie Einwänden in Sitzungen, bei Diskussionen oder Debatten »sprachlos« gegenüberstanden? Wenn Sie in so einer Situation aggressiv oder auch nur unvollständig antworten, machen Sie es sich unnötig schwer, die verlorene Position zurückzugewinnen.

Mit den nachfolgenden Methoden können Sie sich getrost auf jede Diskussion und Debatte einlassen; auch im Verkaufsgespräch werden Sie leichter bestehen können. Es gilt: Recht haben und Recht behalten ist noch lange nicht das Gleiche!

Grundregeln der Einwandargumentation

Folgende Punkte sollten Sie bei der Reaktion auf Einwände beachten:

- Bleiben Sie ruhig und sachlich. Drücken Sie nicht schon durch Ihre Mimik, Gestik oder Haltung Ihren Unwillen über den Einwand aus. Zeigen Sie Aufnahmebereitschaft und eine positive Grundeinstellung.
- Lassen Sie die anderen Personen unbedingt ausreden, und hören Sie ihnen interessiert zu (aktives Zuhören).
- Reagieren Sie mit einer Gegenfrage, um Zeit zu gewinnen. So können Sie eine kurze (Denk-)Pause einlegen, bevor Sie antworten.
- Versuchen Sie, sich mit den Wünschen (Einwänden) Ihres Gegenübers zu identifizieren. Erst müssen Sie verstehen, was jemand erreichen will, bevor Sie den Einwand beantworten beziehungsweise (noch besser) entkräften können.
- Antworten Sie knapp und präzise. Versuchen Sie immer, ruhig und sachlich zu sprechen und Ihre Emotionen unter Kontrolle zu halten. Schließen Sie eine Rückfrage an, um das Gespräch oder die Diskussion wieder aktiv zu steuern.

Die 5 Stufen der Einwandargumentation

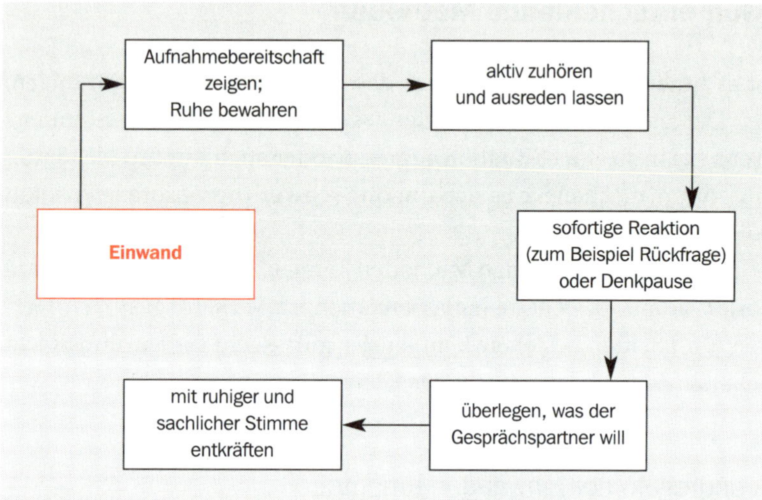

Bei komplizierten oder komplexen Einwänden schlagen Sie vor, einen Spezialisten oder eine Expertin zu Rate zu ziehen, der oder die sich mit diesem Problem intensiv auseinander gesetzt hat. Dies wirkt umso glaubhafter, je höher Ihre Dienststellung ist.

Mit folgenden Methoden können Sie Einwände entkräften:

Rückfrage: Kontern Sie mit einer Rückfrage (»Welche meiner Argumente sind aus Ihrer Sicht falsch?«, »Wie darf ich das verstehen?«). Damit gewinnen Sie Zeit und weitere Informationen. Oftmals wird Ihr Gesprächspartner mit einer Wiederholung seines Einwands reagieren beziehungsweise ihn nur leicht umformulieren oder abschwächen.

Ja – allerdings: Die alte Methode des »ja, aber« sollten Sie abwandeln, weil ein »Aber« das vorangegangene »Ja« aufhebt. Ersetzen Sie das Wort »ja« durch eine Formulierung, die dem Einwender Recht gibt, und das Wort »aber« durch »allerdings«, »jedoch«, »obwohl« oder – die eleganteste Lösung – »nur« (»Ich verstehe Ihre Ansicht, nur …«,

»Das ist nicht von der Hand zu weisen, jedoch …«). Mögliche Alternativen sind: Alle diese Wörter weglassen und einen Punkt setzen oder »aber« gegen »und« austauschen (»Ihr Einwand ist bedenkenswert, und …«).

Nachteil/Vorteil: Diese Variante der Ja-aber-Methode lässt sich bei berechtigten Einwänden anwenden. Geben Sie den Nachteil zu, heben Sie jedoch auch das Übergewicht der Vorteile heraus (»Diese Maschine braucht tatsächlich einige Minuten länger, doch dafür reduziert sie die Ausschussrate um zwei Drittel. Diesen Nachteil haben wir in unserer Kalkulation berücksichtigt. Doch bedenken Sie folgende Vorteile: …«).

Vorwegnahme: Oft zahlt es sich aus, der erste zu sein. Nehmen Sie deshalb erwartete Einwände bereits im Gespräch oder Vortrag vorweg (»Sie werden sicher folgenden Nachteil erkennen …«), und entkräften Sie Kritikpunkte durch überzeugende Gegenargumente (»Sie sehen, der Preis wird dadurch etwas erhöht, jedoch …«).

Eisbrecher: Mit einer gezielten Provokation können Sie Ihrem Gegenüber Einwände entlocken (»Freut mich, dass Sie das genauso sehen.«, »Ihr Schweigen beweist mir Ihre Zustimmung.«). Diese Methode hat jedoch insgesamt mehr Nachteile als Vorteile, da Sie Ihren Gesprächspartner dadurch nachhaltig verstimmen können.

Rhetorische Frage: Wandeln Sie den Einwand in eine rhetorische Frage um, die Sie anschließend selbst beantworten (»Der Preis ist doch auch für Sie sicher nicht das einzige Kriterium, oder?«, »Ihr jetziger Lieferant ist gegenüber unseren Preisen doch wohl nicht konkurrenzfähig?«).

Divisions- oder Multiplikationsmethode: Wird der Preis Ihres Produktes als zu hoch moniert, so geben Sie ihn für eine Menge oder einen Zeitraum an, bei der er günstig erscheint (»Pro Tag kostet Sie das lediglich 50 Cent.«, »Sie surfen bei uns pro Stunde um die Hälfte günstiger als bei Ihrem jetzigen Anbieter.«).

Umkehrung (Bumerang-Technik): Formulieren Sie den Einwand so um, dass er ein Pluspunkt Ihres Angebotes wird (»Der relativ hohe Mitgliedsbeitrag garantiert Ihnen die Gesellschaft von Menschen mit Niveau.«, »Die lange Entwicklungszeit lässt Ihnen genügend Vorlauf für die Entwicklung einer überzeugenden Marketingstrategie.«).

Öffnung: Diese Methode ist angeraten, wenn Ihr Gegenüber beharrlich schweigt. Mit öffnenden Fragen können Sie stufenweise Übereinstimmung in Diskussionen und Debatten erzielen (»Fehlt Ihnen noch eine für Sie wesentliche Produkteigenschaft?«, »Wie können wir unsere Konditionen noch besser Ihren Vorstellungen anpassen?«).

Zurückstellen: Schieben Sie die Beantwortung des Einwands auf, um Zeit zum Nachdenken zu gewinnen oder um ihn durch Ihre ohnehin geplanten Ausführungen zu entkräften (»Darf ich darauf später zurückkommen?«, »Ein wichtiger Aspekt. Darf ich ihn kurz zurückstellen? Ich möchte erst noch …«).

Ablenken: Indem Sie neue Aspekte ansprechen, können Sie von einem unangenehmen Einwand ablenken (»Haben Sie daran gedacht, dass …«, »Andererseits ist zu beachten, dass …«).

Offenbarung: Mit einer Offenbarung fragen Sie Ihren kritischen Gesprächspartner nach seinen Bedingungen für eine Fortführung der Diskussion oder die Annahme Ihrer Argumente (»Was müssten wir erfüllen, damit Sie unsere Angebote testen?«, »Unter welchen Bedingungen sind Sie bereit, das Gespräch fortzuführen?«).

Hier noch drei weitere Ratschläge, wie Sie Ihre Gesprächspartner für sich gewinnen können: Erstens: Streichen Sie das Wort »Einwand« aus Ihrem Wortschatz, sagen Sie zum Beispiel nicht: »Dieser Einwand ist berechtigt ...« Mit der Verwendung dieses Wortes machen Sie auf etwas Negatives aufmerksam. Besser ist es, zu sagen: »Vielen Dank für Ihre Frage (Anmerkung, Hinweis) ...«, um dann sofort zur Beantwortung überzugehen. Zweitens: Gehen Sie diplomatisch vor, und lassen Sie sich nicht auf Streitgespräche ein. Machen Sie es sich zum obersten Grundsatz, sich immer um eine positive Atmosphäre zu bemühen. Und Drittens: Einwände zeigen – positiv gesehen – nur das Interesse Ihres Gesprächspartners am Thema. Schließlich ist er bereit, zu diskutieren und zu verhandeln. Sehen Sie darum den Einwand immer als ein gutes Zeichen. Die Basis – das Miteinander-sprechen-Wollen – ist vorhanden, es steht lediglich noch die Übereinstimmung aus.

Wenn es Ihnen gelingt, Gemeinsamkeiten zu finden und den Menschen in Ihrem Gegenüber anzusprechen, wird es Ihnen viel leichter gelingen, ein positives, überzeugendes Gespräch mit Ihrem Gesprächspartner zu führen.

Nervosität und Blackout

Jeder Mensch ist vor einem wichtigen Gespräch oder einer Präsentation aufgeregt. Wer kennt es nicht, dass vor einem bedeutsamen Termin das Herz schneller schlägt oder die Hände unruhig zappeln. Nervosität und Lampenfieber gehören dazu. Doch ein Übermaß an Unsicherheit kann zu einem regelrechten Blackout führen. Durch Techniken und Methoden, die ich Ihnen im Folgenden vorstelle, können Sie in jeder Situation Ihre Sicherheit wiederfinden und dem Lampenfieber effektiv entgegenwirken.

So überwinden Sie Ihr Lampenfieber

Was können Sie also tun, um Nervosität und Lampenfieber zu reduzieren? Beginnen Sie zunächst damit, sich die Ratschläge anzueignen, die ich Ihnen zu Beginn des Beitrages zum Thema »Sicherheit ausstrahlen« gegeben habe. Dies gibt Ihnen schon einmal ein gutes Gefühl, und Ihnen fällt die Selbstbejahung leichter, die ja unabdingbar für ein erfolgreiches Auftreten ist. Sollten Sie dann noch Ihre Schlagfertigkeit durch eine gekonnte Fragetechnik und den dosierten Einsatz der Gegenfrage gesteigert haben und die Methoden der Einwandargumentation beherrschen, so haben Sie schon einen entscheidenden Schritt in Richtung Durchsetzungsvermögen und Überzeugungskraft getan. Dann wird es Ihnen bald auch nicht mehr schwer fallen, unfaire Angriffe brillant zu parieren. Sollten Sie sich sehr unsicher fühlen, so hilft Ihnen zusätzlich eine Methode, die Bismarck häufig eingesetzt hat: Er hat sich seine Zuhörer und Gesprächspartner schlicht als Kohlköpfe vorgestellt …

Machen Sie sich stets bewusst: Ein guter Schuss Lampenfieber gehört bei einem erfolgreichen Vortrag und einer wichtigen Verhandlung einfach dazu. Nur dann wirken Sie engagiert, lebendig und menschlich. Wer möchte schon gern mit einem seelenlosen Roboter ein Gespräch führen? Ein gewisses Maß an Emotionalität braucht jede Unterhaltung – denn wir alle entscheiden nicht in erster Linie mit unserem Verstand, sondern zum größten Teil aufgrund unserer Gefühle, aus dem Unterbewusstsein.

So schlagen Sie dem Blackout ein Schnippchen

Aller guten Vorbereitung zum Trotz: Jedem von uns ist es schon einmal passiert, dass wir mitten in einer gut aufgebauten, klar gegliederten und wohldurchdachten Präsentation den Faden verlieren. Die berühmte »Mattscheibe« hat uns erwischt. Eine heiße Welle der Angst durchläuft jetzt den Körper. Die medizinische Erklärung hierfür: Auf Geheiß des Gehirns produziertes Adrenalin und Noradrenalin wird in den Blutkreislauf gepumpt.

Wenn Sie die folgende Checkliste beachten, dann werden Sie bei der nächsten sich bietenden Gelegenheit eine der aufgezeigten Hilfen nutzen können, um den Moment des Steckenbleibens zu überwinden.

Unbedingt wichtig ist ein gesundes Maß an Selbstbejahung. Sagen Sie sich: »Ich werde mich in der nächsten kritischen Situation an diese Tipps erinnern. Wenn ich mich danach richte, kann mir nichts passieren.«

- Legen Sie ruhig häufiger eine Sprechpause ein. Seien Sie versichert – eine Pause stört nur in den seltensten Fällen. Allein Sie haben das Gefühl, dass Ihre Zuhörer die Pause als Aussetzer interpretieren.
- Wiederholen Sie Ihren letzten Satz. So gewinnen Sie Zeit zum Überlegen. Sagen Sie beispielsweise: »Ich möchte nochmals betonen, dass …«
- Fassen Sie den gesamten letzten Abschnitt zusammen: »Ich möchte die Situation nochmals umreißen …« Oder belegen Sie Ihre soeben gemachten Ausführungen durch ein treffendes Beispiel.
- Stellen Sie Ihren Zuhörern Fragen. So verschaffen Sie sich eine Atempause.
- Versuchen Sie, durch besonders langsames Sprechen wieder den »Anschluss« zu finden.
- Halten Sie eine lustige Geschichte oder einen Witz bereit, die Sie mit dem Thema in Verbindung bringen können: »An dieser Stelle fällt mir eine amüsante Episode ein …«
- Wechseln Sie geschickt das Thema: »In diesem Zusammenhang dürfen wir auch folgenden wichtigen Aspekt nicht übersehen …«
- Setzen Sie visuelle Hilfsmittel ein, die Sie bisher in Reserve gehalten haben: »Folgendes Schaubild wird Ihnen meine Ausführungen verdeutlichen …«
- Verlassen Sie sich auf Ihren Stichwortzettel. Bauen Sie ihn vorher sorgfältig auf: stärkeres Papier in der Größe DIN A5 oder A6, farbig und übersichtlich aufgeteilt, nur einseitig beschrieben. Setzen Sie nicht zu viele Stichworte auf eine Seite, Sie verlieren sonst leicht den Überblick. Wenn Sie dies beachten, werden Ihnen Ihre Notizen ganz sicher als Rettungsanker dienen.

- Wenn die Zeit weit genug fortgeschritten ist, schlagen Sie eine kurze Unterbrechung vor: »Ich denke, meine Damen und Herren, wir haben uns jetzt eine Kaffeepause verdient …«
- Sollten Sie sich in einer Stresssituation an keine der genannten Methoden erinnern, so bleibt Ihnen immer noch die Möglichkeit, die Flucht nach vorne anzutreten. Sagen Sie ganz entwaffnend die Wahrheit: »Ich fürchte, jetzt habe ich den Faden verloren …« Sie können sicher sein, dass Sie mit dieser Offenheit die Sympathien Ihres Publikums gewinnen!

So fesseln Sie Ihr Publikum

Ist es Ihnen auch schon passiert, dass Sie – während Sie einem Vortrag lauschten – nur noch schwer zuhören konnten und Ihre Konzentration plötzlich stark nachließ? Der Redner hat Sie offensichtlich nicht begeistern können. Wenn Sie selbst vor Publikum stehen und ein Teil Ihrer Zuhörer einnickt, sich angeregt unterhält oder die Nachbarn im Zuhörerkreis intensiv mustert, wissen Sie, dass Ihre Rede an der Zuhörerschaft vorbeizugehen droht.

Aber noch ist es nicht zu spät. Mit nur ein oder zwei von 15 »Fesselmethoden«, die ich in meiner langjährigen Praxis als Rhetoriklehrer und Redner immer wieder mit Erfolg angewandt habe, können Sie Ihre Zuhörer zurückgewinnen. Wählen Sie im Fall des Falles eine aus, die Ihnen in der aktuellen Situation am erfolgreichsten erscheint.

Legen Sie eine Sprechpause ein. Eine kurze Pause kann Wunder wirken. Vor allem, wenn Sie Fragen an Ihr Publikum gestellt haben, halten Sie inne, lächeln Sie oder fixieren Sie einige Schläfer. Wenn Sie merken, wie ein Ruck durchs Publikum geht, fahren Sie fort und geben selbst die Antwort auf die gestellte Frage.

Kündigen Sie einen Höhepunkt oder eine Pause an. Dies ist gerade bei längeren Vorträgen notwendig, denn so stimulieren Sie noch einmal die schwindende Aufnahmebereitschaft Ihrer Zuhörer. Spätestens nach drei bis fünf Minuten muss aber wirklich etwas sehr Interessantes oder die versprochene Erfrischungs- und Erholungspause folgen.

Ändern Sie Ihre Sprechweise. Am besten ist es, wenn Sie kürzere Sätze formulieren. Ihr Vortrag wird für Ihre Zuhörer deutlich lebhafter, denn Ihre Stimme hebt und senkt sich nun öfter. Sprechen Sie auch mal schneller und dann wieder langsamer, und variieren Sie Ihre Lautstärke: Sowohl ein plötzliches Lauter- als auch ein Leiserwerden, das natürlich auf den Redeinhalt abgestimmt sein muss, lässt Ihr Publikum aufhorchen.

Machen Sie einen Witz, ein kleines Wortspiel, oder erzählen Sie eine kurze Anekdote. Gerade bei Fachvorträgen wirken solche Einlagen, die sich auf irgendeine Passage Ihrer Rede beziehen sollten, sehr belebend. Achten Sie jedoch darauf, dass Sie dann wieder zu Ihrer sachlichen Aussage zurückfinden.

Machen Sie bewusst eine falsche Aussage. Sie fordern so aufmerksame Zuhörer zu Protest heraus – dies wird Leben in Ihr Publikum bringen. Merkt aber keiner den »Fehler«, müssen Sie Ihren Zuhörern sagen, dass Sie sie aufs Glatteis geführt haben. Ihr Publikum wird jetzt höllisch aufpassen, dass Sie ihm keinen zweiten solchen Streich mehr spielen.

Visualisieren Sie. Durch den Einsatz von Flipchart, Overheadprojektor, Beamer oder Ähnlichem erhöhen Sie die Aufmerksamkeit Ihres Publikums enorm. Ihre Zuhörer können sich drei- bis viermal so viel merken wie durch bloßes Zuhören.

Lassen Sie Ihre Zuhörer mitdenken und mitspielen. Skizzieren Sie zum Beispiel kurz eine Lösung A und die Alternative B am Flipchart, und fragen Sie dazu die Meinung Ihrer Zuhörer durch Handzeichen ab. Schon dass diese den Arm hoch strecken müssen, wird sie wieder aktivieren.

Stellen Sie eine provozierende These auf. Fordern Sie Ihre Zuhörer heraus. Aber diskutieren Sie nun die These ernsthaft, wobei Sie sie eventuell schrittweise wieder zurücknehmen können. Ihre Zuhörer werden Ihnen kritisch – und aufmerksamer – folgen.

Suchen Sie Blickkontakt. Im Notfall fixieren Sie einen Schläfer so lange, bis ihn seine Nachbarn anstoßen. Oder Sie schauen eine Person links vorn, dann in der Mitte und schließlich einen Menschen rechts je fünf bis zehn Sekunden an. Jeder, der in der Nähe dieser Personen sitzt, fühlt sich dadurch angesprochen.

Sprechen Sie Zuhörer direkt an. Durch diese Methode zwingen Sie alle Zuhörer zu einer gesteigerten Aufmerksamkeit, da jeder um eine Antwort gebeten werden kann.

Stellen Sie eine rhetorische Frage. Sie erwarten nicht wirklich eine Antwort von Ihren Zuhörern – die Antwort sollte von vornherein sonnenklar sein. Jeder im Publikum wird Ihnen beistimmen und aufmerksamer folgen, da Sie auch seine Meinung vertreten.

Machen Sie ein ungewöhnliches Geräusch. Greifen Sie ans Mikrofon, oder schlagen Sie einmal mit der Faust auf Ihr Stehpult. Das weckt selbst hartnäckige Schläfer!

Führen Sie frische Luft zu. Wenn gar nichts mehr hilft, lassen Sie die Fenster öffnen – vielleicht gar von einigen Desinteressierten.

Wechseln Sie Ihren Standort. Wenden Sie sich dem Flipchart zu oder wechseln Sie auf die andere Seite des Overheadprojektors. Mit einem Headset können Sie auch mitten unter Ihr Publikum treten. Kommen Sie Ihren Zuhörern nahe. Gerade »Schläferecken« aktivieren Sie so.

Sprechen Sie Nebenleute von Schläfern an. Ohne dass Sie einen unaufmerksamen Gast vor dem übrigen Publikum blamieren, können Sie ihn auf diese Weise aufrütteln. Die Stimme seines Nachbarn wird ihn wecken, und er weiß nicht, ob er selbst noch drankommt. Dies ist sozusagen ein verschärfter Einsatz von Methode 10.

Beachten Sie grundsätzlich, dass Sie sich bei Ihren Reden stets selbst treu bleiben und nicht einen Rederoboter spielen, der perfekt 15 Kniffe abspult. Denn Sie wollen ja menschlich wirken und Ihr Publikum positiv stimmen. Um nicht Aggressionen oder solidarische Ablehnung im Publikum entstehen zu lassen, sollten Sie deshalb bei den Punkten 4, 5, 8, 10 und 15 vorsichtig vorgehen. Treten Sie niemandem allzu nahe.

Rolf H. Ruhleders Spezialtipp

Wenn ich Ihnen nur einen Rat geben dürfte, dann wäre es dieser: Seien Sie nicht überkritisch sich selbst gegenüber. Sie werden feststellen, dass Sie sich selbst viel genauer beobachten und sich negativer sehen, als dies Ihr Umfeld tut. Fremde Augen sind oft wohlwollender als wir vermuten.

Mehr von Rolf H. Ruhleder:

- Rhetorik und Dialektik. Bonn 2002.
- Ruhleders Sprüche und Zitate. Offenbach [8]2004.
- Einfach besser verkaufen. Frankfurt [3]2004.
- Vortragen und Präsentieren. Würzburg [6]2002.

Hermann Scherer

war internationaler Unternehmensberater und Trainerausbilder der weltweit größten Trainingsorganisation. Im Jahr 2000 positionierte er »Unternehmen Erfolg®« mit dem Konzept »Von den Besten profitieren« und wurde schnell zum Marktführer.
Die Beratung von Branchenführern hat Hermann Scherer den Ruf des konsequent praxisorientierten Businessexperten eingebracht.
2001 veranstaltete er das »Zukunftsforum« mit dem 42. Präsidenten der USA, Bill Clinton. Hermann Scherer ist Dozent des Management-Seminars der Universität St. Gallen sowie des Executive MBA der Steinbeis-Hochschule.
Weitere Informationen: www.scherer.us

Hermann Scherer

Verdammtes Mittelmaß

Die Spielregeln für die Pole-Position – nicht nur in den Märkten von morgen

Anders sein als andere – das ist das simple Rezept für Erfolg. Wie aber lässt es sich umsetzen? Verabschieden Sie sich vom Mittelmaß, und setzen Sie auf ein Leben mit Leidenschaft. Hermann Scherer zeigt Ihnen Möglichkeiten der Differenzierung und veranschaulicht sie mit zahlreichen Beispielen. Ihr hoher Nutzwert liegt darin, dass sie von jedermann sofort realisierbar sind.

Die Steigerung Ihres persönlichen Erfolges

»Verdammtes Mittelmaß – Die Spielregeln für die Pole-Position – nicht nur in den Märkten von morgen« – was sucht dieses Thema in einem Buch, das auf den »persönlichen Erfolg« fokussiert ist? Als »Workeuphoric« – nicht zu verwechseln mit dem negativ belegten Workaholic – bin ich überzeugt, dass persönlicher Erfolg untrennbar mit beruflichem Erfolg verbunden ist. Es passt nicht zusammen, beruflich Spitzenleistung zu bringen und privat Amateur zu sein oder aber bei der privaten Performance zu glänzen und beruflich auf eine Politur zu warten.

Wir widmen einen großen Teil unseres Lebens dem Engagement im Beruf, der uns daher einen wichtigen Teil unserer Befriedigung gibt. Das macht die Antwort auf die Frage, wie sich die berufliche Welt in Zukunft entwickeln wird, so bedeutsam. Mit welchen Herausforderungen werden sich Unternehmen konfrontiert sehen, auf welchen Märkten werden sie sich versuchen, und wie können wir unseren unternehmerischen – und damit auch unseren eigenen Erfolg – verstärken?

Mit einem Lamento über die Schnelllebigkeit und tiefgreifenden Veränderungen unserer Zeit sowie den Wandel als einzig verbliebene Konstante will ich Sie verschonen. Das gilt auch für die sattsam bekannten Forderungen nach der Entdeckung des Unternehmers im Unternehmen oder den so notwendigen Paradigmenwechsel. Diese Dinge sind nicht neu, und wir alle haben sie mehr oder weniger schon spüren und erfahren oder zumindest vermuten dürfen.

So werden wir uns auf die Herausforderungen der Unternehmen konzentrieren und sie mit Ihren Augen betrachten – denn mit Ihrem Beitrag zum Nutzen des Betriebes arbeiten Sie zugleich an der Maximierung Ihres persönlichen Erfolgs!

Sie sind gut und keiner weiß es?

Mittlerweile leben wir in einer Aufmerksamkeitsgesellschaft, der Attention Economy. Schon längst gibt es den Kampf um die Beachtung durch andere oder »um die Augäpfel« – den »War of Eyeballs«, wie es die Amerikaner nennen. Qualität allein reicht heute nicht mehr und wird in Zukunft noch viel weniger genügen, um im Wettbewerb um Karriere oder Kundengunst die Nase vorne zu haben. Wer nicht auffällt, fällt weg. Der Grund: Qualität ist nicht absolut definiert, sondern sie findet im Kopf des Gegenübers statt. Was nützt es, gut zu sein, wenn niemand es weiß? Was nützt es, besser zu sein als andere, wenn die anderen sich besser verkaufen?

Persönlicher Erfolg und Unternehmenserfolg hängen neben Fachkompetenz, Ideen, Produkten und Dienstleistungen ganz entscheidend davon ab, ob Sie andere überzeugen und begeistern können. Leistung ist wie ein Konsumprodukt. Sie muss nicht nur erbracht, sondern auch schön verpackt, gut platziert und professionell vermarktet werden.

Schon 1996 beschrieb die Medienkünstlerin Rena Tangens in einem Zeitschriftenartikel unsere Gesellschaft als »Zuvielisation«: Wir bekommen zu viele Informationen und nehmen daher 98 Prozent von ihnen nicht mehr bewusst wahr. »Wir ertrinken in Informationen, aber uns dürstet nach Wissen«, formulierte John Naisbitt dieses Problem. Daraus folgt die Frage, wie wir in dieser Situation so auffallen können, dass unsere Botschaften zu den überlebenden 2 Prozent gehören, die zumindest wahrgenommen oder – noch besser – sogar aufgenommen und umgesetzt werden?

Damit verwandt ist das Problem, wie wir überhaupt Qualität als solche erkennen können. Wir leben in einer Welt, in der dies immer schwieriger wird. So hat zum Beispiel die Stiftung Warentest festgestellt, dass sich die Elektro-Rasierer in den letzten Jahren im Hinblick auf ihre »Kernkompetenz«, das Rasieren von Barthaaren, nicht mehr verbessert haben. Sie rasieren, wie genaue Messungen gezeigt haben, schlicht alle Haare, die bis zum Zeitpunkt der Rasur gewachsen sind. Kein Apparat erhebt sich also hinsichtlich seines Hauptzweckes über seine »Konkurrenten«. Entwickelt oder verbessert werden können lediglich Zusatzleistungen oder Zusatznutzen: So gibt es heute schon selbstreinigende Rasierer, eine Bandbreite bei der Kapazität des Akkus sowie sogar ein Modell, das schon während der Rasur eine Pflegelotion aufträgt. Ähnlich wie bei den Rasierern sieht es bei zahlreichen anderen Produkten aus, denn immerhin bewertet Stiftung Warentest im Schnitt 85 Prozent aller Testteilnehmer mit dem gleichen Urteil »gut« – ein eindeutiger Hinweis auf vergleichbare Qualität!

So sind es vielfach die Qualitätssurrogate, die Qualitätsersatzstoffe, die uns – gerade bei vergleichbarer Güte – helfen sollen, ein Produkt beziehungsweise eine Dienstleistung zu bewerten. Angenommen, Sie wollen telefonisch ein Hotelzimmer buchen und rufen ein Ihnen unbekanntes Hotel an. Dauert es sehr lange, bis jemand

Ihren Anruf entgegennimmt, so werden Sie die Ihnen unbekannte Qualität des Hotels als eher schlecht einschätzen – denn schon im ersten Kontakt lässt der Service zu wünschen übrig. Viele buchen bevorzugt bei bekannten Hotelketten, da ein hoher Bekanntheitsgrad die Nutzenvermutung hebt. Ein anderes Beispiel: Sie gehen zu einem neuen Allgemeinarzt; auf dem Flur läuft Ihnen die Sprechstundenhilfe entgegen, ihr weißer Kittel ist von oben bis unten mit Blut verschmiert. Welcher Gedanke liegt da wohl nahe? »Wenn die so arbeiten, wie die aussieht, dann ...«

»Der Kunde vergleicht uns mit der Konkurrenz und stuft uns entweder als besser oder als schlechter ein. Das geht nicht sehr wissenschaftlich vor sich, ist jedoch verheerend für den, der dabei schlechter abschneidet«, formuliert der Vorbildmanager Jack Welch die Bedeutung des oft subjektiven Leistungsvergleichs.

Stetig wächst die Betroffenheit unter braven, fleißigen und qualitätsbewussten Leistungserbringern, den Qualitätsperformern. Täglich arbeiten sie hart an sich und der Qualität ihrer Produkte, Dienstleistungen oder Leistungen und müssen bei kritischer Betrachtung doch feststellen, dass sie dies nicht in entsprechenden Erfolg ummünzen können. Die Ursache: Qualität ist die Eintrittskarte; sie allein ist jedoch für die Mehrheit der Kunden kein ausreichender Anreiz mehr, sich für die Leistungen einer bestimmten Person, für ein bestimmtes Produkt oder für eine bestimmte Dienstleistung zu entscheiden. Diejenigen, die sich lediglich darauf fokussieren, haben deshalb häufig das Nachsehen. Im Extremfall gewinnen jene, die nun mehr oder weniger vorhandene Leistung höchst erfolgreich kommunizieren. Dies trifft nicht nur auf Unternehmen zu. Auch für Sie und Ihren persönlichen Erfolg gilt: Nur wer seine persönlichen Stärken, sein individuelles Profil nach außen sichtbar machen kann, wird wahrgenommen.

Obwohl viele wissen, wie wichtig die Außenwirkung ist, fällt es ihnen schwer, ihre Ideen, Stärken oder auch Dienstleistungen effizient zu transportieren oder zu präsentieren. Dies beginnt schon bei der Vorstellung von Produkten oder Dienstleistungen vor Publikum. Obwohl sich viele Menschen der Wichtigkeit der persönlichen Wirkung bewusst sind, widmen sie dieser zu wenig Aufmerksamkeit, wenn sie selbst vor einer größeren Menge von Menschen auftreten müssen. Nach einer aktuellen Umfrage des *Wallstreet Journals* beurteilen 40 Prozent aller Zuhörer Präsentationen als »einschläfernd«, 44 Prozent als »langweilig«, 13 Prozent als »okay« und nur 3 Prozent als »begeisternd«. Nach dem Motto: »Wecken Sie mich, wenn es vorbei ist!«, kämpft so mancher im Publikum gegen die Müdigkeit an und lässt gequält monotone Reden über sich ergehen. Keine gute Ausgangslage für die Zukunftsfähigkeit unserer Wirtschaft.

Versunken im Mittelmaß

Die Unternehmen von heute sitzen in der Klemme und werden neue Wege gehen müssen, um erfolgreich zu sein. So schreibt das *Manager Magazin* in seiner Online-Börse: »Deutsche Unternehmen versinken im Mittelmaß. Deutschland ist Europas stärkste Wirtschaftsmacht. An der Leistung der Großkonzerne hierzulande kann dies aber nicht liegen. Ein Ranking der *Business Week* zeigt, dass es die deutsche Wirtschaftselite nicht einmal in die europäische Top 20 schafft und die Leistung der deutschen Großunternehmen zuletzt weit hinter der europäischen Konkurrenz zurückgeblieben ist. In Zusammenarbeit mit den Marktanalysten von Standard & Poor's beurteilt die amerikanische Wirtschaftszeitschrift Verkaufserfolge und Aktienrendite der 350 größten börsennotierten Unternehmen Europas. Deutschland, obwohl stärkste Wirtschaftsmacht in Europa, bringt es nur auf vier Positionen unter die Top 50. Bestes deutsches Unternehmen ist der Münchener Autohersteller BMW auf Platz 21. Andere große Namen wie DaimlerChrysler oder die Deutsche Telekom landen abgeschlagen auf den Positionen 131 und 181.«

Erfolg ist eben nicht durch das Mit-, sondern ausschließlich durch das Voranmarschieren realisierbar. Und so lange Unternehmen nur das bieten, was alle bieten, werden sie auch nur das bekommen, was alle bekommen: durchschnittliche Erlöse, durchschnittliche Anerkennung, durchschnittliche Aufmerksamkeit. Und alles das ist letztlich nicht viel wert! Dort, wo alle sind, ist wenig zu holen. Jeder sucht die goldene Mitte, und wer sie gefunden hat, der wundert sich, dass sie verstopft ist. Und versinkt im Mittelmaß.

Doch warum ist das so? Warum stecken so viele Unternehmen im Mittelmaß fest? Die zentralen Ursachen der in vielen Branchen vorherrschenden Gleichmacherei: Marktbeobachtung und Benchmarking verleiten zur Nachahmung, also zur Kopie, und führen damit schon fast zwangsweise nicht auf die beste Position. Dies gilt nicht nur für Unternehmen, sondern auch für Menschen, die erfolgreich – im Beruf wie im Privatleben – sein möchten. Wer den Fußstapfen anderer folgt, der hat selten die Möglichkeit zu überholen. Die Gleichheit im Angebot führt bei den Kunden letztlich zu Gleichgültigkeit und reduziert damit die angebotenen Leistungen auf deren Preis. Wenn Sie Ihrem Vorgesetzten nicht Ihre individuellen Stärken überzeugend präsentieren können, fallen Sie ihm nicht als besonders fähige Mitarbeiterin oder Mitarbeiter auf. Eine außergewöhnliche, sich über die Masse erhebende und die Wertschöpfung maximierende Position lässt sich so nicht erreichen. Benchmarking spornt zwar zum Wettkampf an, doch die Frage ist, ob Vergleiche mit anderen immer der beste Weg sind. Die Wettbewerber versuchen, einander zu übertrumpfen, haben aber möglicherweise völlig verschiedene Voraussetzungen. Wäre es da nicht sinnvoller, aus den eigenen Möglichkeiten das Bestmögliche zu machen oder – auf den persönlichen Erfolg transformiert – aus den eigenen Talenten das Maximum herausholen? Anders formuliert: Erfolgreiche machen sich selbst und nicht andere zum Maßstab! Sie brechen die Regeln des Marktes, statt individuelle Stärken zu vernachlässigen.

Vielen fehlt jedoch der Mut zur strategischen Ausrichtung und Positionierung ihres Unternehmens beziehungsweise ihrer Person, da die Angst, Fehler zu machen, meist größer ist als die Bereitschaft, Risiken zu tragen. Dabei sagt der amerikanische Volksmund so richtig: No risk – no fun! Die Wahrscheinlichkeit von Spaß oder Erfolg wächst proportional zu Ihrer Fähigkeit, Risiken einzugehen.

Risiko und Erfolg

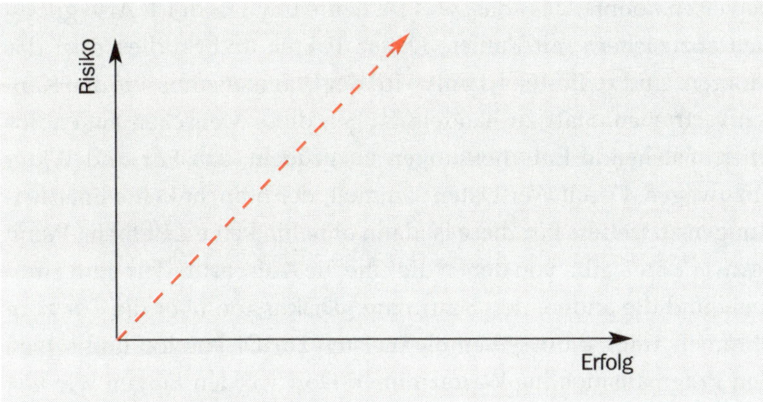

Statt diese Erkenntnis umzusetzen, verwenden viele Menschen 90 Prozent ihrer Energie darauf, keine Fehler zu machen. Die Folge: Sie machen gar nichts, denn: »Wer nichts riskiert, sich nicht blamiert.« Entscheidungen erfordern Mut und sorgen nicht immer für die höchsten Punkte auf der Beliebtheitsskala. Deshalb werden oft gar keine Entscheidungen getroffen, um nicht unangenehm aufzufallen. Doch »everybody's darling« ist nun einmal »everybody's Depp«. Führungskräfte werden ja nicht allein für ihre in Stundenleistung ausgedrückte Arbeit honoriert, sondern auch und insbesondere für den Mut, den sie bei Entscheidungen beweisen. Selbst wenn böse Zungen dies als »Schmerzensgeld« bezeichnen, so bleibt die Verantwortung, unternehmerisch zu handeln, bestehen. Unternehmer sind Unternehmer und keine Unterlasser und sollten nicht durch Feigheit in Führungspositionen zu Nieten in Nadelstreifen mutieren.

Die verbreitete Entscheidungsschwäche liegt auch daran, dass sich viele Menschen zu wenig zutrauen. Viel zu schnell fürchten sie, ohnehin nichts erreichen zu können. Die Überzeugung von der Unmöglichkeit aber schützt alle eventuell vorhandenen Berge und Klippen zuverlässig vor dem Versetztwerden und dem Umschifftwerden. Die Bedenken vor den Folgen möglicher Entscheidungen sollten daher wirkungsvoll zerstreut werden.

Die Zukunft ist für viele Menschen die Zeit, die beweist oder beweisen könnte, dass das, was sie heute tun, falsch ist. Also gilt es, sich abzusichern mit Zahlen, Daten, Fakten und Studien über das Morgen. Und spätestens damit wird der Pragmatismus aus den Köpfen vertrieben. Statt zu handeln fangen diese Menschen an, endlos über anstehende Entscheidungen zu grübeln, das Für und Wider abzuwägen. Denn: Wer Daten sammelt, der braucht keine Entscheidungen zu treffen. Für diese ist dann ohnehin keine Zeit mehr. Wenn es zwei Türen gibt, von denen die eine die Aufschrift »Tür zum Himmel« und die andere den Schriftzug »Diskussion über die Tür zum Himmel« trägt, dann gehen die meisten zur Diskussion und setzen den Pragmatismus ins Wartezimmer. Dort werden Fragen wie »Ist der Himmel wirklich blau?« behandelt und der Patient mit dem Namen Entscheidung bekommt vielleicht einen neuen Termin. Wenn sich die Eigeninitiative allein darin erschöpft, Alternativen gegeneinander abzuwägen, wird klar, warum sich so viele Menschen wie auf der Wartebank des Lebens fühlen. Ihr Leben lang suchen sie den Lift zum Erfolg, statt täglich einen Schritt auf der Treppe zu gehen.

» Anders zu sein bedeutet, Mut, viel Mut zu haben. Nur Mutmacher sind Marktmacher. «

Mittelmäßigkeit ist ein Grund, sich zu schämen – und ein Grund, Pleite zu gehen. Die Mittelmäßigkeit kann man nur dann durchbrechen, indem man

- den fehlenden Pragmatismus kuriert,
- Branchengesetze hinterfragt,
- nicht nur kopiert, sondern voranmarschiert,
- auch mal Regeln bricht und die Logik des Marktes ignoriert,
- nicht die Autobahnen, sondern die Trampelpfade nutzt,
- den Erfolg abseits ausgetretener Wege erschließt,
- auf neue, möglicherweise unkonventionelle, sicherlich jedoch nicht auf mittelmäßige Methoden umschwenkt.

Wer das schafft, der sichert seinen Erfolg und verschafft sich die Pole-Position in den Märkten – auch den Arbeitsmärkten – von morgen.

Solange Mitarbeiter und Führungskräfte lediglich Hüter der Mittelmäßigkeit sind, können Unternehmen niemals besser werden als der Branchendurchschnitt. Und wir alle sind Führungskräfte! Auch ohne direkte Führungsverantwortung oder ohne Mitarbeiter – die sollen ja wirklich einmal Untergebene geheißen haben – führen wir mindestens uns selbst durchs Leben, wenn nicht sogar unsere Familie, unsere Kollegen oder unsere Abteilung. Wir alle sind Teil eines Teams, mit dem wir unsere Ziele erreichen können.

Was aber muss eine so definierte Führungskraft, was also müssen wir alle können? Immer wenn ich in meinen Vorträgen diese Frage stelle, dann bekomme ich eine Vielzahl von Antworten wie zum Beispiel: »motivieren«, »delegieren«, »führen«, »Vorbild sein« und so weiter. Einer Führungskraft einzelne Eigenschaften zuzuschreiben, fällt den meisten sehr leicht. Wie aber lassen sich alle diese Fähigkeiten in einem einzigen, einem allumfassenden Satz integrieren? Für mich persönlich lautet dieser Satz: »Sie oder er muss sich eine bessere Welt vorstellen können.« Das ist nicht im Sinne eines Samariters gemeint (was übrigens auch nicht schaden würde), sondern im Sinne einer Vision. Es geht darum, sich bei wirklich allen Handlungen die Frage zu stellen: »Trage ich jetzt gerade aktiv dazu bei, die bestehende Situation zu verbessern?«

Folgender Witz zeigt die Komplexität, das Wesen einer Führungskraft in atomisierten Begriffen zu umschreiben: Ein Mann betritt ein Zoofachgeschäft, um einen Papagei zu kaufen. Der Verkäufer zeigt ihm einen Papagei für 500 Euro, der gut sprechen kann. Darauf fragt der Kunde nach weiteren Papageien. Der Verkäufer erwidert: »Ja, wir haben einen, der kann nicht nur gut sprechen, sondern sogar ein wenig zusammenhängend kommunizieren. Er kostet 1000 Euro.« »Das klingt interessant«, meint der Kunde und erkundigt sich nach weiteren Papageien. »Einen Papagei habe ich noch. Der kostet aber 2000 Euro!«, antwortet der Verkäufer. »Und was kann der?«, will der

Kunde neugierig wissen. Darauf erwidert der Verkäufer: »*Was* er kann, wissen wir nicht, aber die anderen Papageien sagen ›Chef‹ zu ihm!«

Es wird also in Zukunft immer weniger darauf ankommen, was auf Ihrer Visitenkarte oder in Ihrer Stellenbeschreibung steht. Viel entscheidender wird sein, ob und in welchem Maße Sie aktiv »zu einer besseren Welt« beitragen – also gegebene Autorität versus natürliche Autorität. Für Unternehmen werden die Mitarbeiter wichtiger werden als die – zunehmend vergleichbaren – Produkte oder Dienstleistungen. Nur durch seine Mitarbeiter kann sich ein Unternehmen von anderen abheben und damit das Versinken im »verdammten Mittelmaß« verhindern. Es bleiben für die Zukunft lediglich zwei Möglichkeiten: differenzieren oder verlieren!

Die gute Nachricht: Es gibt mehrere Möglichkeiten, sich als Person, Dienstleister oder Unternehmer zu differenzieren, egal, ob die eigene Arbeit extern oder intern orientiert ist. Vier dieser Strategien möchte ich Ihnen vorstellen. Letztlich dienen sie alle dazu, einen tiefgehenden Nutzen zu stiften und Ihr Unternehmen und damit Sie unentbehrlich zu machen. Denn derjenige, dem es gelingt einen solchen Nutzen zu stiften, dem gelingt es auch, unersetzbar zu sein.

Vier Möglichkeiten, sich zu differenzieren

Der Zukunftsforscher Matthias Horx hat in seinem Buch *Future Fitness* vier Fluchtachsen des Konsums beschrieben. Diese möchte ich hier unter dem Aspekt der Positionierung beleuchten. Nach Horx wird es zum einen die Ausrichtung nach dem mittlerweile allbekannten Motto »Geiz ist geil« geben und damit eine »Aldisierung« mit einem Fokus auf »billig und low-cost«. Gleichzeitig werden sich am anderen Ende des Spektrums die Märkte verstärkt entwickeln, in denen hochqualitative Marken dominieren, die Luxus versprechen und den Status des Käufers heben.

Konsum-Polarisierung

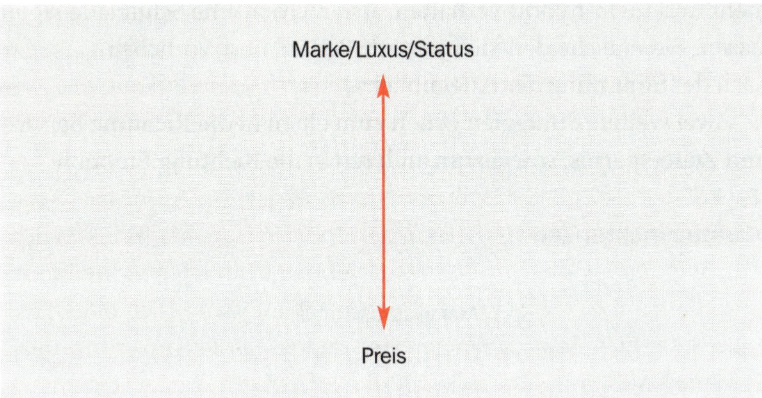

Auch das B. A. T. Institut beschreibt in einer Studie die Polarisierung der Märkte. Der eindeutigen Zunahme im Billig-Preis-Segment steht das gleichzeitige – übrigens fast noch dynamischere – Wachstum der qualitativ hochwertigen Spitzenprodukte gegenüber. Beide Entwicklungen gehen zu Lasten des mittleren Marktsegments, das – längst vom Aussterben bedroht – als »Tote Mitte« bezeichnet wird.

Die Polarisierung der Märkte

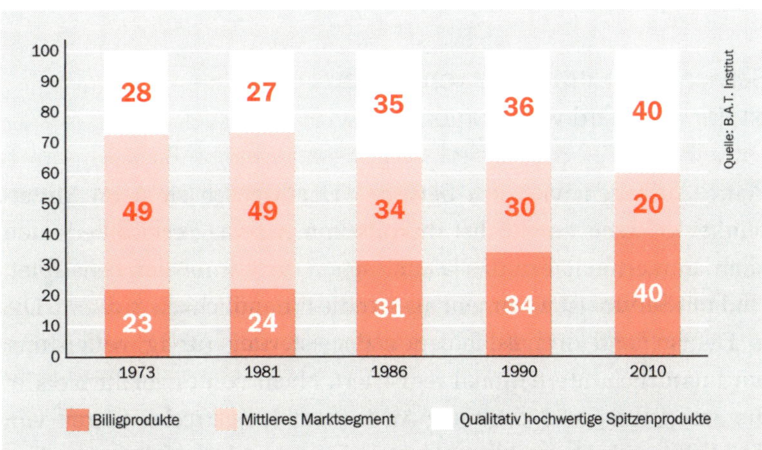

Nicht zuletzt liegt diese starke Polarisierung an den Kunden, die sich mehr und mehr hybrid verhalten, also nicht in eine Schublade legen lassen. Sie entscheiden sich je nach Bedarf und Vorlieben, ja sogar nach der Stimmung des Augenblicks.

Zwei weitere Strategien gehen zum einen in die Richtung Service und Zeitersparnis, sowie zum anderen in die Richtung Emotion.

Marktausrichtungen

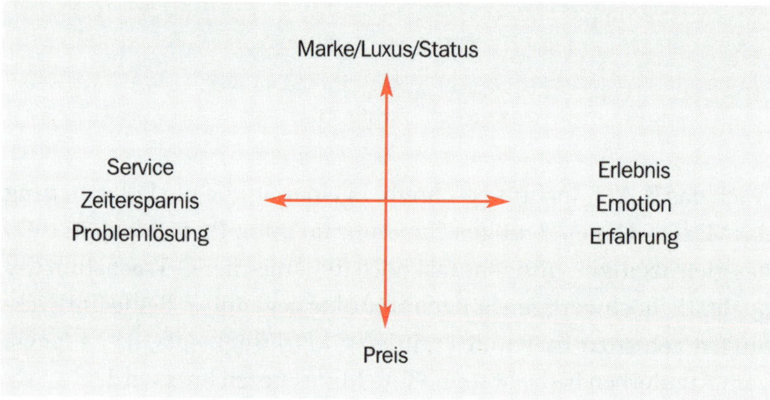

Lassen Sie uns diese vier Bereiche einmal genauer betrachten.

Service: Die Extra-Meile von heute ist der Standard von morgen

Platte Aussagen wie zum Beispiel »Der Mensch steht im Mittelpunkt« erfassen nur höchst unvollkommen, was Service bedeuten kann. Immerhin haben das ja auch schon die Kannibalen behauptet. Und mit Service ist weit mehr als nur die Freundlichkeit gemeint. Die in Deutschland oftmals fehlende Begeisterung für Dienstleistung wird natürlich international registriert. Nicht von ungefähr blendet die amerikanische Northwest Airline auf Langstreckenflügen von den USA nach Deutschland kurz vor der Landung folgenden Text (hier übersetzt) auf den Bordbildschirmen ein: »Besuchern aus den USA kommen Verkäufer/innen sowie Bedienungspersonal von Restaurants und Gaststätten als unterkühlt und abweisend vor. Dieses Verhalten ist für das Dienstleistungsgewerbe in Deutschland normal und nicht unhöflich gemeint.«

In der Tat ist das Serviceverständnis der Amerikaner für uns manchmal ungewohnt. Ich kann mich noch gut an einen meiner ersten Restaurantbesuche in den Vereinigten Staaten erinnern, bei dem ich brav in der Schlange – nach der Vorschrift »Wait to be seated« – auf die Zuteilung eines Tisches wartete. Plötzlich kam eine Dame mit den Worten »Hi, I am Karen and I make you a wonderful night tonight« auf mich zu, was mich fast restlos verwirrte. Ein für mich in mehrfacher Hinsicht außergewöhnliches Ereignis. Schnell höre ich da Stimmen, die über die amerikanische Oberflächlichkeit schimpfen. So etwas lässt sich sicherlich mit Recht als oberflächlich bezeichnen. Und dennoch: Mir ist eine aufgesetzte Freundlichkeit immer noch lieber als eine individuelle Unfreundlichkeit. Auch Hilmar Kopper von der Deutschen Bank ist überzeugt: »Wir können unsere Vertriebsleistung im Inland um 25 Prozent steigern, wenn sich alle Beschäftigten angewöhnen, jeden Kunden, den sie sehen, freundlich zu grüßen.« Und dabei ist eine freundliche Begrüßung nicht einmal ein besonderer Service, sondern nichts anderes als das Lernen der Notwendigkeit des achtsamen Umgangs mit anderen Menschen.

Wer Service wirklich ernst nimmt, gibt sich mit Freundlichkeit oder anderen »prozessverschönernden« Maßnahmen allein nicht zufrieden. Vielmehr wird es in Zukunft darum gehen, Prozesse zu vereinfachen, neue weiterreichende Lösungen zu entwickeln und Innovationen voranzutreiben. Manchmal werden die Unternehmen, die Service-Marktführer sein wollen, sogar Probleme zu lösen haben, die möglicherweise von den Kunden noch gar nicht als Problem wahrgenommen wurden. Dafür gibt es eine Zielgruppe, denn viele Menschen haben ein Problem, dessen sie sich aber nicht bewusst sind und für das sie deshalb natürlich auch noch nie eine Lösung suchten.

Sie können ihre Erwartungen nicht konkretisieren, weil sie den Ist-Zustand nicht als mangelhaft erkennen. Spezialisten geben daher Antworten auf Fragen, die noch gar nicht gestellt wurden.

Die Fischerwerke, ein renommierter Hersteller von Produkten aus dem Bereich der Befestigungstechnik, formulieren als Motto: »Wir lösen Probleme unserer Zielgruppen, bevor diese merken, dass diese Probleme bestehen.« Diese Kernauffassung führt zu problembezogenem Forschen und Handeln. Bevor Dübel erfunden wurden, hatte man tatsächlich kein Bewusstsein für das Problem, an schwierigen Stellen etwas zu befestigen. Wo etwas mit herkömmlichen Materialien nicht hielt, wurde auch nichts befestigt! Die Entwicklung des Dübels lieferte somit simultan Lösung und dazu passendes Problem.

Andere Firmen suchen die Probleme neben den Problemen, also Schwierigkeiten und Fragen, die im Zusammenhang mit Produkten oder Dienstleistungen entstehen. Das Unternehmen Blacksocks.com hat sich zunutze gemacht, dass so viele Männer morgens bei der Suche nach zwei farb- und formgleichen Socken in der nicht aufgeräumten Sockenschublade verzweifeln und bietet ein Socken-Abo im Internet an: Als Socken-Abonnent erhalten die Kunden mehrmals im Jahr drei Paar Socken per Post zugeschickt. Bei der Farbe gibt es keine Alternative, denn alle Socken sind schwarz. Dafür kann zwischen verschiedenen Modellen gewählt werden: Socken oder Kniestrümpfe. Auch beim Lieferrhythmus gibt es Auswahlmöglichkeiten: drei, vier oder sechs Lieferungen à jeweils drei Paar Socken pro Jahr. Dieses Angebot mag banal klingen, doch es beweist intensives Nachdenken über eine bestimmte Zielgruppe. Die Menschen kaufen bei Blacksocks.com nicht primär Socken, sondern eine Problemlösung. Und die wird schließlich immer von uns erwartet – unabhängig davon, ob wir mit dem Kunden, in einem Team oder in einer Abteilung arbeiten.

Ideen wie die von Blacksocks gehen weit über einen Verkaufs- oder Marketing-Gag hinaus. Sie können nur realisiert werden, wenn die Mitarbeiter und Teams des Unternehmens zusammenarbeiten – von den Kreativen bis zum Vertrieb. Kein Betrieb kann auf Dauer existieren, wenn er keine Ideen hat oder wenn er diese in Produkte oder Dienstleistungen transferierte Ideen nicht verkauft. Das Schlimme ist jedoch, dass die Mitarbeiter mit Kundenkontakt in den meisten Unternehmen wenig zu sagen haben und die Mitarbeiter mit Entscheidungsgewalt meist mit dem Kunden nichts zu tun haben (wollen). Eine kontinuierliche Verbesserung bei Service und Problemlösekompetenz ist so kaum möglich. Und doch ist sie überlebensnotwendig, denn der Wettbewerb schläft nicht. Die Extra-Meile von heute ist der Standard von morgen.

Was bedeutet das für Ihren persönlichen Weg? Wie können Sie die Erfahrungen von Unternehmen für sich nutzen? Nehmen Sie sich ein Beispiel an erfolgreichen Unternehmen wie Fischer oder Blacksocks.

» Seien Sie ein kreativer Prozesseroberer, Problemsucher und Problemräuber. Freuen Sie sich über neu auftretende Probleme, denn sie verbessern Ihre Problemlösungskompetenz. «

Je kompetenter Sie Probleme lösen, desto größer werden die Probleme sein, die künftig auf Sie zukommen. Und das wiederum macht Sie zum immer begehrteren Problemlöser. Außerdem gilt: Je höher Ihre Stellung, desto größer sind die Probleme, die Sie zu lösen bekommen. Eine niedrige Stellung bedeutet kleine Probleme, eine hohe Stellung aber große Probleme! Das Genie Albert Einstein wusste: »Probleme kann man niemals mit derselben Denkweise lösen, durch die sie entstanden sind.«

Logo + Assoziation = Marke

Die zweite Strategie zielt darauf ab, als Marke oder als Brand beziehungsweise durch das Versprechen von Status und Luxus zu wirken. Im Handel mit derart fokussierten Produkten kommt das Gegenteil des Geizprinzips zum Tragen, ausgedrückt in Aussagen wie zum Beispiel: »Geld spielt keine Rolex.« Die Aktienwerte von Luxusartikeln bestätigen die These von der Polarisierung der Märkte. Doch nicht jedes Logo ist mit einer Marke gleichzusetzen. Logos gibt es viele, Marken jedoch nur wenige! Erst ein Logo, das eine Assoziation erzeugt, ist eine Marke – nach der Formel »Logo + Assoziation = Marke«. Erfolgreiche Unternehmen verfügen über einen unverkennbaren und unverwechselbaren Marktauftritt. Branchenübergreifend ist ihnen ein wesentliches Merkmal gemein, das sie zur Marke macht: Sie sind anders – und das konsequent und kontinuierlich.

Diese Strategie können Sie auch für Ihren persönlichen Erfolg einsetzen. Wir alle denken in Marken und nehmen Marken als solche wahr. Das gilt sowohl bei Unternehmen oder Produkten, die durch klassisches Branding zur Marke geworden sind, als auch bei Ladenlokalen, die durch Store-Branding in den Köpfen der Kunden als Marke implementiert wurden. Schon längst gibt es den »Employee Brand«, das Image als Mitarbeiter, sowie den »Personal Brand«, das Image als Freiberufler oder die Marke Mensch. Heute werden Menschen genauso wie Produkten Untertitel beigefügt, ob dies nun bewusst oder unbewusst geschieht. Bei Produkten oder Unternehmen lauten diese Untertitel oder Claims zum Beispiel »quadratisch, praktisch, gut«, »Connecting People«, »Nichts ist unmöglich« oder »Freude am Fahren«. Prominente erhalten Beinamen, für die der »Kaiser« Franz Beckenbauer ein bekanntes Beispiel ist. Möglicherweise geben wir dem »Kaiser« unterbewusst noch eine Menge weiterer Untertitel, wie zum Beispiel »Alles, was der macht, das funktioniert auch«. Ähnlich sieht es in unserem Bekannten- und Freundeskreis aus. Hier lauten die Untertitel etwa »Mit der kann man Pferde stehlen« oder »Der kommt immer zu spät«. Es stellt sich also die Frage: Wie können wir den Brand unseres Unternehmens oder unserer Leistungen wertvoller machen? Oder wie können wir – zum Beispiel als Freiberufler – unseren Expertenstatus erhöhen? Nach wie vor wirken beim Aufbau eines guten Rufes nicht nur messbare, sondern auch einige softe Faktoren mit. Oder, um es mit den Worten von Einstein zu sagen: »Nicht alles, was zählt, kann gezählt werden.«

In diesem Zusammenhang ist wichtig:

- Ein hoher Bekanntheitsgrad hebt die Nutzenvermutung.
- Der Expertenstatus wird von Laien unterschieden.

Je bekannter der Nutzen, den Sie stiften, und Sie als Dienstleister sind, desto eher wird man von Ihnen einen hohen Gegenwert erwarten. Anders gesagt: Je bekannter Sie sind, desto positiver wird das über Sie gebildete Vorurteil sein. Außerdem kommt es gar nicht so sehr darauf an, dass Sie als Experte unter Experten der gleichen Leistungsdimension gelten. Das ist meist schon aufgrund vieler Eitelkeiten unmöglich. Viel entscheidender ist Ihr Expertenstatus unter denjenigen, für die Sie Ihre Leistung erbringen. Um diesen zu heben, lohnt sich die Investition von Zeit und Intelligenz.

Allerdings sollten Sie nicht irgendwelche Pseudo-Experten nachahmen. Würzen Sie also Ihr Profil nicht mit den verschiedensten Geschichten, die Sie zwar als Experte erscheinen lassen, die aber unwahr sind. Es gibt zum Beispiel viele Berater, die sich mit falschen Referenzen schmücken, Aussagen extrem schönen oder sogar verfälschen. Es ist ethisch verwerflich, wenn sich jemand zum Beispiel mit Erfahrungen aus Geiselverhandlungen brüstet, um sich als Verhandlungsexperte zu positionieren, jedoch noch nie im Leben mit einem Geiselnehmer zu tun hatte.

» Sorgen Sie dafür, dass Ihr Name und die dazugehörigen Leistungen mit einem positiven Untertitel versehen werden, und bauen Sie sich so ein hervorragendes Image auf. «

Emotion: Wohlfühl-, Gutfühl-, Er-Lebens-Gefühl

Eine weitere Möglichkeit, um sich von anderen abzuheben, ist das Setzen auf Erlebnisse, Emotionen und Erfahrungen. Und da stehen Sie gleich doppelt im Mittelpunkt: Zum einen können Sie sich als Mensch durch Ihre ganz spezielle Art von anderen unterscheiden. Zum anderen machen Sie damit auch für Ihre Abteilung oder Ihr Unternehmen den Unterschied aus, der eben den Unterschied ausmacht. Es wird immer mehr darum gehen, Spaß im Beruf zu haben, wobei der Spaß kein Selbstzweck ist, sondern die Leistungskraft und die Motivation hebt. Freude an der Arbeit erzeugt zudem ein positives Gefühl im Team und überträgt sich auf alle Kollegen und Kunden. Nicht selten wird dies zum entscheidenden Kaufkriterium, denn selbstverständlich sind gut gelaunte Kunden besonders ausgabefreudig.

Viele Zahlen zeigen deutlich, wie sich die Wertschöpfung vom Rohstoff über das Produkt und die Dienstleistung schließlich auf die Emotion verlagert hat. Nehmen wir einmal das Beispiel Kaffee: Die Wertschöpfung an einem Sack Kaffeebohnen, wie ihn zum Beispiel der Kaffeebauer in einem Kaffeeanbaugebiet erntet, ist sicherlich gering. Etwas höher ist die Wertschöpfung für ein Päckchen Kaffee, die für ein halbes Kilo und einen Verkaufspreis von durchschnittlich 4 bis 5 Euro etwa 0,15 bis 0,25 Euro beträgt. Eine deutliche Steigerung erfährt die Wertschöpfung bei der Dienstleistung Kaffee, denn der Verkaufspreis für eine Tasse Kaffee in einem Restaurant liegt bei rund 2,00 bis 3,00 Euro. Hier kommt die Rohmarge leicht auf einige Dutzend Prozent des Verkaufspreises, zum Beispiel auf 1,50 bis 2,50 Euro. Wenn diese Dienstleistung noch mit Emotionen angereichert wird, dann kann der Verkaufswert schnell erhöht und sogar vervielfacht werden. So erhalten Sie einen Cappuccino bei Starbucks ab 4,40 Euro. Der Wert kann bei Starbucks übrigens durch die so genannten »additional shots« – wie zum Beispiel Vanille- oder Pfefferminzsirup – noch weiter erhöht werden. Und das für einen Kaffee im Pappbecher und mit Selbstbedienung!

Nun liegt die bei Starbucks realisierte Wertschöpfung sicherlich nicht allein am guten Aroma und der wirklich lecker aufgeschäumten Milch. Zusätzlich wirken sich die Emotionen aus, die die weltweit führende Kaffeehauskette zu vermitteln versteht. Hier stehen das Erlebnis der Arbeit der Barista, der Kaffeebereiter, und der herzlich-spaßige Umgang mit den Kunden, gepaart mit einem kuscheligcoolen Ambiente, im Vordergrund. Durch die Anreicherung des Angebots mit Erlebnissen wird das Kundeninteresse gesteigert. So beschreibt Starbucks in seinem »For business office-delivery-service«-Angebot für Unternehmen im Internet weniger das Produkt und die Preise, sondern spricht die Emotionen an: »Der Duft verrät bereits, wie köstlich Ihr Kaffee schmecken wird. Ob frisch gemahlener Kaffee oder Kaffeedampf aus der Tasse – Kaffeeduft betört die Sinne. Übrigens: Rund 90 Prozent Ihrer Geschmackswahrnehmung beruht auf dem Geruchsinn. Die Zunge kann lediglich vier Geschmacksrichtungen unterscheiden: süß, salzig, sauer und bitter. Erst der Duft erweitert diese vier grundlegenden Geschmackswahrnehmungen um Tausende von Nuancen.«

Vom Rohstoff zum Erlebnis

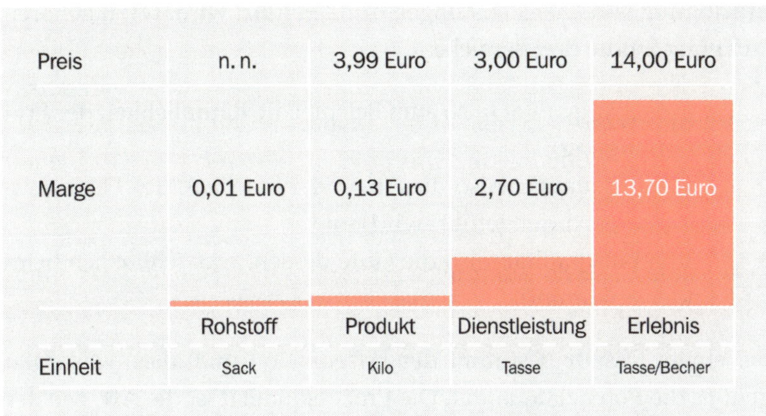

Auf der Bühler Höhe leisten sich die Kunden am Wochenende zur Feier des Tages ein Kännchen Kaffee mit Ausblick auf die schöne Landschaft für circa 14 Euro und bescheren dem Unternehmen mit den Worten »Das ist es uns heute wert« eine außergewöhnliche Marge. Ein Trend, der sich nicht nur in der Gastronomie zeigt, auch wenn gerade die Beispiele von Starbucks, san francisco coffee company, Fliegerbräu in Feldkirchen oder der ROK Restaurant GmbH in

München relativ bekannt sind. Viele weitere Unternehmen gehen solche Wege und stellen sich die Frage: »Wie lade ich meine Produkte oder Dienstleistungen mit Emotionen oder Erlebnissen auf, um spannend für meine Kunden zu werden?« Ein besonderes Beispiel ist der Fischmarkt in Seattle (www.pikeplacefish.com), der es wie kein anderer versteht, die langweilige und stinkende Ware Fisch positiv zu emotionalisieren und dadurch Rekorde bei Mitarbeitermotivation und Kundenbegeisterung zu feiern. Das verwundert wenig, wenn Sie sich einmal im Internet den kleinen Film des Fischmarktes ansehen. Nicht zuletzt wurde das Konzept des Marktes durch den Business-School Professor Stephen Lundin entdeckt, der es mittlerweile erfolgreich auf diverse Branchen übertragen hat.

Der Erfolg von Pike Place Fish liegt sicherlich auch darin, wie die Erbringung von Dienstleistungen durchgeführt wird. Dazu gehören laut einer Studie drei Bereiche:

- die Potenzialqualität (also zum Beispiel die Räumlichkeit der Prozesserbringung),
- die Prozessqualität (also die Art und Weise, wie der Dienstleistungsprozess durchgeführt wird) und
- die Ergebnisqualität (also die Güte dessen, was schließlich beim Kunden ankommt).

Bei einem Friseur bestimmt der Friseursalon und alles, was dazu gehört, die Potenzialqualität. Die Prozessqualität ist die Art, wie der Prozess erbracht wird, also welche Gespräche geführt werden und so weiter. Die Ergebnisqualität wird in diesem Beispiel von der Qualität der Frisuren bestimmt.

Ein geradezu unglaubliches Ergebnis der erwähnten Studie ist, dass es in Extremfällen auf folgende Kriterien ankommt:

- zu 10 Prozent auf die Potenzialqualität,
- zu 70 Prozent auf die Prozessqualität
- und nur zu 20 Prozent auf die Ergebnisqualität.

Das wäre beim Friseur wahrscheinlich nicht jedermanns Sache. Nettes Gespräch geführt, aber schreckliches Outfit – würden Sie diesen Laden wieder betreten?

Die Bedeutung von Erlebnis und Emotion habe ich 2001 selbst erfahren. Um das »Von den Besten profitieren«-Konzept noch zu übertreffen, veranstaltete ich das »Zukunftsforum« mit dem 42. Präsidenten der USA, William Jefferson (Bill) Clinton. Eine spektakuläre Veranstaltung mit über 5000 Teilnehmern, bei der unter anderem die Gebrüder Klitschko und die Musikgruppe No Angels mitwirkten. Damals, kurz vor der Euro-Einführung, hatten wir eine große Bandbreite von Eintrittspreisen. So konnte man als Teilnehmer die Veranstaltung auf den hinteren Plätzen schon für 69,- Mark mitverfolgen oder aber sich die erste Reihe – verbunden mit einem Abendessen, einem Händedruck und einem gemeinsamen Foto mit Bill Clinton – für über 3000 Mark sichern. Sie ahnen schon, was passiert ist. Die günstigen Eintrittskarten haben wir kaum absetzen können, die hochwertigen Eintrittskarten dagegen wurden uns geradezu aus den Händen gerissen. Begehrt war offenbar das Erlebnis, den ehemaligen Präsidenten der Vereinigten Staaten aus allernächster Nähe zu sehen und nicht nur seinen Vortrag zu hören – ganz zu schweigen von den anderen Begehrlichkeiten, die ein gemeinsames Foto mit Bill Clinton weckt.

Nun können solche emotionalen Duftschaumbäder nicht in jeder Branche verabreicht werden. Was gerade im Konsumgüterbereich häufig mit Emotionen veredelt wird, lässt sich in einem Investitionsgüterbereich oder in Geschäftskundenbeziehungen nur bedingt so realisieren. Doch bitte unterschätzen Sie auch hier nicht die Macht der Emotionen, schließlich wird heute immer noch fast jede Entscheidung von Menschen getroffen. Allerdings werden Emotionen bei Investitionsgütern oder Geschäftskundenbeziehungen treffender durch Erfahrungen ersetzt: Da ist es die Erfahrung des Anbieters, die wir mit einkaufen oder auf die wir uns verlassen. Sie ist das, was uns das gute Gefühl gibt. So suchen wir uns den Dienstleister mit der richtigen Branchenerfahrung oder den neuen Mitarbeiter, dem wir die Aufgabe aufgrund seiner Erfahrung zutrauen. Und bei der Wahl eines Freiberuflers entsteht das gute Gefühl durch eine Empfehlung, die uns seine Dienstleistung wertvoll macht. Selten sind wir in der Lage, die Qualität im Vorfeld – falls überhaupt – zu beurteilen. Insbesondere durch die Intangibilität, die Nichtgreifbarkeit von Dienstleistungen werden Emotion, Erfahrung und Empfehlung immer wichtiger.

Bei den meisten Leistungen hat der Kunde heute also die Auswahl unter mehreren Anbietern, die nahezu identische Qualität liefern. Der Nutzwert des Produktes taugt daher nicht mehr als Entscheidungskriterium. Gute Karten haben in dieser Situation Unternehmen, die ihre Angebote mit Emotionen oder Erfahrung anreichern und empfohlen werden.

Das gleiche gilt für Sie: Wenn Sie es vermögen, Ihre persönlichen Stärken klar herauszustellen und es anderen ermöglichen, diese emotional positiv aufzuwerten, erreichen Sie einen Status der Einzigartigkeit.

Preis: »Geiz ist geil« oder: Argumente schlagen Rabatte

Die vierte Strategie, die gerne gewählt wird, ist der Preis. Es scheint leicht zu sein, einfach alles ein wenig billiger zu machen. Gerade in Zeiten, in denen das Motto gilt »Sie bekommen nicht das, was Sie verdienen, sondern das, was Sie verhandeln!«. Nicht wenige Unternehmen sind davon überzeugt, alles nur ein wenig billiger machen zu müssen, und dann werde es schon funktionieren. Schon der Sozialkritiker John Ruskin formulierte treffend: »Es gibt kaum etwas auf dieser Welt, das nicht irgendjemand ein wenig schlechter machen und etwas billiger verkaufen könnte. Die Menschen, die sich nur am Preis orientieren, werden Beute solcher Machenschaften. Es ist unklug, zu viel zu bezahlen, aber es ist noch schlechter, zu wenig zu bezahlen. Wenn Sie zu viel bezahlen, verlieren Sie etwas Geld, das ist alles. Wenn Sie zu wenig bezahlen, verlieren Sie manchmal alles, da der gekaufte Gegenstand die ihm zugedachte Aufgabe nicht erfüllen kann. Das Gesetz der Wirtschaft verbietet es, für wenig Geld viel Wert zu erhalten. Nehmen Sie das niedrigste Angebot an, müssen Sie für das Risiko, das Sie eingehen, etwas hinzurechnen. Und wenn Sie das tun, dann haben Sie auch genug Geld, um für etwas Besseres mehr zu bezahlen.«

Erfolgversprechend ist der Weg über konkurrenzlos niedrige Preise nur dann, wenn er Teil einer kompletten Philosophie ist und damit den Gewinn nicht marginalisiert. Denn die Eintrittswahrscheinlichkeit von zu erwartenden Kosten ist ungleich höher als die Eintrittswahrscheinlichkeit von zu erwartenden Umsätzen. Die Preisreduktion darf nicht der letzte Ausweg sein, sich von den anderen abzuheben. Gefordert sind umfassende Strategien, die darauf zielen, die Prozesse im Unternehmen und im Kundenkontakt konsequent zu vereinfachen. Aldi und IKEA zeigen, was damit gemeint ist. Zum Beispiel setzt der Lebensmitteldiscounter auf ein sehr schmales Sortiment und IKEA auf Mitarbeit der Kunden. Aber damit ist es nicht getan. Eine solche Strategie erfordert ein bedingungslos konsequentes Handeln jedes Einzelnen.

Im privaten Bereich heißt das entsprechende Konzept »Simplify your life«, das unter dem gleichen Titel als hervorragendes Buch im Campus Verlag herausgekommen ist. »Vereinfache dein Leben« oder frei übersetzt: »Konzentriere dich auf das Wesentliche, und trage damit entscheidend zu deinem persönlichen Erfolg bei.« Das gilt im Beruf und privat, wo Einfachheit, Rationalität und Konsequenz sich positiv auswirken. Und gerade das wird so häufig unterschätzt: Wir sind ja auch täglich neuen, scheinbar erfolgversprechenden Versuchungen ausgesetzt.

» Halten Sie die Dinge einfach, und verfolgen Sie den von Ihnen eingeschlagenen Weg konzentriert, kontinuierlich und konsequent. Halbe Sachen haben meist nicht einmal halbe Auswirkungen. «

Und nun?

Sofern Sie nicht zu den Personen gehören, die alles bestreiten außer ihrem Lebensunterhalt, wird es eine immer engere Verknüpfung zwischen beruflichem und persönlichem Erfolg geben. Beides werden in Zukunft nur diejenigen haben, die sich von anderen unterscheiden können. Das gilt unabhängig davon, wo und wie sie arbeiten. Es wird also nicht mehr allein auf das Fachwissen ankommen (denn das ist austauschbar), sondern auf die weichen Faktoren, die Soft Skills. Nicht von ungefähr gibt es seit wenigen Monaten an der Fachhochschule München mit Anne Brunne-Wildner die erste Professorin für Soft Skills in Deutschland.

Egal, in welche Richtung Sie sich entwickeln; egal, wie Sie dafür sorgen, dass Sie Ihr Unternehmen vor dem Versinken im Mittelmaß retten und damit sich selbst positionieren; egal welchen Weg Sie einschlagen: Gehen Sie diesen Weg zielstrebig und leidenschaftlich. Oder mit Peter Druckers Worten: »Passion is everything« – Leidenschaft ist alles. Unternehmen werden sich nicht allein und immer weniger die Frage stellen: »Welche Fähigkeiten hat diese Person?«, sondern genau beobachten, welche Einstellung, welche geistige Haltung diese Person hat. Sie werden nach dem Prinzip »Hire for attitudes – train for skills« verfahren. Das Fachwissen ändert sich schnell, und Erlerntes veraltet immer schneller. Bemerkbar ist dies zum Beispiel daran, wenn Ihre Nichte Sie fragt: »Was war Deine Lieblings-Internetseite, als Du klein warst?« Ständige Weiterentwicklung ist also gefragt, doch dies funktioniert nicht ohne die entsprechende innere Einstellung. Oder anders ausgedrückt: »Es zählt nicht die Größe des Hundes im Kampf, sondern die Größe des Kampfes im Hund.« Der Wille zur Differenzierung ist wichtiger als der tatsächliche Vorsprung im Vergleich mit Wettbewerbern. Nutzen Sie deshalb alle Möglichkeiten, dem verdammten Mittelmaß zu entrinnen. Sorgen Sie dafür, dass Sie anders als andere sind, am besten anders als alle anderen. Dabei gilt es zu handeln und nicht nur darüber zu reden. Wir haben alle nur einen gewissen »knowledge gap«, dem jedoch ein großer »doing gap« gegenübersteht. Wir sind mittlerweile Wissensriesen und Umsetzungszwerge geworden.

Erfolg hängt von der Differenzierung ab, beruflich und privat. Beginnen Sie zu handeln. Werden Sie ein »Umsetzungsriese«, handeln Sie mit Leidenschaft, und lassen Sie das Mittelmaß hinter sich!

Hermann Scherers Spezialtipp

Sie haben, so hoffe ich, mit diesem Beitrag ein wenig Wissen tanken können. Damit Sie auch ein »Umsetzungsriese« werden, gilt es anzufangen. Wenn ich Ihnen nur einen einzigen Rat mitgeben könnte, dann wäre es der Folgende:

Erfolg hängt von Ihrer Differenzierung ab, beruflich und privat. Entwickeln Sie täglich den Mut, sich zu differenzieren und zu profilieren, und versinken Sie nicht im Mittelmaß, sondern handeln Sie. Leidenschaftlich, konsequent, kontinuierlich, ab heute, jeden Tag. Denn jeder Tag zählt.

Mehr von Hermann Scherer:

- Die kleinen Saboteure. So managen Sie die inneren Schweinehunde in Ihrem Unternehmen (mit Marco von Münchhausen). Frankfurt/New York 2003.
- Sie bekommen nicht, was Sie verdienen, sondern was Sie verhandeln. Offenbach 2002.
- Von den Besten profitieren. Erfolgswissen von 12 bekannten Managementexperten. Offenbach 2003.
- Ganz einfach verkaufen. Die 12 Phasen des erfolgreichen Verkaufsgesprächs. Offenbach 2003.

Prof. Dr. Lothar J. Seiwert

ist Bestsellerautor und »Deutschlands tonangebender Zeitmanagement-Experte« (*Focus 1/2000*). Seine Bücher wurden in über 20 Sprachen übersetzt, seine Arbeit als Autor und Redner national wie international mehrfach preisgekrönt. Er leitet die Coaching- und Consultingfirma Seiwert-Institut GmbH für Time-Management und Life-Leadership® in Heidelberg.

Weitere Informationen: www.seiwert.de

Lothar J. Seiwert

Life-Leadership®

Wenn du es eilig hast, gehe langsam

Die Antwort auf den Tempo-Trend der letzten Jahre ist nicht »Langsamkeit«, sondern eine ausgewogene Balance zwischen Beruf, Familie, Gesundheit und der Frage nach dem Sinn (Work-Life-Balance). Mit operativem Zeitmanagement allein ist es nicht mehr getan. Life-Leadership, das Zeitmanagement der neusten Generation, stellt darauf ab, das eigene Leben bewusst und eigenverantwortlich in die Hand zu nehmen und ausgewogen zu gestalten – zu einem Leben in Balance.

In diesem Beitrag stellt Ihnen Lothar J. Seiwert vor, wie Sie Ihr Berufs- und Privatleben ins Gleichgewicht bringen können – für ein glückliches und selbstbestimmtes Leben. Viele Hinweise können Sie sofort umsetzen, für manche sollten Sie sich – ganz bewusst – etwas Zeit nehmen.

Paradigmenwechsel im Zeitmanagement

»Du kannst noch so oft an der Olive zupfen, sie wird deshalb nicht früher reif.«
Toskanisches Sprichwort

Zeitmanagement ist in den letzten Jahren zunehmend in die Diskussion und Kritik geraten: »Abkehr vom Tempowahn«, »Epidemie des

Zeitwettbewerbs«, »Werfen Sie Ihr Zeitplanbuch weg« – so oder ähnlich lauten die medienwirksamen Schlagzeilen.

Als neue zeitökologische Parolen werden hingegen »Entschleunigung«, »Eigenzeit« oder »Langsamer ist schöner« propagiert. Sten Nadolnys Bestseller *Die Entdeckung der Langsamkeit* erreicht fast Kultstatus: In diesem Roman entdeckt ein notorisch langsamer Mensch ganz allmählich, dass sein angeborenes Schneckentempo kein Handicap, sondern eine schier unerschöpfliche Energie- und Kreativitätsquelle ist.

In einer Zeitstudie des Uhrenherstellers International Watch Company (IWC) aus Schaffhausen über das *Leiden an der Schnelligkeit* werden bereits die *Slobbies* beschrieben, »slower but better working people«, die sich weigern, Geschwindigkeit als einziges Leistungskriterium zu akzeptieren und die der Langsamkeit produktive wie kreative Seiten abgewinnen.

Ist Zeitmanagement demnach out? Alle diese Kritiken und Zeiterscheinungen spiegeln den derzeitigen Wertewandel und eine neue Trendwende im Zeitmanagement wider.

» Zeitmanagement an sich, ob als Arbeitstechnik, Erfolgsmethode oder Lebenskonzept verstanden, ist auf gar keinen Fall out, sondern aktueller denn je: Das »neue« Zeitmanagement muss nur um andere Denkansätze und Inhalte beziehungsweise Paradigmen erweitert und fortgeschrieben werden! «

Viele Menschen haben heutzutage das Gefühl, auf der Überholspur zu leben. Nicht die Großen dominieren die Kleinen, sondern die Schnellen überholen die Langsamen.

So genanntes *Speed Management* steigert den Arbeitsdruck auf die betroffenen Mitarbeiter. Größere Schnelligkeit bedeutet, ein vergleichbares Arbeitsergebnis in kürzerer Zeit erbringen zu müssen beziehungsweise die Qualität und Geschwindigkeit seiner Arbeit noch zu steigern. Dazu müssen eine höhere Verantwortung und steigende Erwartungen im Hinblick auf die Eigeninitiative und die Kreativität bewältigt werden. Die höhere Belastung kann den Mitarbeiter in höhere Handlungsbereitschaft, aber auch in zusätzlichen Arbeitsstress versetzen.

Speed Management als Wettbewerbsfaktor ist strategisch wichtig. Unternehmen erhalten als soziale Organismen die Möglichkeit und die Notwendigkeit zur Metamorphose. Sie können sich je nach Dynamik und Erfordernis der Marktsituation weiterentwickeln. Sobald die Unternehmen *Speed Management* beherrschen, können sie ihre Strukturen, Abläufe und Geschäftsprozesse den zukünftigen Veränderungen permanent anpassen. Sie werden als *Lernende Organisation* immer schneller und flexibler reagieren können.

Doch Schnelligkeit braucht auch Langsamkeit.

» Beschleunigung braucht Ruhe. Wer in seinem Beruf beschleunigt oder gar gehetzt wird, benötigt als Ausgleich eine gehörige Portion an Ruhe, Entspannung, Zeit zum Abschalten. «

Zeitmanagement bedeutet Selbstmanagement

»Man kann dem Leben nicht mehr Tage geben, aber den Tagen mehr Leben.«
Amerikanische Managerweisheit

Der Begriff *Zeitmanagement* birgt eigentlich einen Widerspruch in sich. Wir können »Zeit« gar nicht »managen«, sondern nur uns selbst. Zeitmanagement bedeutet *Selbstmanagement*. Denn die Zeit als konstante Größe verrinnt kontinuierlich, unerbittlich, unbeeinflussbar.

Halten Sie einmal kurz für ein paar Sekunden inne.

Was ist gerade passiert? Ihre Lebensuhr ist wieder um ein paar Einheiten abgelaufen – unwiederbringlich! Schlimm? Wie auch immer Sie darüber denken, was Sie gerade dabei fühlen – Sie können es *nicht* beeinflussen. Wir können nur den *Umgang* mit der Zeit nach unseren Vorstellungen pro-aktiv gestalten – oder es zumindest versuchen.

Ihre persönliche Time-Line

Stellen Sie sich einen Zollstock aus Ihrem Werkzeugkasten oder Baumarkt vor, der jedoch keine zwei Meter, sondern nur 82 Zentimeter misst. Noch besser: Nehmen Sie einen echten Zollstock, und brechen Sie hinter dem vierten Glied (nach 82 Zentimetern) die restlichen Teile einfach ab! Legen Sie nun Ihren Daumen auf die Zahl, die Ihrem jetzigen Lebensalter entspricht.

Betrachten Sie die Zahlen *links* von Ihrem Daumen. Sie entsprechen der Vergangenheit, die hinter Ihnen liegt: ob freud- oder leidvoll – vielleicht beides – spielt jetzt keine Rolle mehr, denn Sie können diese Zeit nicht mehr zurückdrehen und ändern! Viel wichtiger ist die Lebenslinie *rechts* von der Zahl, bei der Sie gerade sind. Sie spiegelt die Jahre wider, die Ihnen noch zur Verfügung stehen.

Wie groß ist die Entfernung bis zu Ihrem statistischen »Verfallsdatum«? Wie viel Zeit-Kapital haben Sie ungefähr noch zu Ihrer Verfügung? Was können und wollen Sie in Ihrer restlichen Lebenszeit erreichen?

Sie haben es – im wahrsten Sinne des Wortes – in *Ihrer* Hand!

Die deutsche Weinwirtschaft propagierte einmal in einer Anzeigenkampagne den Slogan: »Das Leben ist viel zu kurz, um schlechten Wein zu trinken.« Machen auch Sie sich bewusst:

» Heute beginnt der erste Tag vom Rest Ihres Lebens, den Sie mit einem neuen Zeitbewusstsein beginnen können! «

Aus vielen unserer Seminare wissen wir, dass Sinnfragen im Zeit- und Lebensmanagement viele Menschen immer mehr bewegen und ansprechen. Zeitmanagement umfasst weitaus mehr, als Posteingänge nach Prioritäten zu sortieren.

» Zeitmanagement ist Selbstmanagement und aktive Lebensgestaltung oder Life-Leadership. «

Als kritische Rückmeldung kommt von Seminarteilnehmern immer wieder die Frage: »Warum habe ich das nicht schon vor zehn Jahren kennen gelernt?« Eine alte chinesische Lebensweisheit besagt: »Es ist müßig, über vergossene Milch zu klagen.«

Inwieweit wir einen eher selbst- oder fremdbestimmten Umgang mit der Zeit pflegen, hängt vor allem von unserer Einstellung oder unserem Verhalten, aber auch von den äußeren Rahmenbedingungen ab. Sicherlich können wir unser Umfeld nicht immer in dem Maße beeinflussen, wie wir das gerne möchten, aber die Wahrscheinlichkeit, es doch zu tun, beträgt letztendlich immer mehr als null Prozent.

Zeitsouveränität bedeutet, innerhalb der gegebenen Rahmenbedingungen, die Sie jedoch auch verändern können, Ihre Zeit und damit Ihr Leben nach Ihren eigenen Vorstellungen und Wünschen zu gestalten.

In den USA, aber auch im deutschsprachigen Raum schon in Ansätzen erkennbar, vollzieht sich bereits ein entsprechender Paradigmenwechsel von *Time Management* zu *Life Leadership*.

» Life-Leadership-Zeitmanagement in einer beschleunigten Welt bedeutet, Rhythmus statt Tempo zu leben und sich auf das zu konzentrieren, was wirklich wichtig ist, sowohl beruflich als auch privat: Balancing your professional and personal life – Zeit und Leben in Balance. «

»Time is Money« oder »Time is Life«?

»Wer bedauert auf dem Sterbebett, dass er nicht mehr Zeit im Büro verbracht hat?«
Steven R. Covey

Auf Benjamin Franklin geht der bekannte Leitsatz zurück: »Time is Money« – auf deutsch »Zeit ist Geld«. Dieser materialistischen, quantitativen Einstellung zur Zeit wollen wir eine andere, qualitative Sichtweise entgegensetzen: *Time is Life*, denn Zeit ist für uns wesentlich wertvoller als Geld, weil unwiederbringlich: Zeit ist Leben!

Geld, das Sie verloren haben, können Sie immer wieder zurückbekommen – Zeit hingegen nie. Wenn Ihnen jemand 200 Euro rauben will, werden Sie es zu verhindern wissen, sofern Sie können. Wenn Ihnen hingegen jemand zwei Stunden Zeit stehlen will, lassen es die meisten geschehen und bedanken sich gegebenenfalls noch dafür. »Die einzigen Diebe, die in unserer Gesellschaft nicht bestraft werden, sind die Zeitdiebe«, wusste schon Napoleon.

Das wahre Kernproblem des Zeitmanagements liegt darin, dass wir in der *Dringlichkeit* des Arbeitsalltags vornehmlich in operative Hektik zu verfallen drohen und so unsere Lebensprioritäten leicht aus dem Auge verlieren. Jeder um uns herum will alles sofort, am liebsten schon vorgestern. Um die wirklich wichtigen Dinge wollen wir uns dann kümmern, wenn wir endlich einmal »Zeit haben« – und diese persönliche *Auszeit* haben wir im Grunde genommen … *nie*!

Operatives Zeitmanagement kuriert an den Symptomen herum, löst aber keineswegs die wahren Ursachen des Zeitproblems! Terminkalender, Organizer, Zeitplanbücher sowie elektronische Einzelplatzlösungen bis hin zum »Group Networking« helfen Ihnen zunächst, Ihren beschleunigten Arbeitsalltag besser in den Griff zu bekommen. Mit einschlägig bewährten Formularen für Tagespläne, To-do-Listen und Projektübersichten bekommen Sie Ihre Arbeitszeit zweifelsohne besser in den Griff. Sie planen regelmäßig Ihren Tag, setzen eindeutige Prioritäten und gehen konsequenter mit Störfaktoren und Zeitdieben um.

Ein so praktiziertes Zeitmanagement ist geeignet, Ihre *Effizienz* nachhaltig zu verbessern, nämlich das, was Sie tun, *richtig* zu tun. Wenn Sie sich jedoch auf die falschen Aktivitäten konzentrieren, sind Sie weiterhin im Zeitstress, jedoch wesentlich professioneller organisiert – oder anders ausgedrückt: »Still confused, but on a higher level.«

Von bestimmten Mitarbeitertypen in Außendienst-Organisationen hören wir beispielsweise immer wieder folgende Klagen über ihren Umgang mit der Zeit: Sie haben in einer Woche mehr als 70 Stunden gearbeitet, über 2000 Kilometer auf bundesdeutschen Autobahnen zurückgelegt und 37 Kunden besucht – eine tolle Leistung?

Offen bleibt, was in dieser Zeit tatsächlich erreicht wurde – und das ist keine Frage der Effizienz, sondern der Effektivität. Schon der amerikanische Managementguru Peter F. Drucker sprach sich in den sechziger Jahren in seinem Buch *Die ideale Führungskraft (The Effective Executive)* gegen ein »Let's do a little bit of everything« aus und forderte, sich vornehmlich auf die entscheidenden Prioritäten zu konzentrieren (»First Things First«). *Effektivität* bedeutet daher, die *richtigen* Dinge zu tun.

Stellen Sie sich vor, ein Bündel mit Geldscheinen flattert vor Ihnen zu Boden: ein 500-Euro-Schein und viele 5-Euro-Scheine. Worauf würden Sie sich zuerst stürzen, wenn auch andere Passanten sofort zugreifen dürfen? – Auf den großen Schein natürlich. Das wäre »effektiv«, und das täte jeder andere genauso! Aber was haben Sie letzte Woche in Ihrem Job jeden Tag getan? Haben Sie sich auch auf die »großen Dinge«, die »Big Points« konzentriert, wie zum Beispiel Maßnahmen zur Kundenbindung, oder haben Sie sich in vielen kleinen Nebensächlichkeiten verzettelt?

» Effektivität versus Effizienz: *Effizienz* heißt, die Dinge richtig tun. *Effektivität* heißt, die richtigen Dinge tun. «

Wer glaubt, mit dem Erwerb eines Zeitplanbuches oder dem Besuch eines Zeitmanagement-Seminars hinterher wirklich mehr Zeit als vorher zu haben, unterliegt einem Trugschluss. Denn die Zeit selbst können Sie nicht managen. Sie arbeiten dann sicherlich *effizienter*, aber nicht unbedingt *effektiver*. Entscheidend ist, für welche Aktivitäten Sie Ihr restliches Lebenszeitkapital einsetzen und ob Sie Ihrem Tun einen höheren Sinn geben wollen. *Zeit*management wird so zum *Lebens*management.

In diesem Zusammenhang lassen sich zwischen der untersten Planungsstufe eines einfachen Terminkalenders und der obersten Stufe *eines ganzheitlichen Zeit-, Ziel- und Selbstmanagements*, das an den beruflichen und persönlichen Lebenszielen ausgerichtet ist, sieben verschiedene *Entwicklungsstufen* unterscheiden.

Entwicklungsstufen vom Terminkalender zu einem ganzheitlichen Zeit-, Ziel- und Selbstmanagement

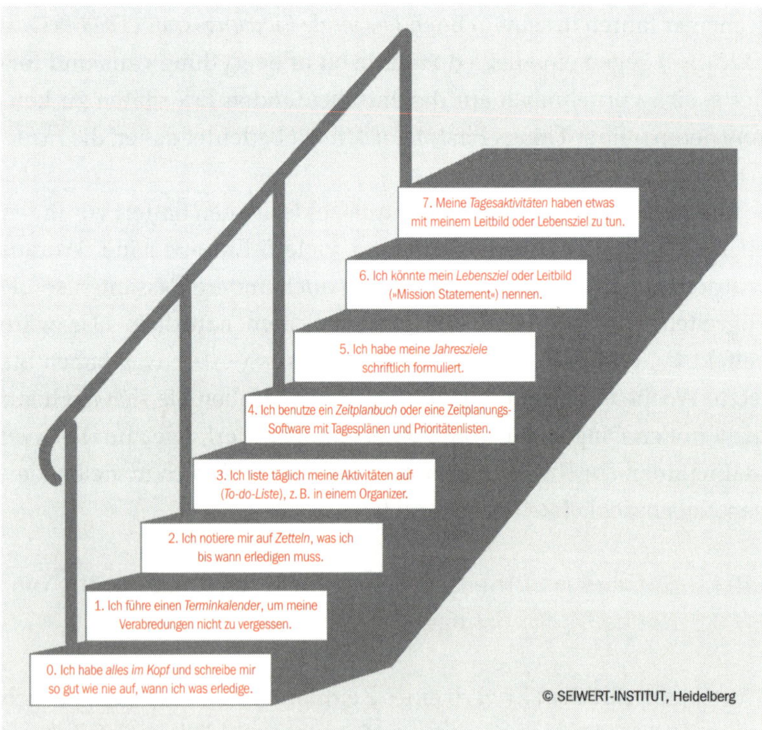

Ganzheitliches Zeit- und Lebensmanagement

»Die größte Entscheidung Deines Lebens liegt darin, dass Du Dein Leben ändern kannst, indem Du Deine Geisteshaltung änderst.«
Albert Schweitzer

Bewusster und glücklicher leben, Life-Styling, *Work-Life-Balance*, Selbstmanagement, erfolgreiche Lebensgestaltung und Hedonismus sind nur einige Schlagworte, die das Bedürfnis nach einer individuellen Verfügungsgewalt über das kostbare Lebensgut »Zeit« ausdrücken.

Zeitsouveränität ermöglicht Selbstverwirklichung und Persönlichkeitsentfaltung nach eigenen Bedürfnissen oder Zielvorstellungen. Persönliche Zeitbudgets müssen auch in den Hochphasen des Lebens und nicht erst nach der Pensionierung für die Verwirklichung auch privater Lebensziele verfügbar gemacht werden.

» Lebens- und Selbstmanagement durch Zeitsouveränität bedeutet bewusster, eigenverantwortlicher und gleichgewichtiger Umgang mit dem kostbaren, knappen Gut Zeit in allen beruflichen und persönlichen Lebensbereichen. «

»Dafür habe ich im Moment keine Zeit!« – Wie oft haben wir diese Entschuldigung oder Lebenslüge schon gehört oder selbst gebraucht? Viele Menschen können sich des Eindrucks nicht erwehren, dass bei ihnen das Verhältnis zwischen Berufs- und Privatleben außer Balance geraten ist. Die einseitige chronische Überbetonung eines Lebensbereichs führt zwangsläufig zu Problemen in anderen, ebenso wichtigen Bereichen.

Ganzheitliches Zeit- und Lebensmanagement verfolgt das Ziel, für alle wichtigen Lebensbereiche – Beruf, Familie, Gesundheit und die Frage nach dem Sinn – nicht nur Zeit zu schaffen, sondern diese vier Bereiche auch in Balance zu bringen und zu halten (*Work-Life-Balance*).

» Der Schlüssel zum Erfolg liegt in der Balance zwischen allen vier Lebensbereichen. «

Die neuesten Forschungen über individuelle Lebensverläufe bei Berufstätigen zeigen, dass das auf tradierten Arbeitszeitordnungen beruhende Lebensmodell von der klassischen Dreiteilung des Lebens in die Phasen »Bildung« – »Erwerbstätigkeit« – »Ruhestand« größtenteils längst überholt ist. Verschiedene flexible Arbeitszeit- und Lebenszeitgestaltungsmodelle ermöglichen sowohl gleitende Übergänge in den Ruhestand als auch eine weitere Beschäftigung mit sinngebenden Aufgaben und Herausforderungen, was meistens mit einer reduzierten Arbeitszeit verbunden ist.

Ihre persönliche Erfolgspyramide zur Effektivität

»Auch die längste Reise beginnt mit dem ersten Schritt.«
Alte chinesische Lebensweisheit

Wer mehr Zeitsouveränität erlangen möchte, dem empfehlen wir unser siebenstufiges Erfolgsprogramm für *effektives Selbstmanagement*:

1. Lebensvision: Im ersten Schritt entwickeln Sie Ihre *Lebensvision* und formulieren in einem ersten Entwurf Ihr/e Lebensziel/e.
2. Lebenshüte: Im zweiten Schritt definieren Sie *die Lebenshüte oder -rollen*, mit denen Sie täglich durchs Leben gehen. Diese Instrumente helfen Ihnen, Ihre langfristige Vision im Alltag konkret zu fixieren und mit Leben und Inhalt zu füllen.
3. Schlüsselaufgaben: Im dritten Schritt befassen Sie sich mit Ihrer persönlichen *Strategie*, damit Sie sich auf Ihre erfolgversprechendsten Aktivitäten konzentrieren. Hierzu formulieren Sie Schlüsselaufgaben (Assignments), die Sie am schnellsten weiterbringen.
4. Zielplanung: Im vierten Schritt formulieren Sie konkrete *Ziele* für Ihre berufliche und persönliche Zukunft. Sie können und sollten dies für die nächsten drei bis fünf Jahre tun, aber auf jeden Fall für die nächsten zwölf Monate als *Jahreszielplan*.
5. Prioritäten: Im fünften Schritt beginnen Sie mit Ihrer wöchentlichen *Prioritätenplanung*. Während bei der Tagesarbeit vornehmlich exter-

ner Termindruck im Hinblick auf die Erledigung von *dringenden* Aktivitäten im Vordergrund steht, fokussiert Sie die Wochenplanung auf die *Wichtigkeit* von beruflichen und persönlichen Zielen.

6. Tagesgestaltung: Im sechsten Schritt geht es um die *tägliche Konsequenz* bei der Umsetzung und Selbstmotivation. Denn der Tag ist die Zeiteinheit, in der wir leben. Wer den Tag nicht im Griff hat, bekommt auch sein Leben nicht in den Griff.
7. Selbstdisziplin: Im siebten Schritt geht es darum, *Energie, Power und Selbstdisziplin* aufzubringen. Sie bilden die Basis und Motivation für Ihren täglichen Erfolg.

Unsere *Erfolgspyramide* (Abbildung 2) gibt Ihnen einen Überblick über die sieben Schritte zur Zeitsouveränität und Effektivität.

Erfolgspyramide zur Effektivität

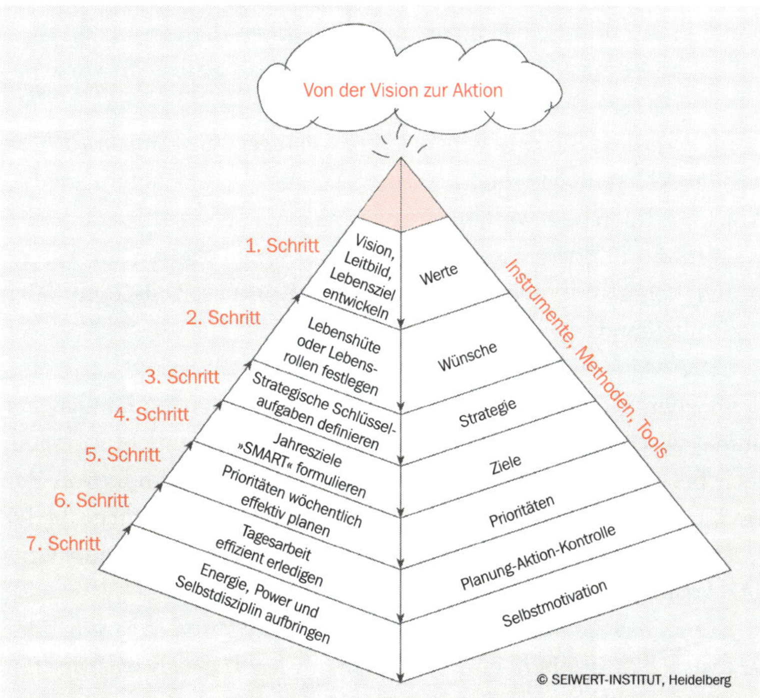

Eine ausführliche Abhandlung dieses siebenstufigen Erfolgsprogramms, hinterlegt mit zahlreichen Übungen, Anleitungen und Beispielen, finden Sie in meinem Buch *Wenn du es eilig hast, gehe langsam.*

Vereinfachen Sie Ihr Leben: Das Sieben-Hüte-System

»Wenn Du loslässt, hast Du zwei Hände frei.«
Alte chinesische Lebensweisheit

Viele Führungskräfte und Mitarbeiter seufzen beim Stichwort Zeitplanung häufig: »Bei mir geht das nicht! Ich habe so viele verschiedene Jobs gleichzeitig!« Alle Menschen – vom Firmenchef (der von außen betrachtet nur einen einzigen Beruf zu haben scheint) bis zur Familienfrau und Haushaltsmanagerin – füllen die verschiedensten Rollen, im Beruf wie im Privatleben. Sie haben gleichsam verschiedene *Lebenshüte* auf.

Im *Beruf* sind Sie zum Beispiel Verkaufsleiter, Führungskraft, Mitarbeiter, Referent, Mitglied mehrerer Arbeitskreise beziehungsweise Projektgruppen oder Verbandsfunktionär.

In Ihrem *Privatleben* sind Sie Ehemann/-frau, Partner/in, Vater/Mutter, Vereinsmitglied, Nachbar, Hobby-Koch, Freizeit-Golfer oder Nachhilfelehrer.

Viele Menschen haben Schwierigkeiten, weil sie auf zu vielen Hochzeiten gleichzeitig tanzen und sich mit zu vielen Dingen auf einmal beschäftigen. Die Kunst liegt in erster Linie nicht in einem noch besseren, also effizienteren Zeitmanagement, sondern in der *effektiven Beschränkung* und Konzentration auf das Wesentliche, in der Vereinfachung. Simplify your life. Oder als bewährter deutscher Leitsatz: *Weniger ist auch hier mehr!*

Definieren Sie anhand der nächsten Übung Ihre *Lebenshüte* oder *Lebensrollen,* und überlegen Sie, welche Ihnen wirklich wichtig und für Sie unverzichtbar sind.

Lebenshüte definieren

Die Lebenshüte-Übung kann der Einstieg zur entscheidenden Umstrukturierung Ihres Lebens werden. Bitte die Übung unbedingt *schriftlich* durchführen!

1. *Teilen* Sie ein Blatt Papier in mindestens zwölf Felder auf. Schreiben Sie in jedes davon einen Ihrer Lebenshüte.

2. *Bewerten* Sie jeden Hut mit entsprechenden »Smileys«: angenehm, gleichgültig, unangenehm. Überlegen Sie genau, welche Rollen und Lebenshüte Sie loslassen könnten.

3. *Reduzieren* Sie Ihre Lebenshüte auf maximal sieben!

Gerade die Reduzierung der eigenen Hüte und Rollen auf *maximal sieben* bereitet häufig enorme Schwierigkeiten, doch hierzu gibt es keine Alternative. Viele Menschen versuchen, unter jedem ihrer zwölf oder mehr Lebenshüte ein bisschen kürzer zu treten. Aber das gelingt in der Regel nicht!

» Nur die konsequente Konzentration auf das Wesentliche bei den beruflichen wie privaten Lebenshüten garantiert Erfüllung, Ausgewogenheit und Lebenserfolg. «

Der Mensch ist nun einmal ein Gewohnheitstier. Vielen fällt es äußerst schwer, sich von langjährigen Ehrenämtern, Pöstchen und ähnlichen Verpflichtungen zu lösen und damit einhergehende, liebgewonnene Rituale aufzugeben. Aber jeder Ballonfahrer weiß: *Wenn Sie weiter nach oben wollen, müssen Sie Ballast abwerfen.*

Life-Leader werden: Schlüssel zur persönlichen Lebenszukunft

»Die Zukunft kann man am besten voraussagen, wenn man sie selbst gestaltet.«
Alan Kay, amerikanischer Erfolgslehrer

Viele Menschen bewegen sich mehr oder weniger ziel- oder orientierungslos durch ihr Berufs- und Privatleben und lassen alles auf sich zukommen. Ihre Einstellung oder Lebensauffassung gipfelt darin, dass sie ohnehin die Zukunft nicht beeinflussen können; entweder sei alles eben Schicksal oder zufallsbedingt.

Nur wer eine klare *Vision*, ein berufliches und persönliches Leitbild oder ein Lebensziel hat, ist in der Lage, seinem Leben Sinn und Richtung zu geben. Ob Sie im Leben Ihre Ziele und Wünsche erreichen, hängt neben Ihrer Einstellung und Ihrem Denken davon ab, welche Zukunftsvorstellungen oder Visionen Sie bewusst oder unbewusst entwickelt haben.

Zu irgendeinem Zeitpunkt unseres Lebens haben wir wohl alle schon einmal den inneren Drang verspürt, die Welt aus den Angeln zu heben oder in positiver Weise zu verändern. Dieses Verlangen entspringt meist der Vision, dass unser Leben oder diese Welt in irgendeiner Weise bereichert oder verbessert werden könnte. Solche Zukunftsvisionen geben unserem Leben und unserem Tun oft Orientierung und Richtung, indem sie als Motivation und Auslöser für Veränderungen dienen.

Visionen wecken Energien, lösen Aktivitäten aus und reißen andere mit. Visionen setzen gewaltige geistige wie emotionale Energien frei, stellen also ein mentales Kraftzentrum dar. Alles, was man real erreichen will, ist zuvor mental entstanden. Was sind *Ihre* Wünsche, Träume, Visionen für die Zukunft?

» Es ist nie zu spät für die Entscheidung, sich zu ändern und das Leben anders zu leben! Die Vergangenheit kann man nicht mehr verändern. *Heute* ist das, was zählt! «

Ein *Life-Leader* ist daher jeder Mensch, der ein *er-fülltes* statt ge-fülltes *Leben* führt und der durch sein heutiges Handeln dafür sorgt, dass er auch morgen – mit großer Wahrscheinlichkeit – glücklich und zufrieden ist. Das klingt einfach, ist es aber nicht! Denn auf Dauer können wir nur ein glückliches und erfülltes Leben führen, wenn unsere vier Lebensbereiche »Arbeit/Leistung«, »Körper/Gesundheit«, »Familie/Soziales« und »Sinn/Kultur« in der rechten Balance zueinander stehen. Sobald wir einen Bereich über einen längeren Zeitraum vernachlässigen, gerät unser Leben aus dem Gleichgewicht.

» *Life-Leadership* bedeutet aktive Lebensgestaltung für ein Leben in Balance. «

Work-Life-Balance: Leben in Balance

»Tun Sie, was Sie noch nie getan haben, und Sie werden leben, wie Sie noch nie gelebt haben.«
Volksweisheit

Einerseits besitzen immer mehr Menschen das Privileg, eine hochqualifizierte Arbeit zu erledigen, die sie befriedigt, Spaß macht und Erfolgserlebnisse vermittelt. Doch andererseits übernehmen sehr viele Menschen nicht die *Kontrolle* über dieses (Arbeits-)Leben. Sie wissen zwar, wie wichtig gesundheitliche Stabilität, harmonische private Beziehungen und Entspannung für ihre berufliche Leistungsfähigkeit und ihre innere Zufriedenheit sind. Doch lassen sie sich überrollen von ihrer wachsenden Verantwortung und dem stets steigenden Leistungsdruck. Selbstausbeutung ohne Limit führt oft nicht zur Belohnung mit dem Chefposten, sondern zum Burn-out. In Zeiten verdichteter Arbeitsprozesse und hohen Stressniveaus heißt es gegenzusteuern: Es gibt ein Leben außerhalb des Arbeitslebens. Erst die *Balance* zwischen Beruf und Privat – zwischen Arbeit, Beziehungen, Körper und dem Sinn hinter unserem Tun – schafft ausgeglichene Menschen, die dauerhaft leistungsfähig, da zufrieden sind.

Viele Unternehmen haben bemerkt, dass Manager nicht arbeitslebenslang auf der Überholspur rasen können und die Anspannung immer kurz vor dem Infarkt viel Aktionismus, aber wenig stabile Erfolge bringt. Der Markt für Fach- und Führungskräfte ist abgeräumt. Flache Hierarchien bauen darauf, dass jeder Mitarbeiter nicht länger abwesend ist als die tariflichen Urlaubstage. Deshalb wird es wichtiger, nicht nur beeindruckende 70-Stunden-Arbeitswochen zu schinden, sondern Beruf und Privat so zu steuern, dass dauerhaft Leistung möglich ist: »Menschen müssen innerlich in Balance stehen. Sonst können sie nicht in sozialen Systemen für Balance sorgen«, sagt Manager-Coach Rupert Lay, »es ist heute viel wichtiger als früher, sich selbst zu kennen, mit sich selbst umgehen zu können«. Er gibt den Führungskräften diesen Rat: »Man sollte sich selbst finden, nicht sich selbst vergeben.«

Wie man das macht? Die *innere Einstellung* ist der entscheidende Faktor. Anspannung für den Erfolg braucht Entspannung, braucht harmonische private Beziehungen und braucht einen gesunden Körper. Wo Arbeit allein zum sinn- und identitätsstiftenden Ereignis wird, dort kehren die Menschen nach 20 oder 30 Jahren Karriere um jeden Preis die Scherben ihres Lebens auf – Krankheiten, Depressionen, kaputte Beziehungen.

Kennen Sie das? Sie stehen vor dem opulenten Gala-Bufett und alles, was Sie wollen, ist eine Scheibe frisches Brot mit Butter. Je *komplexer* unser Leben wird, desto größer wird unsere Sehnsucht nach den simplen, kleinen Freuden. *Einfachheit* und *Überschaubarkeit* sind Urbedürfnisse des Menschen, und seit der Steinzeit haben wir immer neue Techniken entwickelt, die uns das Leben leichter machen sollen. Doch genau die machen es paradoxerweise immer komplizierter. Es fängt an mit der unverständlichen Bedienungsanleitung für das neue Handy und reicht bis zu den undurchschaubaren Mechanismen der Weltwirtschaft.

Täglich werden wir im Job und in der Freizeit mit unzähligen Anforderungen wie Reizen bombardiert und jonglieren Beziehungen zu den unterschiedlichsten Menschen. Wir häufen dabei »Ballast« an, der uns unmerklich immer mehr Zeit und den Raum zum Leben nimmt: der überfüllte Kleiderschrank; die »kleinen« Gefälligkeiten für die Kollegen; die ungelesenen Zeitungen, die sich neben dem Sofa stapeln; der Vorsitz im Elternbeirat oder die Verabredung mit dem Freund, mit dem uns schon lange nichts mehr verbindet.

Lebensqualität, Glück und Erfüllung empfinden wir, wenn unsere vier zentralen Lebensbereiche »Arbeit«, »Körper«, »Beziehungen« und »Sinn« im Gleichgewicht sind. Jedem dieser Bereiche muss im Alltag genug Zeit eingeräumt werden. Überlagert der Bereich Arbeit langfristig alle anderen, werden wir krank und fühlen uns unglücklich, gestresst. Anders gesagt: Die *Work-Life-Balance* muss stimmen. Das heißt, wer im Job viel leistet, braucht ein Gegengewicht in der Freizeit – und nicht den gleichen Termindruck und Perfektionsanspruch.

Fragen Sie sich, was Ihnen in Ihrer Freizeit wirklich *Spaß und Entspannung* bringt. Denken Sie dabei nicht nur an das, was »man« eben so macht, wie Shoppen, Golfen oder Partys. Würden Sie – ganz ehrlich – vielleicht lieber stundenlang auf dem Sofa abhängen, im Garten herumwerkeln oder mit den Kindern Eis essen? Dann tun Sie's! Durchbrechen Sie die Denkmuster, die Ihnen einreden, immer furchtbar aktiv sein zu müssen. Hören Sie auf Ihr inneres Faultier und genießen Sie ohne schlechtes Gewissen den Müßiggang. Umso besser können Sie im Beruf wieder durchstarten.

Entlasten Sie Ihr *Privatleben*, und konzentrieren Sie sich auf das *Wesentliche*. Fangen Sie mit den Besitztümern an, für die Sie sich abrackern, die Ihnen aber überhaupt keinen Spaß machen. Stellen Sie eine Kosten-Nutzen-Bilanz für technische Geräte, das Ferienhaus, für Überstunden im Büro, Zeitschriften-Abos, Clubmitgliedschaften und so weiter auf und trennen Sie sich von den Dingen, die die Kosten-Seite übermäßig belasten und auf der Nutzen-Seite wenig einbringen. Schauen Sie sich in Ihrer Wohnung um, und entsorgen Sie ab heute täglich ein oder zwei Dinge, die Sie nicht mehr brauchen. Machen Sie sich das Wegwerfen zur Gewohnheit, und *entrümpeln* Sie Raum für Raum.

Ein asiatisches Sprichwort sagt: »Wer loslässt, hat zwei Hände frei.« Doch was in der Arbeitswelt selbstverständlich ist, ist im Privatleben zu Unrecht verpönt: *Outsourcing*. Wer sagt denn, dass Sie selbst den Rasen mähen, einkaufen, putzen, Hemden bügeln oder für die Gäste kochen müssen? Dafür gibt es dienstbare Geister wie Gärtner, Putzhilfen, Lieferservice, Butler, Babysitter und Dogwalker, an die man solche Aufgaben delegieren kann. Das kostet zwar Geld, aber durch diese Investition gewinnen Sie etwas, was Sie mit allem Geld der Welt nicht kaufen können: die *Zeit* und die Freiheit, das zu tun, wozu Sie Lust haben – und was Ihnen wichtig ist.

Sieben Tipps für ein Leben in Balance:

1. *Formulieren Sie Ihre persönliche Lebensvision.* Ein persönliches Leitbild (Mission Statement) oder Lebensziel hilft Ihnen, Sinn und Richtung Ihres Lebens näher festzulegen.
2. *Beachten Sie: Weniger ist meistens mehr.* Die wirklichen Zeitprobleme im Leben entstehen, wenn wir zu viel gleichzeitig wollen. Sie stressen sich selbst ebenso wie andere.
3. *Sorgen Sie für eine ausgewogene Work-Life-Balance* zwischen Leistung/Beruf, Familie/Privates, Gesundheit und der Frage nach dem Sinn.
4. *Planen Sie Zeit für Ihre Lebensprioritäten.* Planen Sie pro-aktiv regelmäßig persönliche Zeitfenster oder Termine mit sich selbst ein – auch gegen die Widerstände anderer.
5. *Konzentrieren Sie sich immer auf das Wesentliche.* Nur die konsequente Konzentration auf das Wesentliche garantiert Erfüllung, Ausgewogenheit und Lebenserfolg.
6. *Entfliehen Sie der Dringlichkeitsfalle.* Bei dringenden Dingen reagieren wir nur, bei wichtigen Dingen hingegen agieren wir. Unterwerfen Sie sich nicht dem täglichen Diktat der Dringlichkeit, sondern fokussieren Sie sich auf wichtige eigene Ziele.
7. *Gehen Sie mit Ihrer Lebenszeit bewusst und souverän um.* Heute beginnt der erste Tag vom Rest Ihres Lebens, den Sie mit einem neuen Zeitbewusstsein beginnen können!

Work-Life-Balance umzusetzen bedeutet mehr, als nur die Lebensbereiche »Arbeit« und »Privates« zu koordinieren. Work-Life-Balance für sich und sein Leben zu akzeptieren heißt, nicht mehr nur ausgeglichen und balanciert leben zu wollen, sondern es auch zu tun. Und *neues Handeln* ist immer mit Anstrengung verbunden. Doch wer bereit ist, für sich eine neue Lebens- und Arbeitskultur zu realisieren, wird den Preis dafür gern zahlen – jeden Tag, mit seinem Tun. *Wenn nicht ab jetzt, ab wann dann?!*

Lothar J. Seiwerts Spezialtipp

Wenn ich Ihnen nur einen einzigen Tipp geben könnte: Ändern Sie Ihr Zeitbewusstsein: Begreifen Sie den heutigen Tag als ersten Tag vom Rest Ihres Lebens. Genießen und nutzen Sie von heute an jeden Tag!

Mehr von Lothar J. Seiwert:

- Simplify your Life. Einfacher und glücklicher leben (mit Werner Tiki Küstenmacher). Frankfurt/New York ^{12}2004.
- Das Bumerang-Prinzip. Mehr Zeit fürs Glück. München ^{4}2003.
- Life-Leadership. Sinnvolles Selbstmanagement für ein Leben in Balance. Frankfurt/New York 2001.
- Wenn du es eilig hast, gehe langsam. Das neue Zeitmanagement in einer beschleunigten Welt. Frankfurt/New York ^{8}2003.

Dr. med. Michael Spitzbart

Jahrgang 1958, zählt zu den bekanntesten Gesundheitsexperten Europas und ist ein international gefragter Referent zum Thema Stressbewältigung im Management. Er blickt auf weit über 1000 Vorträge auf Kongressen, Fachtagungen und Symposien zurück. Renommierte Firmen binden ihn bei Fragen des Gesundheitsmanagements und der Mitarbeitermotivation ein. Für sein Buch *Fit Forever – 3 Säulen für Ihre Leistungsfähigkeit* erhielt Dr. Spitzbart vom Weltverband der Schriftsteller den »Oscar der Buchbranche«, den Europreis für Literatur 2004.

Weitere Informationen: www.spitzbart.com

Michael Spitzbart

Fit im Körper – fit im Kopf

Begeisterung statt Burn-out

Beruflicher Stress, die falsche Ernährung und zu wenig Bewegung können unseren Körper nachhaltig belasten und zu schweren Krankheiten führen. In diesem Beitrag wird Ihnen Michael Spitzbart aufzeigen, worauf Sie im täglichen Leben achten sollten, um dem Burn-out zu entgehen. Schon wenige Änderungen können zu großen Erfolgen führen.

Kleine Sünden – starke Konsequenzen

Die Fische werden das Wasser wohl als letzte entdecken, hat Albert Einstein einmal gesagt. Er meinte damit, dass jemand, der in seinem alltäglichen Trott steckt, seinen Blick nicht unbedingt automatisch auf das Wesentliche lenkt.

Die Welt heute erscheint vielen Menschen komplizierter als früher. Angefangen bei der dicken Gebrauchsanweisung für das Handy, strafferen Arbeitsstrukturen, über die verzwickten zwischenmenschlichen Beziehungen bis hin zur Undurchsichtigkeit der Politik und Weltwirtschaft, ist das Leben in den letzten 20 Jahren bestimmt nicht einfacher geworden. Die Welt verändert sich rasanter als je zuvor – aber viele die Menschen möchten lieber, dass alles so bleibt, wie es ist.

In diesem Spannungsverhältnis beschränken sich dann Zeit und Interessensressourcen oft nur noch auf das absolut Notwendigste. Darunter leidet die Lebensqualität. Ein gutes Viertel der werktätigen Bevölkerung fühlt sich ausgebrannt und ohne Motivation. Fast die Hälfte klagt über ein Schlafdefizit, 57 Prozent essen nicht regelmäßig, und über zwei Drittel empfinden ihr Privatleben als unbefriedigend. Eine Studie des Verbandes Deutscher Ingenieure (VDI) bestätigt: 80 Prozent der Mitarbeiter outen sich in einer anonymen Studie als nicht motiviert bei ihrer Arbeit.

Häufig finden sich in unserem Tagesablauf kleine Fehler, kleine Sünden wider die Natur, die für sich alleine bestimmt nicht schlimm sind. Aber die ständige Wiederholung der gleichen kleinen Laster nagt an der Gesundheit, macht uns oft müde und schlapp und am Ende sogar krank.

Darum lohnt es sich, von Zeit zu Zeit Abstand und Überblick zu gewinnen, sich zurückzulehnen, um die täglichen Gewohnheiten kritisch zu überdenken und eventuell etwas zu verändern. Denn wir wollen das Wasser ja nicht erst dann entdecken, wenn wir auf dem Trockenen liegen …

Der klassische Burn-out

Burn-out bezeichnet das Durchbrennen von Reaktorbrennstäben aufgrund zu geringer Kühlung oder zu hoher Wärmeentwicklung. 1970 wurde dieser Ausdruck auf die Psyche übertragen und bezeichnet seitdem ein lähmendes Phänomen unserer Zeit, bei dem Idealismus, Begeisterung und Arbeitseifer schwinden und zeitgleich körperliche Beschwerden wie Dauermüdigkeit, Magenschmerzen oder Schlafstörungen auftreten.

Sicherlich erwischt uns der Burn-out nicht über Nacht. Der Weg dahin ist gepflastert mit vielen kleinen Sünden. Für manche können wir nichts, doch meistens schlittern wir durch viele kleine, vermeidbare Fehler in dieses immer häufiger werdende Krankheitsbild.

Stress kann man messen! Durch die Bestimmung des Cortisolspiegels in Ihrem Blut kann der Hausarzt den Stresspegel objektivieren. Cortisol ist das schlimmste aller Stresshormone. Werte bis 15 µg/dl sind normal, Werte zwischen 15 und 20 µg/dl gelten als kontrollbedürftig. Über 20 µg/dl beginnt der Burn-out. Das subjektive Empfinden bei hohen Cortisolwerten ist schnell charakterisiert: schlapp, ohne Lust und immer müde!

Übertrainierte Sportler und belastete Manager kennen die Wirkung dieses Hormons. Cortisol wirkt abbauend, lähmend, in der Fachbezeichnung »katabol«. Es schwächt das Immunsystem, baut Muskeln ab, zerstört Verbindungen im Gehirn und stimmt uns depressiv. Mehr noch – es unterdrückt die körpereigne Bildung der erwünschten aufbauenden, anabolen Hormone. Denn kein Mensch kann bremsen und Gas geben zur gleichen Zeit. Und durch den Mangel an aufbauenden Hormonen kommt der Teufelskreis erst richtig in Fahrt. Durch diese Störung im sensiblen Konzert der Botenstoffe steigt die *gefühlte* Arbeitsbelastung. Die Frustrationsschwelle sinkt und auf selbst kleine Zusatzaufgaben reagieren wir mit einem entnervten »Wie soll ich denn das noch schaffen!«.

Ein Beispiel aus der Natur macht die Wirkung des Cortisols deutlich: Wenn ein Lachs an seinen Geburtsort zurückkehrt, hat er eine gewaltige Anstrengung vor sich. Er schwimmt stromaufwärts zu seinem Laichplatz und muss dabei viele Stromschnellen und so manchen Wasserfall überwinden. Während dieser letzten Reise altert der Lachs im Zeitraffertempo, kommt völlig erschöpft am Ziel seiner Reise an, laicht ab – und stirbt. Die Biologie nennt das den »programmierten Zelltod«. Schuld daran ist das immens angestiegene Cortisol.

Entspannung und Bewegung gegen den Burn-out

Mit Entspannung und Bewegung können wir diesem Killerhormon Paroli bieten. Darum gewinnt körperliche Bewegung gerade unter Stress an enormer Bedeutung. Stresshormone wie Adrenalin und

Cortisol werden abgebaut, der Kreislauf kommt in Schwung, und nicht zuletzt verbrennt man durch die richtige Bewegung gefährliches Cholesterin und Neutralfette aus dem Blut.

Je größer die berufliche Belastung ist, desto langsamer und entspannter sollte das Ausgleichstraining sein. Nehmen Sie sich ein Beispiel an den Tour-de-France-Fahrern. Regelmäßig beginnen sie die Saison mit einem langsamen Ausdauertraining. Bei niedrigster Belastung radeln die Profis mit Puls 110 über Mallorca, unterhalten sich dabei mit ihren Trainingspartnern und erfreuen sich an der Mandelblüte im Februar. Das ist Grundlagenausdauertraining pur. So langsam das Training auch ist, so stark und belastbar macht es uns für den alltäglichen Wahnsinn im Beruf. Und wer sein Geld nicht mit Sport verdient, der braucht gar nicht anders zu trainieren.

Die Zauberformel ist einfach und heißt »langsam aber länger«. Mindestens viermal pro Woche sollte man sich aufraffen. Natürlich ist es besser, auch nur einen Tag als gar nicht zu trainieren. Aber ab viermal pro Woche sind die Benefits nicht nur subjektiv spürbar, sondern auch wissenschaftlich nachweisbar. Das Cortisol im Blut sinkt messbar, und die aufbauenden Hormone wie Testosteron und Wachstumshormon werden wieder vermehrt produziert.

Nebenbei bildet der Muskel fettverbrennende Enzyme, die gefährlichen Nahrungsfette und Cholesterin werden wieder vermehrt verbrannt. Und nicht nur dann, wenn wir uns bewegen. Sogar nachts, im Bett liegend, verbrennen unsere Muskeln wieder Fett! Denn untrainierte Muskeln leben vom Zucker, also von Kohlenhydraten, und nur richtig (Ausdauer-) trainierte Muskeln vom Fett. Der Vorteil: Bevor sich die gefährlichen Fette in unseren Arterien ablagern können, werden sie im Muskel verbrannt. Die Blutgefäße bleiben frei für den Transport von Nährstoffen und Sauerstoff. Worte wie Herzinfarkt und Schlaganfall verlieren ihren Schrecken, denn diesen Krankheiten liegt immer eine Verfettung der Blutgefäße zugrunde.

Übrigens: Blutfett und Körperfett sind zwei völlig verschiedene Paar Schuhe. So mancher ist geneigt zu denken: »Ich bin dünn, also werde ich auch nur wenig Blutfett haben.« Weit gefehlt! Es gibt sehr wohl dünne Menschen mit hohen Blutfettwerten und dicke Menschen mit niedrigem Wert. Der Körper produziert nämlich auch selbst Cholesterin, und dieser innere Stellwert ist bei jedem Menschen anders und von der Ernährung unabhängig. Natürlich kann man auch Läuse und Flöhe haben, sprich schlechte Ernährung plus hohe Eigenproduktion. Das sind dann die Risikokandidaten, um die man sich als Arzt besonders kümmern sollte.

Der Hausarzt verschreibt bei hohen Blutfettwerten gerne Blutfettsenker, die so genannten Statine. Diese Medikamente senken zwar deutlich das Gesamtcholesterin, aber leider auch das gute HDL-Cholesterin. Das Verhältnis vom guten zum schlechten Cholesterin ändert sich kaum, und das Risiko für Gefäßverkalkung und Herzinfarkt sinkt längst nicht in dem Maße, wie das Gesamtcholesterin sinkt. Darum handelt es sich bei den Blutfettsenkern mehr um Cholesterinkosmetik als um eine wirkliche Minderung des Risikos. Durch Bewegung aber sinkt das Gesamtcholesterin, und das gute HDL-Cholesterin steigt durch dieses aerobe Ausdauertraining sogar an! Damit sinkt das Risiko für Gefäßverkalkung ganz erheblich!

Haben Sie vom letzten Arztbesuch noch Ihre Laborbefunde in der Schublade? Wenn ja, dann teilen Sie einmal die Werte Ihres Gesamtcholesterins durch die des HDL-Cholesterins. Das Ergebnis sollte immer unter 5 liegen, denn darüber wird es wirklich kritisch. Langfristig steigt das Risiko für Gefäßverkalkung, Herzinfarkt und Schlaganfall deutlich an. Liegt der Cholesterinquotient aber bei 2 oder sogar noch darunter, dann können die Blutgefäße nicht verkalken! Dieser Cholesterinquotient ist viel aussagefähiger als der Gesamtcholesterinwert allein.

» Durch Training sinkt das Gesamtcholesterin, und das HDL steigt an. Fazit: Dieser Risikoquotient schmilzt wie Butter in der Sonne! «

Die wichtigsten Faustregeln für die gesunde Bewegung:

- Das Bewegungstraining sollte gleichmäßig sein, also nicht Tennis spielen, Fußball oder Squash. So etwas kann man gerne zusätzlich machen, aber bitte nicht anstatt. Wer älter ist oder untrainiert, für den genügt anfangs schon ein strammer Spaziergang. Jüngere oder trainierte Ältere joggen langsam im Sprechtempo.
- Bestes Hilfsmittel für ein sinnvolles Training ist ein Pulsmesser, der einem den täglich etwas anderen optimalen Belastungspuls vorgibt. Das funktioniert über die so genannte Variabilität der Herzfrequenz. Das bedeutet: Wenn wir einen Puls von 60 Schlägen pro Minute haben, erfolgt nicht starr zu jeder vollen Sekunde ein Herzschlag. Der Puls variiert zwischen 990 Millisekunden und 1 110 Millisekunden oder zwischen 995 und 1 105 Millisekunden. Der Puls schwankt abhängig von unserem Stresspegel, unserem Kaffeekonsum, unserem Schlafdefizit und von unserer letzten Mahlzeit. Je fitter wir sind, desto größer ist diese Bandbreite, also die Variabilität, zwischen den einzelnen Pulsschlägen. Je weniger fit wir sind, desto starrer erfolgt der Herzschlag. Bei größerer Variabilität dürfen wir schneller, bei geringer Variabilität müssen wir langsamer trainieren, um das Training möglichst sinnvoll zu gestalten. Wenn Sie wollen, dann lassen Sie sich doch einmal im Sportgeschäft beraten und kaufen sich einen Pulsmesser mit der so genannten »own zone«.
- Wenn wir trainieren, sollten wir möglichst nichts im Bauch haben. Denn wenn man erst sein Müsli frühstückt, wird unweigerlich Insulin ins Blut ausgeschüttet. Und mit Insulin im Blut kann man kein Gramm Fett verbrennen! Das ist ein Naturgesetz. Für die nächsten 30 bis 40 Minuten wird nur Zucker verbrannt, bis das Müsli restlos verdaut ist. Erst dann beginnt die Fettverbrennung. Oft sind wir dann aber schon zurück von unserem Waldlauf und unserem Ziel der Fettverbrennung nicht näher gerückt. Wer aber nüchtern trainiert, der verbrennt vom ersten Schritt an Fett.

Eine gesunde Ernährung

Aber nicht nur durch Bewegung können Sie dem Stress ein Schnippchen schlagen, auch bei Ernährung können wir ansetzen. Wir alle wissen, dass alles Lebendige in der Natur aus Eiweißbausteinen, den so genannten Aminosäuren, aufgebaut ist. Es gibt 22 verschiedene Aminosäuren, das ist der »Lego-Baukasten« der Natur. Zieht man beim Menschen das Wasser ab, so bleibt das Eiweiß übrig. Acht Aminosäuren sind essenziell, das heißt, der Körper kann sie nicht selbst produzieren, er ist auf die Zufuhr von außen angewiesen. Drei von diesen Aminosäuren sind wiederum von extremer Bedeutung für den Kopfarbeiter, weil hieraus Neurotransmitter, Botenstoffe für das Gehirn, gebildet werden.

Aus der essenziellen, gehirnaktiven Aminosäure Phenylalanin beispielsweise produziert der Körper gleich drei Hormone, drei Botenstoffe für das Gehirn, die unsere Siegermentalität ausmachen. Mit mehr Phenylalanin im Blut wird erstens mehr von dem Hormon Noradrenalin gebildet, welches uns optimistisch und fröhlich stimmt. Das gibt uns dieses »Das schaff ich auch noch«-Gefühl, das uns zu Höchstleistungen beflügelt.

Zweitens wird durch die gleiche Aminosäure das Hormon ACTH gebildet, das den Beinamen Kreativitätshormon trägt. Denn ACTH beflügelt den Strom unserer Gedanken und verursacht wahre Geistesblitze. Wissenschaftlich lässt sich nach dem Genuss von Nahrung, die reich an der Aminosäure Phenylalanin ist, eine deutlich erhöhte Aktivität im EEG nachweisen.

Und drittens benötigen wir Phenylalanin zur Produktion der so genannten β-Endorphine. Das sind diese Glückshormone, die uns die ganze Welt umarmen lassen und für innerliche Höchststimmung sorgen.

Es ist also nur eine Aminosäure, die gleich ein ganzes biochemisches Hormonfeuerwerk in unserem Kopf entflammen kann. Doch dieses Feuerwerk kann nur dann zünden, wenn wir genügend von diesem notwendigen Eiweißbaustein, dem Phenylalanin, im Blut haben.

Eine weitere wichtige gehirnaktive Aminosäure ist das Tryptophan. Aus diesem Baustein entsteht, ausreichende Mengen vorausgesetzt, das begehrte »Chefhormon« Serotonin. Serotonin steht für gute Laune und Überblick. Bei hohen Spiegeln denkt man mehr in Lösungen. Genau das macht einen guten Chef aus. Bei tiefen Spiegeln denkt man leider stärker in Problemen. Das kann dann sogar zu massiven Depressionen führen. Darum verordnet der Arzt bei Depressionen Tabletten, die nichts anderes als Serotonin enthalten. Oft wäre es aber schon ausreichend, die Nahrung umzustellen beziehungsweise anfangs den essenziellen Nahrungsbaustein Tryptophan zu substituieren. Dann würde der Körper das Serotonin selbst produzieren.

Unter dem Strich bedeutet das: Wir müssen auf unseren Eiweißspiegel im Blut achten! Wer auf mentale Stärke und Belastbarkeit angewiesen ist, dem tut ein hoher Eiweißspiegel im Blut gut. Leider hören wir immer wieder: »Wir essen alle zu viel Eiweiß!« Das stimmt aber nicht. Denn wenn man im Blut einmal den Gesamteiweißwert misst, haben wir nie zu viel, viele Menschen aber weisen mittlere bis mickrige Eiweißspiegel auf. Das Missverständnis heißt: Wir essen zu viel tierisches Eiweiß – das ist korrekt. Zwar ist das tierische Eiweiß in Fisch und Fleisch äußerst hochwertig, doch Huckepack mit dem tierischen Eiweiß essen wir zuviel Cholesterin, Neutralfett und Harnsäure.

Nicht das Eiweiß macht krank, sondern die automatisch mitgegessenen Fette beziehungsweise die Harnsäure verstopfen unsere Blutgefäße. Wenn ich bei den Patienten in meiner Praxis das Blut untersuche, stelle ich immer wieder Folgendes fest: Der Eiweißwert ist niedrig, aber Cholesterin, Triglyceride (Neutralfette) und Harnsäure sind zu hoch. Nicht das Eiweiß macht krank, es sind die Zusatzstoffe.

Bei Menschen, die besonders auf mentale Stärke und Belastbarkeit angewiesen sind, misst man das Eiweiß nicht nur quantitativ, sondern qualitativ. Es wird also nicht nur der Gesamteiweißwert ermittelt, sondern jede einzelne essenzielle Aminosäure wird gemessen. Und wenn im Blut eine fehlt, dann wird dieser Eiweißbaustein ergänzt: Wer mental viel leistet, der verbraucht natürlich mehr von den gehirnaktiven Aminosäuren.

Bei Autorennfahrern wie Michael Schumacher oder Pablo Montoya gehört diese Untersuchung zum Standardrepertoire. Wie sonst könnte man diese unnachahmliche Fähigkeit von David Coulthardt beschreiben: Heute bei einem Flugzeugabsturz dem Tod gerade noch einmal von der Schippe gesprungen und morgen schon wieder im Formel-1-Rennwagen – als ob nichts passiert wäre. Das ist phänomenal! »Dieter Durchschnitt« könnte das nicht. Da braucht es oft Wochen, ja sogar Monate, bis sich das Nervenkostüm wieder beruhigt hat.

Quintessenz: Eiweiß ist nicht nur wichtig für Bodybuilder, sondern auch und gerade für Kopfarbeiter. Ohne eine ausreichende Konzentration an gehirnaktiven Aminosäuren können wir dem Burn-out nur schlecht entkommen. Der normale Eiweißwert im Blut rangiert zwischen 6,5 mg/dl (untere Norm) und 8,6 mg/dl (obere Norm).

Leistungsfähige und belastbare Menschen, egal ob im Sport oder in der Wirtschaft, sind auf einen Eiweißwert im Normbereich angewiesen. Leider messen wir aber oft das Gegenteil. Die Ursache dafür ist der heute deutlich reduzierte Kalorienbedarf. Noch vor 100 Jahren hat man allein im Haushalt 4000 Kilokalorien verbrannt. Keine Waschmaschine, kein Auto, kein Starmix. Alles wurde von Hand beziehungsweise zu Fuß erledigt. Durch die hohe aufgenommene Kalorienmenge wurden zwangsläufig auch die wertvollen essenziellen Aminosäuren wieder aufgefüllt.

Heute verbrennt die Hausfrau höchstens noch 1700 Kilokalorien im Haushalt – weniger als die Hälfte. Leider reichen diese wenigen Kalorien dann oft nicht mehr aus, um den Körper ausreichend mit den wichtigen Biobausteinen zu versorgen. Wer auf der Bewegungsseite etwas verändert, der muss auch auf der Ernährungsseite etwas verändern. Sonst stimmt die Bilanz nicht.

Darum empfehle ich meinen Patienten mit niedrigem Eiweißspiegel anfangs ein Eiweißkonzentrat zu nehmen, frei von Cholesterin,

Triglyceriden und Purinen (Harnsäure). Allerdings empfehle ich kein Eiweißpulver für Bodybuilder aus dem Fitnessstudio, weil in diesen nur wenig gehirnaktive Aminosäuren enthalten sind. Meine Patienten erhalten das »Protein plus« der Firma Cadion (www.cadion.de), wobei das »plus« für gehirnaktive Aminosäuren steht.

Erst wenn die Speicher wieder richtig aufgefüllt sind, reicht eine eiweißreiche, aber fettarme Ernährung aus, um sie auch voll zu halten. Besonders eiweißreich sind Linsen, Bohnen, Weizen, Dinkel, Reis, magerer Fisch oder Fleisch. Die unschlagbare Eiweißbombe ist aber der Klassiker Pellkartoffeln mit Quark. Durch diese Kombination von tierischem mit pflanzlichem Eiweiß wird die Bioverfügbarkeit derart hochkatapultiert, das alle anderen Eiweißquellen blass dagegen aussehen.

Leider können wir uns aber bei unserem heutigen Kalorienbedarf nicht so viele Kohlenhydrate erlauben. Wer viel am Schreibtisch oder im Auto sitzt, der kann die Kohlenhydrate nicht ausreichend verbrennen. Dann wird aus Kohlenhydraten Fett.

» Fett bleibt Fett, Kohlenhydrate werden zu Fett, Eiweiß kann niemals zu Fett werden. «

Wenn nicht verbrannte Kohlenhydrate in Fett umgewandelt werden, lagert der Körper die neuen Fette in der Leber zwischen. Dadurch entsteht eine Fettleber und die Leberenzyme steigen an. Und erhöhte Leberenzyme sind die schlimmsten Müdemacher, die wir kennen. Heute gehört die Fettleber leider fast schon zum guten Ton. Jeder zweite deutsche Manager hat eine. Gott sei Dank ist die Fettleber aber voll reversibel. Etwas Dinner-Cancelling, Verzicht auf Kohlenhydrate nach 18 Uhr, und die Leber erholt sich wieder. Perfekt wäre natürlich eine Fastenkur, die in Windeseile die gespeicherten Fette aus der Leber entfernt. Der Effekt ist besser als jede Frischzellenkur, und so mancher erwacht erst durch das Fasten aus seinem Dornröschenschlaf.

Blutwerte

Anhand folgender Blutwerte können Sie sich selbst ein Bild machen, wie es um Ihre Gesundheit und Leistungsfähigkeit bestellt ist. Diese Werte können Sie beim Hausarzt oder Internisten messen lassen. Doch Vorsicht: Die regulären Normwerte, anhand derer der Hausarzt Ihre Ergebnisse interpretiert, gelten für uns nicht. Denn die Normwerte setzen sich lediglich aus der Summe aller Messungen zusammen. Aus einer Million Cholesterinwerten wird der Mittelwert und die Standardabweichung errechnet. Und alles, was in diesen Referenzbereich fällt, gilt als normal. Doch in der Regel gehen ja eher die Kranken zum Arzt – und bestimmen unsere Normwerte. Und wenn der Arzt dann lobt: »Bei Ihnen ist alles normal«, so heißt das nichts anderes als: »Verglichen mit Kranken sind Sie gesund!« Für uns ist das kein Maßstab.

Unsere Normwerte orientieren sich an gesunden Menschen. In meiner Praxis, der ersten Praxis Deutschlands nur für Gesunde, geben sich fitte und leistungsfähige Menschen die Klinke in die Hand. Triathleten, Tour-de-France-Fahrer, ATP-Tennisspieler genau wie erfolgreiche Wirtschaftsgrößen. Die sind unser Maßstab. Erstens messen wir – neben den üblichen Werten – auch ganz andere Parameter als der Hausarzt, und zweitens interpretieren wir diese Ergebnisse strenger. Wir vergleichen unsere Patienten also mit gesunden, nicht mit kranken Menschen.

Glucose (Blutzucker)

Der Blutzucker sollte in unseren strengen Normen nüchtern immer unter 100 mg/dl liegen. Schon leicht erhöhte Werte zerstören die feinsten Blutgefäße. Diabetes wird immer häufiger. Der so genannte Alterszucker wurde in Diabetes Typ II umbenannt, weil mittlerweile schon Schulkinder unter Alterszucker leiden. Während des Krieges gab es diese Form der Zuckerkrankheit nicht. Wichtigste Maßnahme bei erhöhten Zuckerwerten: Bewegung rauf, Gewicht runter!

Normwert: **60–100** mg/dl

Ihr Wert: . . . .

Harnsäure

Die Harnsäure ist bis zum Wert von 5 mg/dl flüssig und damit völlig ungefährlich. Ab 5 mg/dl ist das so genannte Löslichkeitsprodukt überschritten und die Harnsäure kristallisiert aus. Diese feste Form der Säure ist brandgefährlich für die Gelenke (Gicht), Nieren(-steine) und besonders für die Blutgefäße. Die scharfkantigen Kristalle ritzen nämlich die spiegelnd glatte Gefäßinnenhaut auf und sind damit Wegbereiter für die Gefäßverkalkung.

Bei erhöhten Harnsäurewerten: Wurst weglassen, Fleisch und Alkohol reduzieren und trinken, trinken, trinken (H_2O).

Normwert: **3,0–5,0** mg/dl

Ihr Wert: ....

GPT, GOT, Gamma-GT – die Leberwerte

Die Gamma-GT ist der sensibelste der drei Leberwerte. Faustregel: Ist die Gamma-GT in Ordnung, so ist die Leber in Ordnung. Steigt die Gamma-GT, dann ist die Leber belastet. Ideal ist eine Gamma-GT bis 10 U/l, gerade noch tolerabel bis 28 U/l.

Häufigste Ursachen für erhöhte Werte: das tägliche Gläschen Wein am Abend und/oder Medikamente und/oder das späte Abendessen. Wenn die anderen Leberwerte auch ansteigen, dann leidet die Leber schon deutlich länger. Zuerst entsteht die reversible Fettleber, die heute jeder zweite deutsche Manager sein Eigen nennt.

Darum sollte man nicht jeden Tag Alkohol trinken und nach 18 Uhr nichts mehr essen. Falls Sie dennoch spätere Mahlzeiten einnehmen und die Bildung einer Fettleber vermeiden möchten, sollten Sie bei der Nahrungsauswahl auf Folgendes achten: Fett bleibt Fett. Aber auch Kohlenhydrat wird zu Fett umgewandelt und in der Leber zwischengelagert, da es vor dem Einschlafen nicht mehr in Energie umgesetzt werden kann. Nur Eiweiß kann niemals zu Fett werden. Darum der Tipp für ein späteres Abendessen: Ein magerer Fisch oder Steak vom Grill mit Gemüse und Salat, möglichst keinen Reis, Nudeln oder Kartoffeln dazu essen. Kurzfristige Kontrolle der Werte, wenn auch schon GOT und GPT angestiegen sind.

Normwerte: Gamma-GT: *Ideal* **10** U/l, *aber immer* **unter 28** U/l
GOT: ≤ **18** U/l
GPT: ≤ **20** U/l

Ihre Werte: Gamma-GT: ....
GOT: ....
GPT: ....

Elektrolyte

Natrium: Natrium ist das wichtigste Leistungsmineral außerhalb der Zelle. Gemeinsam mit Kalium wird die so genannte »Natrium-Kalium-Pumpe« betrieben. Beide Elemente bilden die Grundlage für den Stoffwechsel, für die Funktion von Muskeln und Nerven. Natrium ist wesentlich an der Regulation des Wasserhaushaltes beteiligt. Natrium kann an der Entstehung des Bluthochdrucks beteiligt sein, obwohl nur ein Drittel aller Hochdruckkranken »salzsensitiv« sind.

Normwert: **136–145** mmol/l

Ihr Wert: ....

Kalium: Kalium ist das wichtigste Leistungsmineral innerhalb der Zelle. Viele Stoffwechselvorgänge werden durch Kalium gesteuert: Herztätigkeit, Muskelfunktion, die Einschleusung von Nährstoffen in die Zelle, die Sekretion von Magensäure, die Bildung von Hormonen und Enzymen sind von diesem Element abhängig. Einen höheren Kaliumbedarf haben Menschen, die blutdrucksenkende Medikamente, Cortison oder Herzmedikamente einnehmen. Das gilt ebenfalls für Schwangere, Raucher, bei erhöhtem Alkoholkonsum und Patienten mit Magen-/Darmstörungen. Kaliummangel kann zu Herzrhythmusstörungen und Muskelschwäche führen.

Normwert: **3,5–5,0** mmol/l

Ihr Wert: ....

Calcium: Calcium steuert die Muskelkontraktion, die Blutgerinnung, den Knochen- und Zahnaufbau (gemeinsam mit Phosphor). Calcium reguliert die neuromuskuläre Erregbarkeit und wird deshalb auch »schnelles Stresssalz« genannt.

Normwert: **2,10–2,55** mmol/l

Ihr Wert: ....

Eisen: Eisen ist das wichtigste Spurenelement für die Blutbildung, für die Zellatmung und damit für die Energieproduktion in der Zelle, aber auch für die Funktion von Nervenzellen. Es ist wichtig für die menschliche Ausdauerleistung, nicht nur beim Sportler. Eisen ist unverzichtbarer Bestandteil von Enzymen in jeder Körperzelle. Zu viel Eisen ist ebenso schädlich wie der Eisenmangel. Ein Eisenüberschuss stört die Abwehrkräfte des Immunsystems, hemmt die Aufnahme von Zink und schädigt die sensible Innenhaut der Blutgefäße.

Normwert: **70–175** µg/dl

Ihr Wert: ....

Fettstoffwechsel-Diagnostik

Cholesterin gesamt: Cholesterin kommt in tierischen Fetten vor und ist auch im menschlichen Körper als lebenswichtiger Bestandteil weit verbreitet. Doch die Dosis macht's: Wer einen Cholesterinspiegel unter 150 mg/dl hat – das haben umfangreiche Studien eindrucksvoll bewiesen –, der kann praktisch nicht verkalken. Höhere

Werte müssen aber noch nicht gefährlich sein, zumindest wenn man viel gutes HDL- und wenig schlechtes LDL-Cholesterin hat.

Normwert: *ideal* **unter 150** mg/dl, *mindestens aber* **unter 200** mg/dl!

Ihr Wert: . . . .

HDL-Cholesterin: HDL ist der »gute« Anteil vom Cholesterin, der sich nicht an der Gefäßwand ablagert. HDL schützt vor Herzinfarkt. Darum: Je höher, desto besser. Das HDL kann nur durch aerobes körperliches Training erhöht werden!

Normwert: **> 40** mg/dl

Ihr Wert: . . . .

LDL-Cholesterin: Das ist die gefährliche Unterfraktion des Cholesterins, da es sich an der Gefäßwand ablagert und dadurch Gefäßverkalkung und Herzinfarkt beziehungsweise Schlaganfall auslöst. Darum: Je niedriger, desto besser.

Normwert: **< 110** mg/dl

Ihr Wert: . . . .

Cholesterinquotient: Dieser Quotient aus Gesamtcholesterin geteilt durch HDL-Cholesterin beschreibt das aktuelle Verkalkungsrisiko. Je niedriger der Quotient, desto geringer das Risiko, sogar bei erhöhtem Gesamtcholesterin! Darum ist der Quotient sehr viel aussagefähiger als das Gesamt-Cholesterin allein.

Zum Vergleich: Bei einem Quotienten über 5 sollten die Alarmglocken angehen! Hier ziehen wir alle Register, um diesen kritischen Wert durch Diät und Bewegung schnellstmöglichst zu entschärfen. Bei einem Quotienten von 4,4 ist das Arterioskleroserisiko exakt so hoch wie bei der Durchschnittsbevölkerung – *und damit deutlich vorhanden*. Für unsere strengen Maßstäbe ist das noch nicht gut genug, denn 80 Prozent der Bevölkerung bekommen im Laufe des Lebens Gefäßverkalkungen, 60 Prozent sterben daran (Herzinfarkt, Schlaganfall).

Bei 3,3 ist das Risiko noch halb so hoch wie bei der Durchschnittsbevölkerung, und bei Werten um 2,2 ist das Arterioskleroserisiko gleich null.

Der Quotient kann prinzipiell sowohl durch aerobes Training verbessert werden als auch über die Ernährung.

Arteriosklerose Risiko: *niedrig* **< 2,9** *mittel* **2,9–4,4** *hoch* **> 4,4**

Ihr Quotient: . . . .

Triglyceride

Anhand der Triglyceride (nahrungsabhängige Fette) kann man abschätzen, ob das Cholesterin angegessen oder selbst produziert ist. Liegen die Triglyceride bei Werten von 50 mg/dl oder sogar darunter, so spricht man von vorbildlicher, fettarmer Ernährung. Wer gleichzeitig einen hohen Cholesterinspiegel aufweist, kann hier durch Diät nichts verbessern, weil der Körper es selber produziert. Hier hilft nur Bewegung. Bei Triglyceriden zwischen 50 und 100 mg/dl sprechen wir von fettreduzierter Ernährung. Bei höheren Werten sollte auf eine fettärmere Ernährung geachtet werden. Ein gleichzeitig erhöhter (angefutterter) Cholesterinspiegel wird sich dadurch gleichfalls reduzieren. Bei zusätzlichem aeroben Training geht das natürlich noch schneller!

Normwert: < **100** mg/dl

Ihr Wert: . . . .

Serotonin

Bei niedrigen Spiegeln denkt man mehr in Problemen, bei höheren Spiegeln in Lösungen. Darum wünscht man sich dieses Hormon immer im oberen Normbereich. Depressive Menschen bekommen Serotonin als Stimmungsaufheller verordnet. Ursache eines erniedrigten Serotoninspiegels ist oft ein Tryptophanmangel.

Normwert: > **150** µg/l

Ihr Wert: ....

Wachstumshormon (STH)

STH gilt als menschlicher Jungbrunnen, denn je länger man das Hormon nachweisen kann, desto langsamer altert man. Amerikanische Schauspieler mit vorangeschrittener Jugend spritzen sich dieses begehrte Hormon selbst. Auch im Sport wird es als unerlaubtes Doping eingesetzt, weil es Muskeln auf- und Fett abbaut. Wir wollen aber versuchen, die natürliche körpereigene Produktion über einen guten Eiweißwert anzukurbeln, denn STH besteht aus Eiweiß. Zink wiederum verwandelt das gegessene Eiweiß in körpereigenes Eiweiß, sprich in die entsprechenden Hormone.

Häufigste Ursachen erniedrigter STH-Spiegel:

- das tägliche Gläschen Alkohol,
- spätes (kohlenhydratreiches) Abendessen,
- hoher Stresshormon- (Cortisol-)Spiegel,
- Eiweiß- und/oder Zinkmangel.

Normwert: > **1,0** µg/l

Ihr Wert: ....

Cortisol

Das Langzeitstresshormon Cortisol steigt an bei physischem Stress (Sportler) und bei psychischem Stress (Manager). Bei Werten über 20 µg/dl empfehlen wir zwei Wochen Malediven ohne Fax und Telefon.

Normwert: **< 20** µg/dl

Ihr Wert: . . . .

Testosteron

Das männliche Keimdrüsenhormon steht für innere Dynamik (auch bei Frauen), es regelt die männliche Potenz und Libido. Der Wert ist altersabhängig.

Normwert: **> 20** ng/l

Ihr Wert: . . . .

Magnesium

Ohne Magnesium läuft nichts im Leben. Magnesium steuert mehr als 300 Enzyme mit allen nachfolgenden Stoffwechselprozessen. Magnesium schützt das Herz; ein Mangel kann verschiedene Herz- und Kreislaufkrankheiten hervorrufen. Es entspannt die Muskulatur, auch die in den Blutgefäßen und verhindert dadurch eine Verkrampfung der Herzkranzgefäße und garantiert damit für bestmögliche Durchblutung und Sauerstoffzufuhr.

Normwert: **0,9–1,1** mmol/l

Ihr Wert: . . . .

Magnesium ist im heutigen Essen kaum noch vorhanden, und viele Magnesiumpräparate wirken nur schlecht oder gar nicht. Darum empfehle ich meinen Patienten täglich ein bis zwei Beutel Magnesium 300 von Cadion (www.cadion.de), das eine hervorragende Bioverfügbarkeit besitzt.

Blutbild

Leukozyten: Die Infektionspolizei im Blut. Bei Anstieg der Leukozyten kämpft der Körper gegen einen Infekt.

Normwert:	**3,8–11,0** x $10^3/\mu l$
Ihr Wert:	. . . . x $10^3/\mu l$

Hämoglobin: Hämoglobin macht unser Blut rot und ist *der* Leistungsparameter im Sport. Nur bei einem hohen Hämoglobin können Sie viel Sauerstoff transportieren, in die Muskeln, aber auch ins Gehirn. Darum ist ein Wert im oberen Drittel nicht nur für Sportler wichtig. Ursachen für ein niedriges Hämoglobin ist oft ein Mangel an Eisen und Folsäure, noch häufiger aber Eiweißmangel. 99 Prozent des Hämoglobins bestehen aus Eiweiß, darum wird ohne einen hohen Eiweißwert auch das Hämoglobin immer niedrig bleiben.

Normwert:	**14–16** mg/dl
Ihr Wert:	. . . .

Hämatokrit: Dieser Wert beschreibt die Fließfähigkeit, die Viskosität des Blutes. Nur bei niedrigen Werten ist eine gute Fließfähigkeit bis in die letzte Herzmuskel- und hinterste Hirnzelle gewährleistet. Der Hämatokrit ist typischerweise erhöht bei Bewegungsmangel und Flüssigkeitsdefiziten des Körpers. Darum sollte man immer auf eine ausreichende Trinkmenge achten. Faustregel: Pro 25 kg Kampfgewicht einen Liter trinken (H_2O). Vorsicht: Alkohol, Kaffee und schwarzer Tee »treiben«, entziehen dem Körper also Wasser und dürfen nicht mit in die Flüssigkeitsbilanz eingerechnet werden.

Normwert: **38–42%**

Ihr Wert: . . . .

Gesamteiweiß (Eiweiß quantitativ)

Alles was lebt, besteht aus Eiweiß. Darum ist der Eiweißwert *der* Maßstab für den wichtigsten Bestandteil der lebendigen Substanz.

Normwert: **7,7–8,6** mg/dl

Ihr Wert: . . . .

Bei Werten unter 7,7 mg/dl empfehle ich meinen Patienten, ein Eiweißpulver zu nehmen. Natürlich kein Eiweiß für Bodybuilder, weil darin meist nur wenige gehirnaktive Aminosäuren enthalten sind. Besonders empfehlenswert: Protein plus von Cadion. Das »plus« steht für gehirnaktive Aminosäuren wie zum Beispiel Phenylalanin und Tryptophan (siehe unten)

Phenylalanin: Phenylalanin ist eine gehirnaktive Aminosäure, aus der Glückshormone wie Noradrenalin, ACTH und Endorphine gebildet werden. Sie ist wesentlich für die innere Klangfarbe des Menschen.

Normwert: **51–70** µmol/l

Ihr Wert: . . . .

Tryptophan: Tryptophan ist die Ausgangssubstanz für das Serotonin, das »Chefhormon«. Es ist ein Hormon der inneren Ruhe, des Glücks und steht für eine »Und-das-schaff-ich-auch-noch«-Mentalität. Außerdem wirkt es als Stressregulator. Bei Mangel denkt man mehr in Problemen als in Lösungen. Darum wird dieses Hormon therapeutisch bei Depressionen eingesetzt. Typischerweise ist der Spiegel erniedrigt bei Stress oder bei überforderter Abwehr des Körpers.

Normwert: **37–56** µmol/l

Ihr Wert: . . . .

Mentaltraining gegen Burn-out

Neben der Bewegung und der Ernährung können wir auch mental viel tun, um dem Burn-out zu begegnen. Dazu müssen wir lernen, uns zu entspannen und abzuschalten. Viele Menschen glauben zwar, sie würden denken, aber das ist leider ein Irrtum. Nicht wir denken, ES denkt. Gedanken kommen, wenn die Gedanken es wollen, selten wenn wir es wollen. Wir können nicht sagen: »Ich möchte eine Idee haben, bitte jetzt und sofort!« Wir können nicht sagen: »Ich möchte jetzt bitte *nicht* an gelbe Nilpferde denken!« Zu 90 Prozent denkt es in uns ganz selbstständig, ohne unsere Absicht, ohne unseren Willen.

Wir alle kennen diese Gedankenmühle, die unablässig mahlt. Sie mahlt, während Sie diese Zeilen lesen, sie mahlt, wenn Sie Auto fahren, sie mahlt, wenn Sie abends im Bett liegen und nicht gleich einschlafen können. Die Gedanken laufen sogar weiter, wenn Sie schlafen, erst recht, wenn Sie träumen. Für unsere Lebensqualität ist es von enormer Wichtigkeit, womit sich diese Gedankenmühle unablässig beschäftigt. Mehr mit guten oder doch mehr mit negativen Gedanken? Leider sind es meist die negativen Gedanken, die wir abends im Bett hin und her wälzen. »Awfullizing« nennen das die Amerikaner, schreckliche Gedanken immer schrecklicher machen. Die Inder nennen es das »Affengeschnatter« und kennen viele Entspannungsübungen, um die »Affen im Kopf zu verscheuchen«.

Unsere Großmutter hatte es da einfacher. Früher war es üblich, nach des Tages Müh und Plag sich noch einmal zu entspannen. Man ging abends auf dem Weg nach Hause noch zu einer kurzen Andacht in die Kirche. Dort wurden dann die ganzen Sorgen des Tages einfach über die Schulter geschmissen. »Lieber Gott, hier hast Du meine Sorgen, kümmere Du Dich darum, Du kannst das sowieso viel besser als ich!« Und die Großmutter ging mit einem Gefühl der Geborgenheit nach Hause.

Wir dagegen nehmen unsere Sorgen abends mit ins Bett. Wessen Gedankenmühle sich mehr um das Negative dreht, der beschäftigt sich auch im täglichen Leben mit Sicherheit mehr mit den negativen als mit den positiven Dingen des Lebens. Irgendwer muss unsere Software Gehirn schließlich gefüttert haben mit den vielen negativen Informationen.

Darum heißt das Gebot der Stunde: Gedankenhygiene. Machen Sie Schluss mit den mehrheitlich undisziplinierten negativen Gedanken und Gefühlen. Achten Sie genau auf die Menge der negativen Informationen, die Sie Tag für Tag überhäufen. Schon morgens die Tageszeitung mit den vielen negativen Meldungen verschafft uns den optimalen Start in einen negativen Tag. Denn Sie müssen wissen: Unsere Wahrnehmung folgt der Vorstellung!

Kennen Sie das Phänomen der selektiven Wahrnehmung? Wenn Sie schon einmal bei einem Autohändler ein Auto bestellt haben, dann haben Sie diese Erfahrung bestimmt bereits gemacht: Sie haben gerade einen Kaufvertrag unterschrieben für Ihr Traumauto in silbermetallic mit Alufelgen und Glasschiebedach. Lieferzeit voraussichtlich sechs Wochen. Wissen Sie, was jetzt passiert? Schon auf dem Weg vom Autohändler nach Hause wimmelt es um Sie herum von genau den gleichen Autos. Gleiches Modell, gleiches Glasschiebedach und witzigerweise genau die gleichen Alufelgen. Wo waren diese ganzen Autos eigentlich vorher? Unser Bewusstsein arbeitet also nicht objektiv, sondern höchst subjektiv.

Ein noch deutlicheres Beispiel: Überlebende von der Flugzeugkatastrophe in Ramstein berichten, dass sie in Tagträumen immer wieder die Bilder des Feuerinfernos vor Augen haben. Und während sie diese Bilder vor dem inneren Auge sehen, riechen sie wieder das Kerosin. Es ist gar keins da, aber sie riechen es trotzdem – weil die Wahrnehmung der Vorstellung folgt.

Und was meinen Sie, was passiert, wenn Sie den Tag beginnen mit einem herzhaften Blick in die Tageszeitung. Ihr Hirn inhaliert, was gestern wieder alles in die Hose gegangen ist. Und mit dieser negativen Brille auf der Nase starten Sie dann in den Tag. Alles Negative fällt Ihnen auf, weil die Wahrnehmung der Vorstellung folgt. Und beim Autofahren werden die News alle 30 Minuten wieder aufgefrischt, und abends bei der Tagesschau sehen Sie alles noch einmal in Farbe, was Sie morgens schon schwarz-weiß in der Zeitung gelesen haben. Wenn man seinen Großrechner Gehirn ständig mit Negativem füttert, darf man sich nicht wundern, wenn im täglichen Leben nichts Positives herauskommt.

Natürlich sollen wir uns informieren und nicht mit Scheuklappen durch das Leben gehen. Aber uns fällt kaum noch auf, dass wir die ständig gleichen Nachrichten nur über verschiedene Medien wahrnehmen.

Raten Sie einmal, wie viele Menschen in Deutschland glauben, dass die Zukunft besser wird? Das sind gerade einmal 12 Prozent! Alle anderen sind der Überzeugung, die Zukunft wird schlechter. Umgekehrt glauben aber 92 Prozent der Menschen in den Schwellenländern wie China, Vietnam oder Korea, dass die Zukunft besser wird. Um wem wird wohl die Zukunft gehören? Denen, die sich vorstellen, die Zukunft wird schlechter?

Der Aufschwung in Deutschland muss im Kopf beginnen, und zwar im Kopf eines jeden Einzelnen. Mit unserem kollektiven Volksglauben (Stand 2004) werden wir wohl noch lange auf eine bessere Zukunft warten müssen.

Die negativen Botschaften verfolgen uns, die Positiven muss man aktiv suchen. Nur wenn man diese Zusammenhänge kennt, kann man dagegen angehen. Denn peu à peu kann man noch tiefer in diese negative Spirale schlittern. Und dieser psychologische Overkill wird erklärt durch die Plastizität des Gehirns:

Bis vor kurzem dachte man, das Gehirn entwickle sich bis zur Pubertät und baue ab dann langsam, aber sicher wieder ab. Heute wissen wir: Das stimmt so nicht! Ganz im Gegenteil. Das Gehirn kann sich nämlich anpassen an das, was wir tun, und zwar in jedem Alter. Beispiel Blindenschrift: Wer Blindenschrift lernt, dessen Gehirnzentrum für taktile Reize, sprich das Zentrum für den Tastsinn, vergrößert sich schon nach wenigen Tagen. Das ist sogar anatomisch nachweisbar.

Nun ist es so, dass wir ein Zentrum im Gehirn haben für positive Gedanken, Gefühle und Emotionen – und auch ein Zentrum für negative Gedanken, Gefühle und Emotionen. Und wenn man sein Zentrum für das Negative häufig trainiert, wird dieses Zentrum wachsen und das positive Zentrum schrumpfen. Auch das ist anatomisch nachweisbar. Und irgendwann braucht man die Tageszeitung gar nicht mehr, um sich seinen Tag zu versauen. Man hat von Haus aus die negative Brille auf und läuft eher missmutig durchs Leben.

Gott sei Dank gibt es immer wieder rühmliche Ausnahmen, aber eines steht fest: Die Bedenkenträger findet man meist bei den älteren Menschen. Junge Menschen neigen häufiger dazu, eher die Chance in einer neuen Situation zu erkennen, Ältere sehen eher die Risiken. Nur wer das Positive trainiert, kann dieser Spirale entgehen.

In unseren Anti-Burn-out-Seminaren trainieren wir die Fähigkeit, positive Gedanken und Gefühle, Erfolgserlebnisse oder die schönsten Urlaubserlebnisse aktiv in unsere Gedankenmühle, sprich in unser Unterbewusstsein, einzuspeisen. Nur dann haben wir eine Chance, die sonst nicht beeinflussbare negative Gedankenmühle umzukehren, aus dem »Awfullizing« ein »Beautifullizing« zu machen.

Durch die richtige Bewegung, eine clevere Ernährung sowie die aktive Gedankenhygiene können wir sowohl unsere Gesundheit als auch unsere Lebensqualität ganz enorm steigern. Denn wer mit sich und seinem Leben zufrieden ist, für den wird Burn-out ein Fremdwort bleiben. Doch dafür müssen wir etwas tun. Und T-U-N steht für Tag und Nacht, oder andersherum: für nicht unnötig trödeln.

Michael Spitzbarts Spezialtipp

Wenn ich Ihnen nur einen Rat geben könnte, dann wäre es dieser: Wertschätzen Sie sich, Ihr Leben und Ihren Körper. Nur wer achtsam mit sich umgeht, wird in seinem Leben glücklich und zufrieden sein. Nur wer sich um seinen Körper und um seine Psyche kümmert, kann das Leben genießen. Ich hoffe, meine Ratschläge können Ihnen helfen, Glück und Zufriedenheit zu erlangen.

Mehr von Michael Spitzbart:

- Fit forever. 3 Säulen für Ihre Leistungsfähigkeit. Nürnberg 2002.
- Fit forever. Kochen. Nürnberg 2000.
- Das Blut der Sieger. Nürnberg 2001.

Dr. Reinhard K. Sprenger

geboren 1953, gilt als der profilierteste Führungsexperte Deutschlands. Seine Bücher *Mythos Motivation*, *Das Prinzip Selbstverantwortung*, *Aufstand des Individuums* und *Vertrauen führt* sind Klassiker, die die Managementwelt nachhaltig verändert haben. Sprenger ist im Denken und Handeln der Vielfalt und der Veränderung verpflichtet. Seit 1990 ist er als selbstständiger Unternehmensberater tätig und zählt heute zu den gefragtesten Experten für Personalentwicklung und Managementtraining. Zu seinen Kunden gehören nahezu alle Dax-100-Unternehmen. Außerdem ist er Lehrbeauftragter an verschiedenen Universitäten.

Weitere Informationen: www.sprenger.com

Reinhard K. Sprenger

Erfolg ist, was folgt

Ein Plädoyer für Leben auf eigene Verantwortung

Reinhard K. Sprenger legt den Finger auf den wunden Punkt: Warum werden unsere Wünsche so selten Wirklichkeit? Sein Beitrag zeigt, warum es weder die Umstände noch »die anderen« sind, die unserem Glück im Wege stehen. Wir stellen uns selbst ein Bein, weil wir lieber jammern und auf Veränderungen warten, als selbst aktiv zu werden. Mehr Freiheit und Abenteuer – aber bloß nichts riskieren! Sprengers Beitrag öffnet die Augen für die Widersprüche und zeigt den Weg, sie zu überwinden: indem Sie sich Ihrer Freiheit bewusst werden, Verantwortung übernehmen, Entscheidungen treffen – und vertrauen.

Von Glückssuchern und Erfolgsjägern

Vor ein paar Tagen habe ich gelesen, dass nach einer Umfrage nur 5 Prozent der Menschen ein Leben entsprechend ihren Werten und Wünschen führen. Eine gespenstische Zahl, die auf groteske Weise mit einem unüberschaubar großen Angebot an Erfolgsratgebern und Lebenshelfern aller Art – zu denen auch ich mich rechne – kontrastiert.

Die Jagd nach Erfolg, nach Glück, nach dem guten Leben (oder was man dafür hält), ist allgegenwärtig und uralt. Doch mir scheint, dass wir Glücksjäger uns in einem klassischen Paradox des Fortschritts verfangen haben: Wir schaffen sehr viel schneller sehr viel mehr Möglichkeiten – Sinnangebote, Lebensstilisierungen und -orientierungen –, als wir bewältigen können. Der Preis der Freiheit ist die Verantwortung: Wer frei entscheiden kann, wie er leben will – allein oder in Familie, als Ich-AG oder Angestellter –, muss Antworten auf viele Fragen finden. Der Preis der Vielfalt ist das Wählen.

Aber was? Mein Vorschlag ist kein Leitfaden, der befolgt werden will, und dafür verspricht, Sie zum Erfolg zu führen. Ich plädiere stattdessen für eine innere Haltung: sich selbst, Ihrem Tun, Ihren Beziehungen zu anderen, kurz: Ihrem Leben gegenüber. Mir kommt es auf das »Wie« an, nicht auf das Wohin und Wozu. Denn was die Glücksforschung immer wieder bestätigt – dass Glück ein Nebeneffekt ist, der sich manchmal einstellt, wenn man etwas mit Hingabe tut –, das gilt genauso für den Erfolg: Erfolg ist, was folgt. Nicht Ziel also, sondern Ergebnis.

Ich trenne dabei nicht zwischen Ihrem Berufs- und Privatleben – eine ohnehin irreführende Grenzziehung. Stellen Sie sich vor, wie viel Lebenszeit Sie an Ihrem Arbeitsplatz verbringen. Wer hier die Lust verloren hat, der ist verloren und betrügt sich um gelebtes Leben. Wenn Sie an Ihrem Schreibtisch sitzen und von Hawaii träumen, sind Sie weder an Ihrem Schreibtisch noch auf Hawaii. Wenn Sie in einer Beziehung verharren, die Sie längst als sinnlos empfinden, betrügen Sie sich und Ihren Partner.

Mir geht es um die Einstellung, mit der Sie sowohl Ihre Arbeit tun als auch Ihre Beziehungen führen. Mir geht es, genauer gesagt, um Engagement, Initiative und das Gefühl, mit dem eigenen Lebenszug am richtigen Bahnhof zu stehen. Das setzt zweierlei voraus: eine Einstellung, die Wählen und Entscheiden nicht als Last, sondern als Lust erlebt – *Verantwortung*. Und, zweitens, eine Einstellung, die dem Fremden und Ungewissen jeder Entscheidung, dem Ungefähren und Unbeherrschbaren jeder Begegnung nicht mit Abwehr, sondern mit Akzeptanz begegnet – *Vertrauen*. Was beides bedeutet, und was es mit Erfolg, gar Glück, zu tun hat, will ich im Einzelnen darlegen.

Das Prinzip Selbstverantwortung

»Man gibt immer den Verhältnissen die Schuld für das, was man ist. Ich glaube nicht an die Verhältnisse. Diejenigen, die in der Welt vorankommen, gehen hin und suchen sich die Verhältnisse, die sie wollen, und wenn sie sie nicht finden können, schaffen sie sie selbst.«

George Bernard Shaw

Verantwortlich handeln heißt, auf eine Situation angemessen zu antworten. Es bedeutet, dass Sie Verantwortung dafür übernehmen, *wie* Sie etwas erleben, welche Perspektive Sie wählen, kurz: dass Sie Ihren Beitrag zu der Art und Weise anerkennen, wie Sie leben und Ihr Leben erleben. Darin liegt Ihre Freiheit: zwischen dem Reiz der Außenwelt und der Art und Weise, wie Sie darauf reagieren.

Nehmen wir als Beispiel »Stress«, ein viel beklagtes und entsprechend beliebtes Thema für Seminare. Niemand bestreitet, dass Menschen unter Stress leiden. Stress aber gibt es nicht *als solchen*, sondern er wird von jedem einzelnen unter bestimmten Umständen »erzeugt«, weil er oder sie in bestimmter Weise auf ein Geschehen reagiert. Manche Leute bleiben bei fünf gleichzeitig klingelnden Telefonen kühl oder laufen gerade dann zu ihrer Höchstform auf. Andere ersteigen die bekannte Palme oder bekommen sofort Kopfschmerzen. Wer ist verantwortlich? Die Telefone? Jeder kreiert Stress vor dem Hintergrund seiner persönlichen Erfahrung. Er gibt den Dingen individuelle Be-Deutung, er deutet sie. Und was den einen aufregt, lässt den anderen völlig kalt.

Die alltagspraktische Bedeutung von Selbstverantwortung bezeichnet also die Bereitschaft, Handlungsspielräume im Licht von

Gefahren und Chancen eigenaktiv auszufüllen. Selbstverantwortung meint daher im Kern ein autonomes und freiwilliges Handeln, ein *Wählen*; ein initiatives und engagiertes Handeln, ein *Wollen*; ein kreatives und schöpferisches Handeln, ein *Antworten*.

Machen wir eine Momentaufnahme: Sie haben Ihre berufliche und private Situation, so wie sie jetzt ist, frei gewählt. Und damit sind Sie auch für die Konsequenzen Ihrer Wahl selbst verantwortlich. Dies mag in Ihren Ohren zynisch klingen, wenn Sie gerade Ärger mit Ihrem Chef haben oder Ihr ewig nörgelnder Partner Sie mal wieder ungerecht behandelt hat. Aber bei Licht besehen lassen Sie dann zu, dass Aktuelles das Grundsätzliche verdeckt.

Das Grundsätzliche ist: Mit dem Anerkennen dieses Gedankens entscheiden Sie über die Freiheit – oder Unfreiheit – Ihres Lebens. Vielleicht fragen Sie sich, was Wahlfreiheit mit der Freiheit Ihres Lebens zu tun hat. Nun, wenn Sie anerkennen, dass Sie Ihre berufliche (und natürlich auch Ihre private) Situation frei gewählt haben, können Sie diese Situation auch wieder abwählen – jederzeit! Allein die reine Vorstellung wirkt manchmal befreiend. Sie übernehmen damit selbst und bewusst die Verantwortung für Ihr Leben. Mit allen Konsequenzen.

Wie Sie es auch drehen und wenden: Sie wählen immer, wo Sie leben, was Sie arbeiten, welche Bedeutung Sie Ihrer Karriere geben. Und: Sie haben die Freiheit, es abzuwählen. Wenn Sie wollen. Vielleicht wollen Sie das aus guten Gründen nicht. Und diese Gründe sind so gewichtig, dass Sie bereit sind, eine Menge Widrigkeiten dafür in Kauf zu nehmen. Entscheidend ist: Sie können sich immer wieder neu entscheiden.

Ich schrecke auch heute noch vor der scheinbaren Banalität dieser Sätze zurück. Betrachten wir aber das konkrete Verhalten der Menschen – am Arbeitsplatz, im Privatleben, in der Gesellschaft –, so scheinen diese Überlegungen nur schwer verdaulich zu sein. Einen Großteil meiner Arbeitszeit bringe ich mit Menschen in Unternehmen zu, die zwar alles tun wollen, aber nicht bereit sind, den Preis dafür zu zahlen.

Abschied aus dem Jammertal

»Da habe ich wohl keine Wahl«, sagte Billy the Kid resigniert, als er in die Revolvermündung des Sheriffs schaute. Übertragen wir diese Szene auf ein Beispiel aus dem Berufsleben: »Zweimal habe ich jetzt Aufgaben abgelehnt, die mir die Unternehmensleitung angeboten hat. Kürzlich wurde mir wieder eine Aufgabe – diesmal im Ausland – angeboten. Wenn ich auch diese ablehne, bin ich für immer unten durch!« Eines jener berühmten »Angebote«, die man nicht ablehnen kann? Können wir schon. Wollen wir nicht: Der mutmaßliche Preis ist zu hoch. Deshalb entscheiden wir uns anzunehmen. Das ist zweifellos nachvollziehbar. Ob klug, mag ich hier nicht entscheiden. Niemandem steht an, für jemand anderen zu bewerten, dass dieser oder jener Preis höher oder niedriger zu bewerten sei. Das ist ausschließlich eine Frage der persönlichen Werthaltung.

In der Rangliste der beliebtesten Ausweichmanöver, wenn es um das Vermeiden von Verantwortung geht, steht ganz weit oben der Verweis auf die Erwartungen anderer. »Ich tue das doch nur für dich!« Tatsache ist: Sie haben noch nie etwas für einen anderen getan. Dem anderen mag Ihr Handeln nutzen. Es mag ihn fördern und stärken. Aber im Grunde handeln Sie, weil Sie es für richtig und wichtig halten, so zu handeln. Weil Sie es gewählt haben.

Wenn von Wahl die Rede ist, dann meistens mit der Beifügung »keine« – willkommen im Opferclub! Mit jeder Wahl sind zwangsläufig bestimmte Auswirkungen verbunden, die wir gleichzeitig mitwählen. Es gibt keinen Trick auf der Welt, der es uns erlaubt, diesen Konsequenzen auszuweichen. Aber genau das scheinen alle zu erwarten. Und wenn das nicht gelingt, nicht gelingen kann, fangen sie an zu jammern.

» Wer aufhört zu jammern, handelt. Wer handelt, wählt bewusst. Wer bewusst wählt, übernimmt Verantwortung für alle Konsequenzen. Wer Verantwortung übernimmt, übernimmt die Regie für sein Leben. «

Leiden ist leichter als Handeln – Leiden ist aber nur für diejenigen leichter, die das Bewusstsein der Wahlfreiheit verdrängt haben. Die Verantwortung haben sie trotzdem. Verantwortlich ist mithin jeder nicht nur für das, was er tut, sondern auch für das, was er unterlässt.

Das ist schwer einzusehen, wenn man sich vielleicht jahrzehntelang als Opfer der Umstände erlebt hat. Denn die meisten Menschen sind sich ihrer Wahlfreiheit nicht bewusst. Sie glauben schließlich, sie müssten das tun, was sie tun. Und es gibt zweifellos manche Umstände, die die Wahlfreiheit des Einzelnen in Frage stellen: die oft unbewusste, ja vorbewusste Quelle des Wahlaktes in der Vergangenheit (»Das habe ich nicht gewählt, das ist mir passiert!«); die Konsequenzen und Folgen unseres bisherigen Lebensweges (»Da komme ich doch niemals raus!«); die Zwänge, die uns Tradition und Gewohnheit täglich auftürmen (»Das war schon immer so!«).

Fast immer ist dabei Angst im Spiel. Da uns die Alternative verunsichert, da wir oft nicht wissen, was auf uns zukommt, versuchen wir, den Status quo mit allen Mitteln zu rechtfertigen. Ein selbstsuggestives Versteckspiel findet statt: »Es geht nicht, weil …« So treten wir auf der Stelle und verfangen uns im Programm »Keine Wahl«. Um der Angst auszuweichen, entmachten wir uns und machen uns zum Spielball scheinbar auswegloser Selbst-Entmachtung.

Der scheinbare »Vorteil« der Selbst-Entmachtung: Die anderen, die Umstände sind schuld! »Freiheit bedeutet Verantwortlichkeit; das ist der Grund, weshalb die meisten Menschen sich vor ihr fürchten«, sagte einst George Bernard Shaw.

Kopf oder Bauch

Entscheiden wir uns also dafür, unglücklich zu sein? Wenn es nicht die Vorgänge sind, sondern unsere Art und Weise, darauf zu reagieren – können wir diese Reaktion tatsächlich wählen? Ich höre den Einwand, das sei doch viel zu rational gedacht, da seien doch auch

Gefühle im Spiel. Und die Gefühle würden einen doch häufig »überwältigen«. Kann man Gefühle überhaupt steuern?

Die Trennung zwischen »Kopf« und »Bauch« ist zwar beliebt, aber nicht haltbar. Sie wäre das Ende der menschlichen Freiheit. Warum beliebt? Weil sie uns scheinbar ent-antwortet. Wir verweisen auf die Eigendynamik unserer Gefühle und hoffen auf Preisnachlass. Die Akten der Verkehrspolizei sind voll von Nachrichten aus dem Jammertal: »Wenn jemand so bescheuert fährt, da muss man ja wütend werden!«

Gefühle sind letztlich Kreationen unserer Vergangenheit zum Zwecke des Rechthabens. Dabei geht es nicht darum, sie zu unterdrücken. Aber für unsere Gefühle sind wir genauso verantwortlich wie für unsere Gedanken. Beide stehen in enger Verbindung. Es gibt keinen Unterschied zwischen vorausgehendem rationalen »Erkennen« und nachfolgendem emotionalen »Interpretieren«. Deshalb können wir unsere Gefühle beeinflussen, indem wir die Qualität unseres Bewusstseins, unserer Gedanken ändern. Indem wir auf andere Weise antworten.

Die in unserer Kultur sehr verbreitete Trennung zwischen Denken und Fühlen steht auf dünnem Eis. Wir können nicht fühlen, ohne zu denken, und nicht denken, ohne gleichzeitig zu fühlen. Entsprechend unseren Erfahrungen in der Vergangenheit produzieren wir richtungsgleich emotionale Energien, die unsere Gedanken energetisch unterfüttern und die wir dann als Gefühle wahrnehmen. Gedanken bedingen Gefühle. Und Gefühle bedingen umgekehrt auch Gedanken.

Vielleicht ist es hilfreich, sich vorzustellen, dass Sie sicher zunächst oft spontan gefühlsmäßig reagieren. Aber schon bald können Sie – wenn Sie wollen – innerlich zur Seite treten, sich beobachten und dann entscheiden, ob Sie weiter diese Antwort wählen.

»Eine Antwort wählen« setzt voraus, die Bestimmungsfaktoren der eigenen Persönlichkeit, die individuellen Prägungen und Rollenbilder zu kennen: Was bestimmt mein Lebensdrehbuch? Was sind die wichtigsten Vorstellungen von gutem und schlechtem Leben, richtig und falsch, die ich zum Teil seit meiner Kindheit durch mein Leben trage? Was treibt mich an? Wo bin ich empfindlich?

Nur wenn Sie sich selbst die wesentlichen Bestimmungsgründe Ihres Handelns, die »Glaubenssätze« Ihres Lebens anschauen, können Sie sich von ihnen distanzieren, das heißt, Sie handeln nicht reflexhaft. Andernfalls restaurieren Sie lediglich Ihr inneres Museum. Es sieht aus wie Selbstbestimmung. Aber es ist radikale Fremdbestimmung.

» Derjenige kommt am weitesten, der bei sich selber bleibt. «

Sich selbst zu begegnen bedeutet: achtsam sein, in sich hineinspüren, Überforderung erkennen und mit ihr umgehen lernen, Zeichen der Erschöpfung nicht ignorieren. Aus dem Alltag aber vertrieben: die Konzentration auf Konzentration, die Versenkung in die Versenkung, das Bei-sich-Sein des Meditativen, die Arbeit an Ruhe, Muße und Gelassenheit.

Sehnsucht nach Sicherheit

Wem die Sicherheit als einzige Orientierungsboje im Fluss des Lebens gilt, dem wird es schwer fallen, sich für den Gedanken des Wählenkönnens zu öffnen. Es dominiert dann das Gefühl des Gefangenseins. Viele haben sich ihr Leben derart luxuriös ausmöbliert, dass es ihnen geradezu absurd erscheint, etwas davon aufs Spiel zu setzen. Die Ketten aus Gold binden ebenso wie die Ketten aus Eisen. Und in der Tat kann der Preis aus der Sicht des Einzelnen außerordentlich hoch sein. Darum geht es mir hier auch gar nicht. Denn keineswegs will ich jemandem nahe legen, seinen Wohlstand und die Sicherheit stabiler materieller Verhältnisse zu opfern. Das Problem ist, dass viele nicht bereit sind, für die Auswirkungen ihres Festhaltens Verantwortung zu übernehmen, sie als Resultat ihrer Entscheidung anzuerkennen und die Unbeweglichkeit als Preis zu zahlen.

Die verbreitete Sehnsucht nach Sicherheit hat so viel Selbstzerstörerisches: Es ist die Angst vor Unbekanntem, die uns davon abhält, Veränderungen zu riskieren. Nichts hypnotisiert Menschen mehr als die eigene Ängstlichkeit, die in Kontrolle und im Festklammern am Status quo ihren Ausdruck findet. Was daraus herausführt, ist: Vertrauen.

Vertrauen führt

Vertrauen bedeutet, mit der Ungewissheit, die jede Entscheidung bedeutet, positiv umzugehen. Sich nicht ans Bekannte zu klammern, nur weil man es kennt. Angesichts zunehmender Ungewissheit und Verlust von Sicherheiten brauchen wir Vertrauen, um handeln zu können. Je mehr wir dem Unvertrauten ausgesetzt sind und ihm begegnen wollen, umso mehr Vertrauen brauchen wir. Der Bedarf an Vertrauen ist dramatisch gestiegen – und gleichzeitig sinkt die Möglichkeit, Vertrauen in dem Sinne zu gewinnen, in dem wir es gewohnt sind: aus Dauerhaftigkeit der Lebensumstände. Vertrauen kann sich nicht mehr aus Vertrautheit entwickeln. »Die Gesellschaft der Zukunft ist zum Vertrauen verurteilt«, formuliert der Philosoph Peter Sloterdijk.

Mit Erfolg hat Vertrauen eins gemeinsam: Beide Begriffe sind bis zur Unkenntlichkeit allgegenwärtig. So wie wir überall Erfolgsrezepten begegnen, so begegnen wir auf Schritt und Tritt einer Vertrauensprosa, die im traditionellen Sinn gar nicht mehr gehört, gelesen und ernst genommen werden kann, sondern die uns wie eine Abgaswolke umgibt.

Die erste Frage, die es deshalb zu beantworten gilt, ist die: Was ist eigentlich Vertrauen? Ein Gefühl? Eine moralische Haltung? Eine Schrulle aus der guten alten Zeit? Ein Modewort? Ein Problemlösungsklischee? Die Wissenschaft bietet uns hier wenig – nicht einmal auf eine gemeinsame Definition von Vertrauen hat man sich einigen können.

Vertrauen als Entscheidung

Für den britischen Soziologen Anthony Giddens sind moderne Gesellschaften durch »Entbettung« charakterisiert. Unsere allgemeinen Lebensbedingungen sind aus ihrem lokalen Kontext herausgetrennt und werden über raumzeitliche Distanzen neu strukturiert. Weder können wir die Quellen unserer Lebensmittel kontrollieren noch haben wir das Flugzeug zusammengeschraubt, das uns über den Atlantik bringen soll, noch ist der Arbeitsmarkt auf unser Stadtviertel beschränkt. Wir kaufen vermehrt Güter über das Telefon oder über das Internet und vertrauen darauf, dass der Mensch am anderen Ende der Leitung die Ware absendet, für die wir bezahlt haben. »Entbettung« gilt auch für unsere Mitmenschen: Vertrauen kann sich nur noch selten organisch aus langer Bekanntschaft heraus entwickeln. Die meisten Menschen, mit denen wir in unserem Alltag zu tun haben, sind Fremde.

Hier ist nun jene neue Form von Vertrauen einzuführen, die eine Kompetenz ist. Dieses Vertrauen weiß um die Gefahren der Welt und die Unzuverlässigkeit der Menschen. Es ist sich bewusst, dass Menschen sich nur allzu oft vereinbarungswidrig und verantwortungslos verhalten. Es kalkuliert das Risiko ein. Es ist bereit, sich diesem Risiko auszusetzen und dennoch von der Berechenbarkeit der Verhältnisse und der Vertrauenswürdigkeit der Menschen auszugehen.

Und genau in dem Maße, in dem Vertrauen ein Risiko ist, wird es zur persönlichen Leistung. Es muss die Unmöglichkeit kompensieren, »alles im Griff« zu haben, die Umwelt kontrollieren zu können. Es muss die Angst besiegen. Es muss unsere Defizite an Wissen auffangen, den Mangel an Vertrautheit. Deshalb ist Vertrauen fundamental für die Moderne schlechthin.

Modernes Vertrauen basiert also auf Menschen, die gewählt haben. Dieses Vertrauen ist reflektiert und kalkuliert. Dieses Vertrauen ist weder blind noch naiv. Dieses Vertrauen ist eine Entscheidung. Und es steht in diametralem Gegensatz zum Alltagsverständnis, dass Vertrauen nur langsam wachse, dass es gleichsam eine »Belohnung« sei, für die der andere lange gearbeitet haben muss. Darum geht es: Vertrauen ohne Vertrautheit zu entwickeln, wenn wir mit der Geschwindigkeit der modernen Welt mithalten wollen.

Selbstvertrauen

Menschen, gerade erfolgreiche Menschen, die Möglichkeiten sehen und auf sie zugehen, wissen, dass man Erfolg nicht »herbeikontrollieren« kann. Sie wissen, dass viele wichtige Güter nicht »gemanagt« werden können. Dass Menschen nicht steuerbar sind – aber beeinflussbar. Sie vertrauen den Menschen und der Situation. Sie vertrauen dem Leben. Und sie müssen sich selbst vertrauen.

Aber was hat der Vertrauensmechanismus mit Selbstvertrauen zu tun? Vertrauen schafft nur, wer sich traut, das heißt, wer sich verwundbar macht. Wirklich verwundbar machen Sie sich nur, wenn Sie sich innerlich sicher fühlen. Sie müssen über ein gewisses Maß an innerer Gelassenheit und Ich-Stärke verfügen, um die Spannung zwischen Vertrauenserwartung und der Verratsmöglichkeit aushalten zu können. Können Sie das nicht, und fühlen Sie sich ängstlich, dann versuchen Sie, Ihre Umwelt zu kontrollieren, die Reaktion des anderen vorhersehbar zu machen, die Enttäuschungswahrscheinlichkeit zu minimieren. Sie werden Ihre Welt mit einem Netz an Sicherungsaktivitäten überziehen. Wenn Sie grundsätzlich davon überzeugt sind, dass Sie einem Menschen nicht trauen können, dann wird Sie auch ein noch so dauerhaftes Vertrauensverhalten des anderen nicht vom Gegenteil überzeugen. Verdacht ist Ihr ständiger Begleiter. Die Bereitschaft und Fähigkeit, Vertrauen zu geben und zu nehmen, gründet also letztlich in individuellem *Selbst*-Vertrauen. Ohne Selbstvertrauen kann man keinem anderen trauen.

» Nur wer sich selbst vertraut, kann anderen vertrauen. «

Selbstvertrauen – wenige Eigenschaften stehen auf der Liste der Wünschbarkeiten höher, wenige werden mehr bewundert. Das ist die innere Gewissheit: »Ich bin verlässlich«, »Auf mich kann man zählen«, »Wenn ich Ja sage, meine ich Ja«. Aber wie auch beim Vertrauen, so wird Selbstvertrauen uns oft erst bewusst, wenn wir es vermissen: wenn wir zögern, verzagt sind, wenn wir uns zu schnell den Meinungen anderer unterwerfen, unter ihrer Kritik leiden, sozialem Druck nachgeben oder Initiative vermissen lassen, wo entschiedenes Handeln angezeigt wäre. Wenn wir uns selbst vertrauen, dann verfügen wir über ein unabhängiges Urteil. Dann wissen wir selbst, was zu glauben und zu tun ist. Wir werden zwar die Sichtweisen und Meinungen anderer berücksichtigen, sie löschen aber nicht unsere eigenen Einsichten aus.

Um ein Beispiel zu nennen: Die Wissenschaft hat bis heute nicht nachweisen können, dass eine bestimmte Art der Ernährung gesünder ist als die andere. Ernährungsempfehlungen, so plausibel sie auch sein mögen, sind sinnlos – etwa so intelligent wie jemandem eine bestimmte Schuhgröße zu empfehlen. Will ein Mensch gesund leben, muss er für sich selbst erkunden, was ihm bekommt und was ihm schadet.

Das gilt auch für unser Leben: Wenn Sie sich selbst vertrauen, dann ist Ihnen das Vertrauen in Ihre eigenen Ideen wichtiger als die Anpassung an die Meinung anderer – *und damit schließt sich der Kreis.* Sie haben Zuversicht in Ihre eigene emotionale, intellektuelle und moralische Kompetenz. Sie glauben an Ihre Absichten und Fähigkeiten. Sie glauben an Ihre Zuverlässigkeit. Sie sehen sich als integre Person, sehen sich in einem positiven Licht. Es ist das innere, nichtrelative Gefühl eigener Wertschätzung. Selbstvertrauen umfasst die Fähigkeit, mit dem Unerwarteten umzugehen. Das zu tun, was eine überraschende Situation – zum Beispiel durch einen Vertrauensbruch – erfordert. Im Enttäuschungsfall behalten Sie die Fassung.

Die Eigenschaft, die hier gemeint ist, entspricht also nicht einer demonstrativen »Hoppla, jetzt komm ich!«-Inszenierung. Selbstvertrauen ist kein Überbietungswettbewerb, sondern jene ruhige, gelassene Einstellung, die innerlich überzeugt ist, dass sie auch einen Vertrauensbruch »überleben« wird. Denn enttäuscht zu werden ist unvermeidlich. Es gibt letztlich keine Chance, diesem Gefechtsfeld zu entgehen. Immer wieder wird dort die Erwartung als Täuschung und das Verständnis als Irrtum verbluten. Es ist ein unvermeidlicher Teil eines jeden Lebensweges, der notwendig zwischen Erfolg und Niederlage hin und her pendelt. Weil es eben keinen Berg ohne ein Tal gibt. Manche Menschen verwandeln sich nach einer Kette von Enttäuschungen in zutiefst misstrauische Gestalten, die nichts und niemandem trauen und hinter allem die Tücke wittern. Selbstverhärtung als Folge katastrophendurchglühten Lebens. Aber nur, wenn wir bereit sind, die Niederlage zu ertragen, können wir den Erfolg genießen.

Es liegt auf der Hand, dass dieses Selbstvertrauen verschiedene Stärken hat und in verschiedenen Kontexten relativ ist. Niemand vertraut sich selbst absolut, in jeder Hinsicht, bei jeder Aufgabe – und niemand sollte es. Aber Sie wissen: Sie können sich auf sich selbst verlassen! Sie wissen, dass Sie handeln können und werden. Sie wissen, dass Sie Vorsätze realisieren, Pläne einhalten, vereinbarungsfähig sind. Sie wissen, was die Forschung bestätigt und Ihre Erfahrung lehrt: Vertrauensbrüche passieren immer wieder, egal, wie eng Sie den Maschendraht ziehen. Aber davon lassen Sie sich nicht niederzwingen. Der feste Boden unter einem selbstvertrauenden Leben lautet daher:

» Ich vertraue, und manchmal werde ich enttäuscht, aber das nehme ich in Kauf. «

Woraus erwächst dieses Selbstvertrauen? Als Kind in dieser Welt begrüßt worden zu sein, geliebt, als wertvoller Mensch respektiert zu werden – das baut Selbstvertrauen auf. Auch die Erfahrung des Erfolgs nach Phasen des übenden Scheiterns trägt dazu bei. Wenn man zum Beispiel junge Menschen, die gerade ins Berufsleben einsteigen, ermutigt, selbst zu denken, zu entscheiden und zu handeln –

statt ihnen immer zu sagen, was sie zu tun haben. Überschaut man aber die Forschungsergebnisse, so schält sich als das Wichtigste heraus:

- die wiederholt gemachte Erfahrung, sich mit eigener Kraft aus Schwierigkeiten befreit zu haben,
- die Gewissheit, es daher auch künftig zu können,
- sich selbst als vertrauensfähig erlebt zu haben, zum Beispiel Vereinbarungen gegen massiven Widerstand gehalten zu haben,
- davon auszugehen: »Es wird schon gut gehen!«,
- mit dem Risiko zu leben, weil es dazu keine vernünftige Alternative gibt.

Ein Mensch kann also nur bei relativ sicherem und ausgedehntem Kontakt zu seiner eigenen, innerlich gespürten Zuverlässigkeit vertrauensfähig sein. Leid ist hierfür nicht zu meiden, sondern vielmehr äußerst produktiv. Deshalb sollte man Kinder auch nicht überfürsorglich erziehen, denn man nimmt ihnen dadurch die Möglichkeit, sich aus eigener Kraft wieder aufzurichten. Das aber ist eine wichtige Erfahrung, die man nie verliert, eine Fähigkeit, die man immer bei sich trägt. Menschen wissen von sich, dass sie vereinbarungsfähig sind, dass sie sich selbst trauen, selbst *vertrauen* können. Vereinbarungstreue ist das Kernstück von Vertrauen. Um sich selbst zu schützen, muss man Vereinbarungen halten, seinen Selbstrespekt bewahren. Jede Vereinbarung.

»Wer Vertrauen bricht, Vereinbarungen nicht hält, verletzt sich selbst.«

Das Glück auf Kosten anderer währt in der Regel nicht lange.

Vertrauen ist nicht nur eine Art, die Welt zu betrachten, sondern eine Kraft, das Leben zu bewältigen. Es ermöglicht, Rückschläge auszuhalten. Vertrauen ist eine Energie, die die Zukunft niemals ganz dem Gegner überlässt, sondern sie für sich selbst in Anspruch nimmt. Was auch das psychische Wohlbefinden steigert. Julian Rotters Forschungen über »interpersonales Vertrauen« zeigen, dass Menschen mit einem hohen Selbstvertrauen in der Regel glücklicher und weniger konfliktbeladen sind. Als Freunde werden sie mehr geschätzt als ihre weniger vertrauensvollen Zeitgenossen. Zwar ist es möglich, dass ihre erhöhte Vertrauensbereitschaft häufiger enttäuscht wird. Andererseits erleiden misstrauische Menschen einen mindestens ebenso hohen Schaden dadurch, dass sie auch dort misstrauen, wo sie durch Vertrauen Vorteile hätten. Ich habe noch nichts erlebt, was diesen Gedanken widerlegt hätte: Der Vorsichtige riskiert in Wahrheit genauso viel wie der Kühne, er verzichtet nur obendrein auf den Rausch der Kühnheit.

Auf den ersten Blick erscheint Vertrauen als ein Zustand, der kaum aktiv herzustellen ist. Ob Ihnen ein anderer Mensch vertraut, können Sie zwar beeinflussen, aber nicht steuern. Letztlich haben Sie es nicht »im Griff«. Verlässlichkeit, Verhaltensstabilität, Berechenbarkeit, Erfüllung von Versprechen, Fairness, Loyalität, Ehrlichkeit, Diskretion und Glaubwürdigkeit – alles wichtige Verhaltensweisen, die Vertrauen *erhalten*. Was aber lässt Vertrauen entstehen? Wie können Sie wissen, dass der andere sich Ihres Vertrauens als würdig erweist? Die Antwort ist: Sie können es gar nicht wissen.

Wenn Sie den direktesten Weg wählen wollen: Verwundbarkeit startet Vertrauen.

» Indem Sie sich aktiv verwundbar machen, bringen Sie den Vertrauensmechanismus in Gang. «

Verwundbarkeit ist das Instrument, mit dem Sie die Vertrauensbeziehung beginnen. Es ist Ihr »Einsatz«, um den Sie fürchten müssen, soll von Vertrauen die Rede sein. Und es gilt: Je größer der für Sie mögliche Schaden, desto größer Ihre Vertrauensleistung.

Aktives Vertrauen ist mithin »akzeptierte Verwundbarkeit«. Vertrauen ist eine Wette auf den Gewinn durch Vertrauen mit dem Risiko des Verlustes.

Ein gutes Auge

Vertrauen kann zu großen Gewinnen führen, die allerdings nicht oder nur schwer direkt auf Vertrauen zurückzuführen sind. Vertrauen kann aber auch zu großen Verlusten führen, die sehr wohl auf Kontrollverzicht zurückzuführen sind. Der Verlust durch Misstrauen hingegen lässt sich nicht messen. Woran orientieren Sie sich? Als Erfolgssuchender am Vertrauen. Als Misserfolgsvermeider am Misstrauen. Vertrauen ist Ihnen dann zu risikoreich – Sie sehen nur noch das Risiko, nicht den möglichen Gewinn. Was fehlt, ist: ein gutes Auge.

Vertrauen ist ein Relationsbegriff. Es gibt ihn keineswegs, wie viele Menschen überzeugt sind, im Entweder-Oder, sondern im Mehr oder Weniger. Dafür braucht man Augenmaß. Vertrauen bewegt sich zwischen den Extremen »blindes Vertrauen« und »blindes Misstrauen«. Irgendwo dazwischen ist das richtige Mischungsverhältnis.

Der Schlüssel zu einer Vertrauenskultur ist mithin die – nicht nur behauptete, sondern tief innerlich empfundene – Einstellung, dass es auf jeden einzelnen Menschen ankommt, dass seine persönlichen Bedürfnisse und Interessen zählen, dass er ein selbstbestimmtes Individuum ist. Keine Beziehung wird jemals funktionieren, wenn es ihr an authentischem Respekt vor dem einzelnen Menschen fehlt. In Vertrauensbeziehungen beeinflussen sich Partner gegenseitig. Sie führen sich zirkulär. Sie wachsen aneinander.

Die Ökonomie des Vertrauens beschreibt einen Mechanismus, der Menschen wirkungsvoller bindet als jede vertragliche Regelung je könnte: die enorme Verpflichtungswirkung, die aus selbstbewusster Freiwilligkeit und dem geraden Verzicht auf explizite Verträge erwächst. Vertrauen zu geben ist also nur scheinbar vernunftwidrig oder irrational. Es ist – wie Wasser – das dauerhaft Stärkere, weil es das scheinbar Schwächere ist. Die schwachen Bindungen sind die starken.

**» Was man loslässt, sucht die Bindung.
Und was man festhält, flieht. «**

Vertrauenswürdig zu sein, das ist eines der großen Geheimnisse eines geglückten Lebens. Vertrauenswürdige Menschen denken immer vom anderen her, beziehen ihn mit ein. Damit liegt die Lösung in jedem von uns. Es ist die innere Einstellung, die Vertrauen möglich macht. Das ist die Qualität des Bewusstseins, mit der Sie anderen Menschen begegnen.

Vertrauen in den Mittelpunkt zu rücken, bedeutet, für eine Weiterentwicklung der Urteilskraft zu plädieren: Das ist die Fähigkeit, Urteile über die relative, die proportionale Wichtigkeit von diesem oder jenem zu fällen. Nur mit dieser Fähigkeit gelingt das Entscheiden, dass immer ein Ausschließen von Möglichkeiten beinhaltet. Das heißt, ich muss den Einzelfall sehen, den Einzelnen würdigen und es vermeiden, mich an Standards und Pauschalisierungen zu klammern – Eigenständigkeit beginnt, in bester aufklärerischer Tradition, mit dem Selberdenken – Fühlen und Handeln in Auseinandersetzung mit dem anderen.

Im Hier und Jetzt

Alle Ideale, das gilt auch für das Ideal des gelingenden Lebens, haben eine hochgradig destruktive Spitze. Sie machen uns blind für das Mögliche, weil wir über Unerreichbares fantasieren. Gefühle von Wohlstandsbürgern, die ihren vollen Kleiderschrank anseufzen: Etwas fehlt immer! So überschütten wir unsere Firma, unseren Partner, uns selbst mit Perfektionsidealen, und die Aufmerksamkeit kreist um die unerfüllte Erwartung. Irgendetwas fehlt immer.

Wir haben uns daran gewöhnt, unser Leben fremdsteuern zu lassen. Andere sollen uns versorgen, motivieren, anschieben. Aber dafür werden wir auch von ihnen kontrolliert und manipuliert. Das ist langfristig eine weit beschwerlichere Bürde als unser Leben selbst zu steuern.

Wenn Sie Bücher über erfolgreiche Menschen lesen oder mit erfolgreichen Menschen zusammen sind, wird Ihnen eine Gemeinsamkeit auffallen: In ihnen scheint etwas auf, was viel mit Energie, Konzentration, Entschiedenheit zu tun hat. Im Unterschied zur klassischen physikalischen Definition beschreibe ich diese Energie hier in Anlehnung an Aristoteles: »Energie ist das, was alles in Bewegung setzt.«

Wann spüren wir diese Energie? Wenn wir uns beim Einschlafen freuen, dass wir am nächsten Morgen weitermachen dürfen. Und wenn wir dieses Gefühl nicht für das Hobby reservieren, sondern für unsere ganze Lebenszeit. Denn etwas aufzuteilen in das, was ist, und das, was sein sollte, ist die trügerischste Weise, sein Leben zu leben.

Energie beinhaltet auch Eigenschaften, die am postmodernen Wertehimmel fast Feindseligkeit provozieren: Disziplin und Konzentration. Ein Mensch auf einem Berggipfel ist nicht dahin gefallen. Ohne Selbstdisziplin ist kein Problem lösbar. Ein Meister ist, der übt.

Freude – das ist etwas anderes als flüchtiges Vergnügen! – wird nur als Folge hoher Aufmerksamkeit erlebbar. Sie ist niemals das Resultat treulos schweifender Animation, niemals die Beliebigkeit des Genusses, immer ist sie richtungsgleich mit Sich-Anstrengen, Schwierigkeiten-Überwinden, Hindernisse-Beseitigen: »Glück gewinnt man durch das Wachstum von Kräften.«

Woher kommt leidenschaftliche und anhaltende Energie? Ganz sicher nicht von äußeren Anreizen, Lob und Tadel oder anderen Drogen. Wer handelt, um dafür belohnt zu werden, ist gleichsam nicht »bei sich«, sondern abhängig vom Lob und Tadel anderer und gibt damit anderen Macht über sich. Es ist daher außerordentlich wichtig, selbst die Verantwortung für die Energie und die Freude an der Arbeit zu übernehmen. Und sich nicht »motivieren« zu lassen. Energie, dynamische Kraft und Intensität sind mithin nur als »eigenwillige« Handlung denkbar, niemals als abgeleitete, fremd- oder außengesteuerte, angereizte Handlung.

» Wo erlebte Wahlfreiheit ist, da ist Energie. «

Seit der Quantentheorie ziehen viele Forscher daher den Begriff der »Wechselwirkung« dem Begriff der Energie vor. Und genau diese Wechselwirkung passiert am Arbeitsplatz, in den Beziehungen zu anderen, in jeder Lebenssituation. Tun Sie etwas mit Liebe und Hingabe, dann erleben Sie dadurch Glück und Zufriedenheit im selben Maße. Sie können natürlich Ihre Aufgaben auch mit halber Energie erledigen; das Ergebnis wird entsprechend sein: halbherzige Ergebnisse, Freudlosigkeit, Mittelmaß. Das ist das Geheimnis: Sie erhalten das vom Leben zurück, was Sie selbst in jedem Augenblick hineingeben.

Wir sind verantwortlich für alles Glück – auch alles berufliche Glück –, das uns in dieser Welt widerfährt. Wir sind unsere eigenen Resonanzkörper. Nur das, was wir geben, erhalten wir zurück.

»Die Voraussicht«, schreibt Rousseau, »ist die wahre Quelle all unseres Elends.« Denn Sicherheit ist eine Illusion. Eine individuelle und gesellschaftliche Fata Morgana. Das Leben ist immer lebensgefährlich. Wenn wir nicht vertrauen, leben wir in permanenter Angst. Ein Leben in Angst zu führen ist die schlimmere Erfahrung, als gelegentlich betrogen zu werden. Dann leben wir in einer Falle, die wir uns selbst gebaut haben. Wenn wir andere ängstlich überwachen, überwachen wir uns schließlich selbst, weil die Mauern, die wir für andere bauen, uns selbst umgeben. Was die Gefahren ausschließen soll, schließt uns selbst ein. Der Preis für die Schutzillusion ist eingeengte Bewegungsfreiheit. Sie erlaubt uns kaum mehr als durchs Leben zu kriechen.

Aber gottlob arbeiten die genetischen Partituren nicht mit dem Misstrauen zusammen. Denn ein vertrauendes Leben ist schlicht *erfreulich*. Es lässt uns aufblühen. Es macht Spaß, in einem Vertrauensklima zu leben und zu arbeiten. Daher stellt sich uns immer und unentrinnbar die Frage, unter welchen Bedingungen wir leben *wollen*. Niemand kann uns zwingen, ein misstrauengetränktes Leben zu führen. Selbst bei Treuebruch haben wir immer die Wahl.

Wir müssen uns nicht im Sicherheitscontainer verbarrikadieren, wir müssen unser Leben nicht mit ängstlicher Wachsamkeit beschweren. Auch unter den unerfreulichsten Bedingungen gilt: Die Entscheidung liegt immer bei jedem Einzelnen. Glück ist keine Glückssache. Glück ist das Ergebnis selbstverantwortlichen Handelns und entschiedenen Lebens.

Reinhard K. Sprengers Spezialtipp

Wenn ich Ihnen nur einen einzigen Tipp geben könnte, dann wäre es: Geben Sie jetzt alle Energie hinein in das, was Sie tun. Ihr Leben beginnt nicht erst morgen, wenn Sie dieses oder jenes Ziel erreicht haben. Übernehmen Sie die ganze Verantwortung für Ihre Motivation. Dann kommt Ihre Energie von innen, Sie stärken Ihre Selbstachtung und Ihr Selbstvertrauen. Das gibt Ihnen Kraft, um Situationen zu ändern, die Ihnen nicht gefallen. Wählen Sie, entscheiden Sie – und akzeptieren Sie die Konsequenzen Ihrer Entscheidung. Gehen Sie dorthin, wo es etwas zu lernen gibt, wo Sie scheitern können, wo es spannend ist. Es geht im Leben um Lebendigkeit, nicht um Bequemlichkeit. Meist reicht schon ein kleiner Schritt. Setzen Sie sich ans Steuer Ihres Lebensautos, und fahren Sie los.

Mehr von Reinhard K. Sprenger:

- Aufstand des Individuums. Warum wir Führung neu denken müssen. Frankfurt/New York ^{2}2000.
- Mythos Motivation. Wege aus einer Sackgasse. Frankfurt/New York ^{17}2004.
- Das Prinzip Selbstverantwortung. Wege zur Motivation. Frankfurt/New York ^{11}2004.
- Vertrauen führt. Worauf es im Unternehmen wirklich ankommt. Frankfurt/New York ^{2}2004.
- Die Entscheidung liegt bei dir! Wege aus der alltäglichen Unzufriedenheit. Frankfurt/New York ^{13}2004.

Register